Charles Hodge

ROMAINS

Volume 1

LES CLASSIQUES

ÉDITIONS IMPACT
230 rue Lupien,
Trois-Rivières (Québec)
Canada G8T 6W4

Publications Chrétiennes
230, rue Lupien
Trois-Rivières
(Québec) Canada
G8T 6W4

Dépôt légal – 3e trimestre 2003
ISBN : 978-2-89082-242-9

Dépôt légal : Bibliothèque et Archives nationales du Québec
Bibliothèque et Archives Canada

Avis aux lecteurs

C'est avec grand plaisir que nous remettons à la disposition du peuple de Dieu ce commentaire en deux volumes sur l'épître de Paul aux Romains. En effet il était épuisé, et presque oublié dans le monde francophone depuis près de 100 ans. Dans le monde anglophone, il est encore considéré comme un des meilleurs commentaires sur cette épître.

Charles Hodge (1797-1878) fut l'un des grands théologiens du dix-neuvième siècle. Professeur au Princeton Seminary, aux États-Unis (1822-1877), et grand défenseur de la foi réformée et calviniste, il écrivit plusieurs autres commentaires, ainsi qu'une théologie en trois tomes, basée sur une méthode à la fois inductive et déductive des écrits bibliques. Il croyait à l'innérance des Écritures, et il a défendu sans relâche une théologie conservatrice et évangélique.

Les éditeurs ne sont pas nécessairement d'accord avec toutes les interprétations et toute la théologie de Hodge, surtout en matière d'eschatologie. Ses commentaires sur les chapitres 9 à 11 se ressentent un peu de son époque, et présente une position amillénariste. Cependant, nous sommes convaincus de la valeur générale de l'ouvrage de Hodge, et nous prions pour qu'il aide l'étudiant sérieux à mieux comprendre et à mieux appliquer les choses profondes de Dieu que nous révèle l'épître aux Romains.

Les éditeurs

AVANT-PROPOS.

On m'invite à recommander au lecteur français le Commentaire de M. le professeur Hodge, sur l'épître aux Romains. Un homme plus digne de mettre son nom à côté de celui du savant docteur américain, s'était d'abord chargé de ce soin ; mais une indisposition pénible et prolongée lui interdit aujourd'hui jusqu'à ce petit travail. C'est sur moi, qui m'honorerai toute ma vie d'avoir été son disciple, que M. Stapfer [1] a bien voulu jeter les yeux pour dégager sa promesse ; et tout en regrettant de prendre sa place, j'ai cru devoir déférer à son désir, soit pour ménager une santé si précieuse, soit pour favoriser le débit d'un livre excellent, soit aussi pour donner à son savant et pieux auteur une marque publique de mon estime et de mon amour fraternel.

Au reste, je suis autorisé à dire que M. Stapfer fait le plus grand cas du commentaire de M. Hodge, et que parmi tous les travaux qui ont été faits de nos jours sur l'épître aux Romains, il n'en est aucun qui lui paraisse, à tout prendre,

---

[1] Quand ces lignes ont été écrites, l'église de Dieu n'avait point encore perdu cette grande lumière. Que la volonté de Dieu soit faite ! et que ses visitations trouvent en nous des cœurs attentifs et dociles ! (Mai 1840. Trad.)

supérieur, ni peut-être égal, à celui-là. Je sais assez tout le poids qu'aura ce jugement auprès du lecteur, pour me croire au moins permis d'être bref dans ce que j'ai à y ajouter.

Après tant de commentaires qui ont été publiés sur l'épître aux Romains, celui-ci mérite encore non seulement d'être lu, mais d'être médité. Il possède des qualités qui sont au nombre des plus précieuses que l'on puisse chercher dans un commentaire, et que nous avons rarement trouvées ailleurs réunies et portées au même degré qu'ici. Un esprit net et vigoureux ; un style simple et précis ; une exégèse intelligente autant qu'éclairée ; un soin constant de s'attacher à ce qui embarrasse le lecteur de la Bible, sans trop s'arrêter sur ce qu'il peut comprendre sans guide (trop de commentateurs font l'inverse) ; un examen approfondi de toutes les grandes questions ; des remarques substantielles ; des raisons solides et bien déduites : voilà ce qui nous a frappés dans le travail de M. Hodge. Quand nous ajouterons à cela qu'on y sent partout un esprit jaloux pour la doctrine de Dieu et pour sa gloire, une âme profondément pieuse et mûrie dans l'expérience de la vie chrétienne, enfin une onction mêlée de douceur et de gravité, qui ferait presque deviner que notre commentaire a été péniblement écrit sur un lit de souffrances, – nos lecteurs comprendront, en attendant qu'ils l'éprouvent eux-mêmes, l'intérêt soutenu avec lequel nous l'avons lu du commencement à la fin. Ils le trouveront un peu long peut-être, comme le sont pour le lecteur français, la plupart des écrits religieux de nos patients amis d'Angleterre et d'Amérique ; mais ils en seront amplement dédommagés, non seulement par le plaisir, mais par le fruit précieux qu'ils recueilleront de cette lecture.

M. Hodge appartient à l'opinion religieuse connue en Amérique sous le nom de « l'ancienne école ». Sa doctrine est exactement celle de nos églises ; elle est exposée dans son commentaire avec une netteté et une vigueur remarquable. Oserons-nous le dire ? À cet égard, nous nous demandons si les choses ne sont pas un peu plus précises et plus tranchées dans les explications de M. Hodge que dans la Bible elle-même. Nous avons appris de ce saint livre à redouter en quelque sorte les formules trop arrêtées, et ce que Félix Neff appelait avec son originalité ordinaire, « des doctrines carrées ». Car plus nous étudions la Bible plus nous nous convainquons qu'il est impossible à l'homme, dans son infirmité présente, d'en réduire tous les enseignements en un système parfait. Heureux les auteurs qui savent garder constamment les proportions et l'équilibre que le Saint-Esprit a observés dans le développement des objets divers des révélations divines ! Heureux ceux qui s'efforcent d'imiter ce tempérament inimitable, avec lequel il proclame tour à tour des doctrines dont le secret lien échappe à notre faible intelligence, les fait comprendre les unes par les autres, concilie dans le cœur et dans l'expérience du fidèle ce que sa raison toute seule désespérerait de coordonner, et instruit, édifie, nourrit l'âme par son silence, autant que par ses paroles elles-mêmes ! S'il fallait citer ici un modèle, nous nommerions John Newton : et c'est là sans doute ce qui faisait dire un jour au bienheureux Gonthier : « Si j'étais enfermé dans une prison et qu'on ne me voulût laisser que deux livres à mon choix, John Newton serait un des deux ; je n'ai pas besoin de dire quel serait l'autre ». Ces réflexions nous ont été suggérées par ce que nous avons trouvé d'un peu absolu dans le système dogmatique de M. Hodge. Empressons-nous d'ajouter qu'alors même qu'on n'est pas entièrement d'accord avec le savant professeur, on a encore beaucoup à apprendre dans son livre, tant il y a de lumière et de solidité dans la manière dont il traite tous les sujets dont il s'occupe. Ajoutons aussi que M. Hodge n'insiste pas moins fortement sur la nécessité de la sanctification que sur la gratuité du salut ; chaque section de son commentaire se termine par des remarques pratiques, très concises, mais pleines d'intérêt et de vie spirituelle.

Si nous nous réjouissons pour tous les amis des études bibliques de voir le commentaire de M. Hodge introduit en France, nous nous en réjouissons surtout pour ceux qui ont nos premières sympathies, nous voulons dire pour les jeunes gens qui se vouent au saint ministère. Qu'ils méditent attentivement l'épître aux Romains avec ce précieux guide : nous croyons pouvoir les assurer qu'ils auront fait alors un grand pas dans l'intelligence de cette épître : et avoir profité sur l'épître aux Romains, n'est ce pas avoir profité sur toute la Bible ? Ils apprendront avec intérêt que M. Hodge a bien voulu fournir à son traducteur un exemplaire de son livre où il avait fait à la main des changements assez considérables, pour l'abréger et le mieux approprier à l'usage des lecteurs français.

Cette étude, nous en sommes assurés, inspirera le désir d'aller plus loin. On voudra faire plus ample connaissance avec une littérature religieuse qui a produit des hommes si distingués. Il est temps que nous mettions à contribution les richesses que Dieu a prodiguées à nos frères d'Amérique. On commence à reconnaître parmi nous tout le prix de la théologie anglaise ; mais nous doutons qu'on sache apprécier encore à sa juste valeur la théologie américaine ; et pourtant nous avons beaucoup à y apprendre, et des choses que nous apprendrions difficilement ailleurs. On y trouvera non seulement une science précieuse, mais des leçons pratiques plus précieuses encore. Certaines questions d'expérience chrétienne et pastorale y ont été examinées avec un soin particulier, et tantôt résolues d'une manière satisfaisante, tantôt au moins discutées d'une manière intéressante et instructive.

Nos lecteurs peuvent pressentir le fruit que promet l'étude que nous leur recommandons, par le bien que leur ont déjà fait sans doute le peu de livres américains qui ont été traduits en français. Mais tout ne peut pas se traduire, et pour connaître la théologie américaine, il faut en connaître d'abord la langue. Aussi bien, il ne nous est plus permis de l'ignorer. Eh ! comment un pasteur ou un docteur de l'église peut-il demeurer étranger à une langue, qui est à la fois celle de l'Angleterre, celle de l'Écosse et celle des États-Unis.

Au reste, qu'il nous soit permis de le rappeler en terminant, les commentateurs modernes ne doivent pas nous faire oublier les anciens. Quoique l'exégèse et toutes les sciences aient fait assurément de grands progrès depuis trois cents ans, nous pensons qu'il y a dans les travaux de quelques-uns de nos réformateurs des trésors qu'on chercherait vainement chez les interprètes de la Bible qui les ont suivis. En parlant de la sorte, nous songeons surtout à ces deux grands génies, à ces deux flambeaux de l'église, si différents l'un de l'autre, égaux seulement par la beauté des dons divers que Dieu leur avait départis : Luther et Calvin. L'un, si original, si abondant, si populaire, et qui semble ne pas donner seulement sa pensée, mais se donner lui-même dans tout ce qu'il écrit ; l'autre, si exact, si plein, si pratique, si profond, et tout ensemble si lumineux [1]. Oh ! siècle privilégié à qui Dieu avait donné ces deux hommes ! Ne soyons point ingrats. Ne laissons pas dormir dans la poussière de nos bibliothèques ces écrits étonnants, où l'on sent palpiter encore après trois cents années un cœur plein de vie et de foi. Faisons

[1] Les nombreuses citations de Calvin qu'on trouvera dans le Commentaire de M. Hodge, montrent qu'il sait apprécier notre grand réformateur. Au lieu de donner ces citations en latin, comme a fait l'auteur américain, nous avons cru faire une chose plus agréable à nos lecteurs français en leur donnant la traduction française que Calvin en a faite lui-même. (Trad.)

avec les commentaires réunis de Luther et de Calvin, pour les portions de l'Écriture qu'ils ont traitées tous les deux, un travail semblable à celui que nous venons de conseiller sur l'épître aux Romains, d'après M Hodge ; et nous trouverons peut-être qu'il n'y a pas moins à gagner avec les anciens qu'avec les meilleurs d'entre les modernes. Quoiqu'il en soit, étudions les uns sans négliger les autres. Surtout, puisons abondamment à la source où les uns et les autres se sont abreuvés. Ne l'oublions jamais c'est par la connaissance qu'ils avaient acquise des saintes Écritures, mais des écritures lues dans les textes originaux, c'est par là, plus que par tout le reste, que les réformateurs ont accompli l'œuvre immense que le Seigneur leur avait confiée. C'est par là qu'il se formera parmi nous des hommes capables d'éclairer au loin les églises, et de glorifier le nom de Dieu. Tel est notre vœu, disons mieux, telle est notre prière.

Montauban, Janvier 1840.

Adolphe MONOD.

N.B. On trouvera à la fin du volume, le texte des cinq chapitres dont il renferme le commentaire. Pour que ce texte pût s'adapter au commentaire, nous avons dû le traduire directement sur le grec, nos versions françaises n'étant pas toujours suffisamment exactes.

Les citations en langue étrangère, peu nombreuses du reste, étant rejetées dans les notes, ainsi que les mots grecs, l'ouvrage se trouve approprié à toutes les classes de lecteurs. Tout en ayant de quoi satisfaire les savants, il est à la portée des plus simples.

Le petit nombre d'abréviations dont nous avons fait usage, s'expliqueront d'elles-mêmes à mesure qu'elles se présenteront. Il suffira d'avertir que *com.* signifie *commentaire, comp., comparez, et litt. littéralement* (Trad.).

INTRODUCTION.

L'APÔTRE PAUL.

À l'époque où Paul et les autres Apôtres furent appelés à entrer dans leurs importantes fonctions, le monde était dans l'état le plus déplorable et en même temps le plus digne d'intérêt. Le paganisme et le judaïsme étaient arrivés l'un et l'autre au dernière période de la décadence. Le polythéisme des Grecs et des Romains, en acquérant son entier développement, en était venu au point de choquer le sens commun de l'humanité ; les hommes les plus éclairés le rejetaient ouvertement et le tournaient en ridicule. Déjà ce scepticisme s'était étendu à la masse des peuples, et il était devenu presque universel. Et comme de l'incrédulité à la superstition la transition est infaillible et rapide, toutes les classes du peuple étaient portées à croire aux rêves, aux enchantements et à d'autres erreurs du même genre, misérables équivalents d'une foi religieuse ; les deux principaux systèmes de philosophie, le stoïcisme et le platonisme, étaient également incapables de répondre aux besoins inquiets des esprits. Le premier comprimait sans pitié les meilleurs de nos sentiments naturels, pour mettre à la place une résignation aveugle au cours inaltérable des choses, sans rien promettre après cette vie qu'une existence vague et sans conscience d'elle-même. Le second réduisait toutes les religions à n'être que des formes différentes destinées à exprimer les mêmes vérités générales, et voyait dans toutes les traditions mythologiques des allégories non moins inintelligibles pour le vulgaire que les pages d'un livre pour qui ne sait pas lire. Un tel système promettait plus qu'il ne pouvait donner. Il excitait des besoins qu'il n'était pas à même de satisfaire, et par-là concourut à produire la fermentation générale qui caractérise cette époque. – Parmi les Juifs, l'état général des choses n'était guère meilleur. Tout en possédant la forme de la vraie religion, ils n'étaient que trop dépourvus de son esprit. Les Pharisiens se contentaient de la forme ; les Sadducéens étaient sceptiques, les Esséniens enthousiastes et mystiques. Tel étant l'état du monde, les hommes durent être conduits à sentir le besoin d'un guide plus sûr que la raison ou la tradition, et d'un point d'appui plus solide que n'en pouvaient offrir ni les philosophes païens, ni les sectes juives. C'est ainsi qu'au moment où fut révélé l'évangile de gloire, des milliers de cœurs, dans toutes les parties du monde, étaient déjà préparés par la grâce de Dieu à s'écrier : Voilà tout ce nous désirons, et ce qui peut seul nous sauver.

L'histoire de l'apôtre Paul montre assez qu'il était fait pour agir au sein d'un tel état de la société. Et d'abord, il naquit et probablement reçut sa première éducation à Tarse, capitale de la Cilicie, ville qui pour l'activité et le développement littéraires était presque au niveau d'Athènes et d'Alexandrie. Les anciens écrivains la placent même au-dessus de ces dernières villes sous un rapport. Dans celles-ci les étudiants étaient pour la plupart étrangers, à Tarse ils étaient indigènes. [1] Il est probable que Paul y passa la première partie de

[1] Strabon, livre 14, chap. 5

sa vie, car le métier qu'il apprit, conformément à l'usage des Juifs, était particulièrement affecté à la Cilicie. Le poil des chèvres qui abondaient dans cette province, servait à fabriquer un drap grossier qu'on employait dans la confection des tentes. La connaissance que l'apôtre avait des auteurs grecs (1 Co 15.33 ; Tit 1.12) fait encore supposer qu'il reçut une partie du moins de son éducation dans une ville grecque. Comme écrivain il offre plusieurs traits caractéristiques qui conduisent à la même supposition. Il pousse plus loin que tous les auteurs sacrés purement juifs la méthode logique dans l'exposition de la vérité. Il y a presque toujours dans son discours un enchaînement régulier qui, alors même qu'il n'annonce pas un plan conçu d'avance, trahit l'action spontanée d'un esprit habitué aux règles de l'enseignement. Aussi ses épîtres, sans être des dissertations en forme, sont-elles bien plus logiques que des lettres ordinaires. Un autre trait distinctif de sa manière est d'avancer toujours, en discutant une question, le principe fondamental duquel dépend la solution. Ces traits et d'autres semblables qui caractérisent notre apôtre peuvent être attribués tout à la fois à sa tournure d'esprit et à sa première éducation. Nous apprenons des Écritures elles-mêmes que le Saint-Esprit, en employant des hommes comme instruments pour transmettre la vérité, n'a pas changé leurs habitudes intellectuelles : il n'a pas fait écrire les Juifs à la manière des Grecs ; il n'a pas jeté dans un moule commun tous les écrivains qu'il emploie. Chacun d'eux a conservé ses particularités de style et de manière, et ce qu'il y a de propre à chacun doit être attribué, non pas à l'inspiration qu'il a reçue, mais à son caractère et à son développement primitifs.

S'il est probable, d'après les circonstances dont nous avons parlé, que les habitudes intellectuelles de l'apôtre Paul furent influencées plus ou moins par sa naissance et sa première éducation à Tarse, d'autres circonstances (comme par exemple le caractère général de son style) montrent que son séjour dans cette ville ne doit pas avoir été long, et que son éducation ne fut pas purement grecque. Nous apprenons de lui-même que sa principale éducation se fit à Jérusalem où il fut élevé, dit-il, aux pieds de Gamaliel (Ac 22.3). C'est le second trait qu'il faut noter dans la préparation providentielle de l'apôtre pour l'œuvre qu'il devait accomplir. Comme Luther se forma dans un couvent catholique, où il s'instruisit à fond de cette théologie scolastique dont il devait être le grand adversaire, ainsi l'apôtre Paul fut initié à toutes les doctrines et à tous les modes d'argumentation des Juifs, qui devaient être le principal objet de sa controverse. Les premiers adversaires de l'évangile étaient tous juifs. Les Juifs étaient si nombreux même dans les villes païennes, que ce furent eux et leurs prosélytes qui y fondèrent les églises chrétiennes. Aussi Paul, dans presque toutes ses épîtres, dispute contre des docteurs judaïsans, contre des hommes qui altéraient l'évangile par le mélange de doctrines judaïques. – Ainsi cet apôtre, celui de tous dont la sphère d'activité fut la plus étendue, était un homme profondément instruit, et formé spécialement en vue de l'œuvre à laquelle il fut appelé. Ici, comme c'est l'ordinaire en cas semblable, nous voyons Dieu accomplir ses desseins par les instruments qu'il a préparés exprès pour ce but, selon le cours ordinaire de sa providence.

En troisième lieu, Paul fut converti sans intervention humaine, et reçut l'évangile par une révélation immédiate. « Je vous déclare, mes frères, écrit-il aux Galates, que l'évangile que j'ai annoncé ne vient point de l'homme ; car je ne l'ai reçu ni appris d'aucun homme, mais par la révélation de Jésus-Christ. » Cette circonstance est importante, en ce qu'il était par-là mis au niveau des autres apôtres. Il avait vu le Seigneur Jésus, et pouvait donc être un des témoins qui attestaient sa résurrection ; il pouvait prétendre à l'autorité d'une inspiration de première main comme docteur et comme envoyé de Dieu. Il attachait évidemment une grande importance à ce fait, sur lequel il revient si souvent. Il possédait ainsi, indépendamment des avantages de son éducation, l'autorité et la puissance d'un apôtre de Jésus-Christ.

Son caractère naturel était ardent, énergique, sévère, inflexible. Mais sa violence et son emportement, domptés par la grâce de Dieu, firent place à la modération, la douceur, la tendresse qui respirent dans ses épîtres. Tout entier à un seul objet, celui de glorifier Jésus-Christ, il était prêt à se soumettre à tout, à tout céder pour atteindre ce but. Il cessa d'exiger que les autres pensassent et agissent précisément comme lui : pourvu qu'ils obéissent à Christ il était content, et volontiers il se pliait à leurs préjugés et tolérait leurs erreurs, aussi longtemps qu'il le pouvait sans compromettre la cause de la justice et de la vérité.

C'est ainsi que son éducation première, sa conversion et son inspiration miraculeuses, ses dispositions naturelles secondées par une abondante mesure de la grâce de Dieu, tout qualifiait notre apôtre pour son œuvre, et devait le soutenir dans ses travaux pénibles et multipliés.

ORIGINE ET ÉTAT DE L'ÉGLISE DE ROME.

Une des circonstances qui, dans les vues de la providence divine, contribuèrent le plus aux premiers progrès de l'évangile, fut la dispersion des Juifs parmi les nations environnantes. Ils se trouvaient répandus au loin dans l'Orient, en Égypte, en Syrie, dans l'Asie Mineure, en Grèce et en Italie, surtout à Rome. Comme il leur était permis, dans toute la vaste étendue de l'empire romain, de servir Dieu d'après la tradition de leurs ancêtres, ils avaient fondé un grand nombre de synagogues au milieu des païens. Par-là les Apôtres, qui étaient juifs d'origine, trouvèrent partout auprès du peuple un accès facile. Les synagogues présentaient des endroits de réunion tout trouvés, où ils pouvaient tenir des assemblées régulières sans exciter les soupçons de l'autorité civile. Ils étaient sûrs de rencontrer à ces assemblées non seulement des Juifs, mais des païens aussi, et précisément la classe de païens la mieux préparée à recevoir l'évangile. La supériorité immense du monothéisme de l'Ancien Testament sur toutes les religions connues de l'antiquité, ne pouvait manquer d'attirer et de convaincre un grand nombre de païens partout où le culte judaïque était établi. Ces païens devenaient prosélytes, ou, comme les nomme le livre des Actes, *dévots* [1], c'est-à-dire adorateurs du vrai Dieu. Libres qu'ils étaient des préjugés nationaux et religieux dont les Juifs se trouvaient imbus, et convaincus en même temps de la fausseté du polythéisme, ils étaient les plus favorablement disposés de tous ceux auxquels s'adressait l'évangile. Ce furent des convertis sortis de cette classe de personnes qui formèrent la première base des églises dans un grand nombre de villes païennes. – Les témoignages de plusieurs historiens attestent qu'à Rome les Juifs et aussi les prosélytes païens étaient très nombreux. Philon nous apprend [2] qu'Auguste avait assigné aux Juifs pour résidence un quartier très vaste au-delà du Tibre. Il explique leur affluence dans la capitale en disant que les captifs de cette nation que Pompée y avait transportés furent affranchis par leurs maîtres, ceux-ci ne s'accommodant pas de serviteurs auxquels leur religion défendait les relations habituelles et familières avec les païens. Dion Cassius (Liv. 60, c. 6) assure que les Juifs étaient si nombreux à Rome, que Claude n'osa pas d'abord les bannir,

[1] *Eusébeis.*
[2] Legatio in Caïum, p 1041, éd. Francf.

et se contenta de prohiber leurs assemblées. Plus tard, à la suite des émeutes qu'ils occasionnèrent, il les expulsa de la ville, comme nous l'apprenons de Suétone (Vie de Claude, ch.25), et de saint Luc (Ac 18.2). Ils y rentrèrent à la mort de Claude : on peut le conclure des écrits de Suétone et de Dion Cassius, qui parlent d'eux comme y étant très nombreux sous les règnes suivants, et aussi du contenu de notre épître, surtout des salutations du chapitre 16, qui s'adressent à des chrétiens d'origine juive.

Les auteurs païens eux-mêmes témoignent que l'établissement du culte judaïque à Rome y produisit beaucoup d'effet. Ovide parle des synagogues comme étant des lieux de réunion pour le beau monde ; Juvénal se moque des Romains qui se faisaient Juifs [1] (Satire 14) ; et Tacite (Hist. liv. 5, ch. 5) fait mention des présents que les prosélytes de Rome envoyaient à Jérusalem.[2] Tout était ainsi préparé pour que le christianisme trouvât dans la ville impériale un accès facile et y fît de rapides progrès. On ignore à quelle époque et par qui l'évangile fut introduit dans cette ville pour la première fois. Comme il existait des rapports continuels entre Rome et les provinces, et que le christianisme trouva un grand nombre de partisans en Judée, en Asie Mineure et en Grèce, il est naturel de supposer que quelques-uns de ces convertis l'auront apporté de bonne heure dans la capitale. Il n'est pas impossible que parmi ceux qui furent amenés à la foi par le ministère

---

[1] Quidam sortiti metuentem sabbata patrem
Nil præter nubes et cœli numen adorant :
Nee distare putant humanâ carne suillam,
Quâ pater abstinuit ; mox et præputia ponunt.
Romanas autem soliti contemnere leges,
Judaïeum ediscunt, et servant, ac metuunt jus
Tradidit arcano quodeunque volumine Moses, etc.

[2] Pessimus quisque, spretis religionibus patriis, tributa et stipes illuc congerebat, unde auetæ judæorum res.

personnel du Seigneur, plusieurs soient ensuite allés à Rome, où ils auraient les premiers apporté l'évangile. Ce qui est bien plus vraisemblable encore, c'est que dans cette multitude de personnes rassemblées à Jérusalem le jour de la Pentecôte, et parmi lesquelles il y avait « des étrangers venus de Rome, des Juifs et des prosélytes », il s'en trouva quelques-uns pour y rapporter la connaissance de l'évangile. D'autres circonstances encore font supposer qu'il fut introduit de bonne heure dans cette ville. À l'époque où Paul écrivait son épître, la foi des Romains était connue dans tout l'empire (1.8), ce qui semble indiquer que l'église existait déjà depuis longtemps. Aquilas et Priscille, qui quittèrent Rome sur le décret de bannissement rendu par Claude, étaient probablement chrétiens avant leur départ. Rien n'indique du moins qu'ils aient été convertis par l'apôtre. Il les trouva à Corinthe, et comme ils étaient du même métier que lui, il se logea avec eux, puis les engagea à l'accompagner lorsqu'il partit pour la Syrie.

La tradition qu'on retrouve dans quelques pères de l'église, et d'après laquelle Pierre aurait fondé l'église de Rome, ne peut se concilier avec les indications que nous donne le livre des Actes. Irénée (Hæres III, I.) dit que « Matthieu écrivait son évangile pendant « que Pierre et Paul prêchaient l'évangile à Rome et y fondaient une église. » Eusèbe (Chron. ad ann. 2 Claudii) assure que Pierre, après avoir fondé l'église d'Antioche, « alla prêcher l'Évangile à Rome. » Ces deux assertions sont inexactes. Pierre ne fonda pas l'église d'Antioche, et il ne prêcha pas à Rome en même temps que Paul. Qu'il n'était pas à Rome lors du séjour qu'y fit Paul, cela résulte du silence absolu que garde notre épître sur cette circonstance, comme aussi de ce que Paul n'en fait mention dans aucune des lettres qu'il écrivit de Rome pendant sa dernière captivité. Il est très incertain que Pierre ait même jamais été à Rome. La tradition de ce fait se trouve pour la première fois chez Denys de Corinthe, qui écrivait dans la dernière moitié du second siècle, et depuis lors elle paraît avoir été généralement adoptée. Elle est peu vraisemblable en soi, parce que le champ des travaux de Pierre était en orient, dans les pays voisins de Babylone ; et d'ailleurs les écrits de Denys fourmillent d'inexactitudes. Il attribue à Pierre et à Paul la fondation de l'église de Corinthe, et affirme la même chose de celle de Rome : deux assertions également erronées. Il dit aussi que Pierre et Paul souffrirent ensemble le martyre à Rome, ce qu'il est bien difficile de concilier avec le silence complet que garde Paul au sujet de Pierre pendant sa dernière captivité. L'histoire nous a donc laissé ignorer à quelle époque fut fondée l'église de Rome, et à qui revient l'honneur de cette fondation.

Quant à l'état et à la composition de cette église, on peut se les figurer d'après les circonstances que nous venons de rappeler, comme aussi d'après le contenu de l'épître. Les Juifs et les prosélytes étant à Rome très nombreux, les premiers convertis durent être pris dans ces deux classes. Ceux de la dernière toutefois paraissent avoir eu de beaucoup la prédominance ; car rien dans l'épître aux Romains ne suppose cette tendance vers le judaïsme, que l'apôtre a en vue dans celle aux Galates ; nulle part il ne paraît craindre dans l'église de Rome une défection judaïque, telle qu'elle s'était manifestée chez les chrétiens de la Galatie ; et, au contraire, les exhortations des chapitres 14 et 15 supposent plutôt que c'était le parti juif qui courait le risque d'être opprimé par celui des Gentils. – Paul s'adresse donc aux lecteurs comme à des Gentils (1.13), et réclame, en vertu de sa charge d'apôtre des Gentils, le droit de le faire avec pleine liberté et autorité (15.16). Cependant la congrégation ne se composait pas exclusivement de cette classe de convertis : on comptait dans son sein un grand nombre de Juifs d'origine, et ceux-là étaient plus ou moins sous l'influence des idées judaïques. Aussi l'apôtre, ici comme dans les autres épîtres qui s'adressent à des églises semblablement composées, réfute les doctrines judaïques qui ne pouvaient se concilier avec l'évangile, et répond aux objections que leurs partisans avaient coutume d'élever contre cet évangile. Les deux éléments hétérogènes dont se composaient les églises primitives étaient sans cesse en collision, tant sur la doctrine que sur la discipline. Les Juifs insistaient plus ou moins sur leurs privilèges particuliers et leurs usages traditionnels ; les Gentils tendaient à dédaigner ou même à mépriser les scrupules et les préjugés de leurs frères plus faibles. Les principales opinions judaïques que Paul réfute dans cette épître sont les suivantes. **1.** Que la relation avec Abraham par la seule descendance naturelle et par l'alliance de la circoncision jointe à l'observation de la loi, suffisait pour assurer la faveur de Dieu. **2.** Que les bienfaits du royaume du Messie étaient restreints aux seuls Juifs et à ceux des Gentils qui consentiraient à passer par le prosélytisme. **3.** Que la soumission envers les magistrats païens était incompatible avec la dignité du peuple de Dieu, comme avec ce qu'ils devaient au Messie en tant que roi. – Plusieurs endroits de l'Écriture, aussi bien que les autres écrits des Juifs, témoignent clairement que leur confiance reposait principalement sur l'alliance de Dieu avec Abraham, et sur le culte et la loi qui s'y rattachaient. Notre Sauveur s'adresse ainsi à son peuple (Lu 3.8) : « Ne dites pas : Nous avons Abraham pour père, car je vous dis que de ces pierres mêmes Dieu peut susciter des enfants à Abraham. » Passage qui suppose évidemment chez les Juifs cette opinion, qu'il suffisait d'avoir Abraham pour père pour être assuré de la faveur de Dieu. D'après la doctrine des rabbins, Dieu avait promis que tous les descendants d'Abraham, si méchants qu'ils pussent être, seraient sauvés en considération de ses mérites. Justin matyr nous apprend que de son temps encore c'était là le fondement principal de la confiance des Juifs. « Vos rabbins, leur dit-il, se trompent eux-mêmes et nous trompent quand ils prétendent que le royaume des cieux est préparé pour tous ceux qui descendent naturellement d'Abraham, fussent-ils pécheurs et incrédules (Dialogue avec Tryphon). » – Ils avaient coutume de dire : « Grande est la vertu de la « circoncision : nul circoncis ne va en enfer. » Et une de leurs maximes favorites était celle-ci : « Tout Israël aura part à la vie éternelle. »[1]

La seconde erreur capitale des Juifs était une conséquence naturelle de la première. Si le salut était assuré par la relation avec Abraham, ceux-là seuls pouvaient y avoir part qui étaient unis à ce père de la nation. Il n'est aucune croyance du peuple juif qui ressorte plus évidemment des livres saints que celle-ci, savoir qu'ils étaient de beaucoup supérieurs aux Gentils ; que la théocratie avec tous ses avantages leur appartenait en propre, et que les autres peuples ne pouvaient arriver même à une condition inférieure dans le royaume du Messie, qu'en passant par le judaïsme.

La répugnance des Juifs à se soumettre aux magistrats païens provenait en partie de la haute idée qu'ils avaient de leur propre dignité, et de leur mépris pour les autres nations ; en partie des idées fausses qu'ils entretenaient sur la nature du royaume du Messie, et en partie aussi, on n'en peut douter, des vexations et de l'oppression particulières dont ils étaient l'objet. Que cette répugnance fût chez eux une disposition dominante, c'est ce qui résulte de ce fait attesté par les évangiles, qu'ils mettaient en question s'il était même

---

[1] Voyez Raymundi Martini Pugio Fidei, p. III. Disc. 3, c. 16. Pococke, Miscellanées, p. 172, 227. Witsius, Miscellanées, P. II, p. 553. Michaelis, Intr. N. T. vol. 3, p. 93.

légitime de payer tribut à César ; de leur assertion qu'ils n'avaient jamais été les sujets de personne, étant les enfants d'Abraham (Jn 8.33) ; comme aussi de leurs révoltes continuelles, qui amenèrent d'abord leur bannissement de Rome, et enfin la destruction totale de leur ville.

Les circonstances où se trouvait l'église de Rome, composée qu'elle était de convertis juifs d'origine et de Gentils ; entourée de Juifs qui insistaient encore sur la nécessité de la circoncision, de l'obéissance légale, et de la relation avec Abraham : ces circonstances, qui devaient amener des différences de vues et des divisions entre les membres de cette église, expliquent suffisamment la caractère de notre épître.

ÉPOQUE ET LIEU DE LA RÉDACTION.

Nous ne possédons pas les dates nécessaire pour fixer avec précision la chronologie de la vie et des écrits de l'apôtre Paul. Le plus souvent on ne peut qu'arriver, en comparant entre elles différentes circonstances, à une date approximative des principaux événements de sa vie. À l'égard de cette épître, il est évident, d'après son contenu, qu'elle fut écrite quand Paul était sur le point de partir pour son dernier voyage à Jérusalem. Il dit au 15e chapitre que les chrétiens de Macédoine et d'Achaïe avaient fait une collecte pour les chrétiens pauvres de Jérusalem, et qu'il allait partir pour cette ville (15.25). Ce voyage, dont il est aussi parlé au 20e chapitre des Actes, eut lieu probablement au printemps de l'année 58 ou 59 (Ac 20.16). C'est la date qui s'accorde le mieux avec la captivité de quatre ans que Paul eut à subir, à Césarée d'abord, puis à Rome, et qui se termina, selon toute probabilité, en 62 ou 63. Ses travaux subséquents et sa seconde captivité combleraient l'intervalle des deux ou trois ans qui s'écoulèrent jusqu'à son martyre sur la fin du règne de Néron.

L'épître aux Romains fut écrite de Corinthe, comme on peut le conclure de la recommandation spéciale de Phoebé, diaconesse de l'église voisine de cette ville, et qui fut probablement chargée de porter la lettre (16.1) ; des salutations adressées aux chrétiens de Rome de la part d'Eraste et de Gaïus, qui tous les deux résidaient à Corinthe (16.23, comp. 2 Ti 4.20 ; 1 Co 1.14) ; enfin du récit que nous trouvons dans le livre des Actes (20.2,3) du voyage que Paul fit en Grèce depuis la Macédoine, avant de partir pour Jérusalem avec la contribution dont il était porteur.

AUTHENTICITÉ DE L'ÉPÎTRE.

On ne peut raisonnablement mettre en doute que cette épître ait été écrite par l'apôtre Paul. **1.** Elle se donne pour être de lui : elle porte sa signature, et parle toujours en son nom. **2.** Elle a été généralement reconnue pour être de Paul, depuis l'âge apostolique jusqu'à nos jours ; une longue suite d'auteurs l'ont citée comme telle, et son autorité divine à été reconnue dans toutes les églises. Il faudrait, pour renverser son authenticité, trouver à ces faits une explication satisfaisante dans la supposition contraire. Les passages des anciens auteurs où cette épître est citée sont très nombreux. [1] **3.** Les preuves internes ne sont pas moins décisives en sa faveur. **A.** D'abord, elle est évidemment l'œuvre d'un Juif familiarisé avec le texte hébreu de l'Ancien Testament et la version des Septante : c'est ce qu'emporte nécessairement le langage et le style de cet écrit, comme aussi la connaissance intime qu'il suppose des opinions et des préjugés judaïques. **B.** Elle est parfaitement d'accord, pour le style et le mode d'argumentation, avec les autres épîtres de Paul. **C.** À l'égard, soit

[1] Voyez-les recueillis dans Lardner, *Credibility,* vol. II.

de la vérité et de l'importance des doctrines, soit de l'élévation et de la pureté des sentiments, elle est infiniment supérieure aux écrits purement humains de l'âge où elle a paru. En comparant les véritables écrits apostoliques avec les productions apocryphes des deux premiers siècles, on acquiert une preuve indirecte des plus fortes de l'authenticité et de la divine inspiration des premiers. **D.** Les coïncidences accidentelles et impossibles à prévoir, sur des faits historiques, entre cette épître et d'autres portions du Nouveau Testament, témoignent de la manière la plus évidente qu'elle est sortie de la plume de l'apôtre. Comparez Romains 15.25-31 avec Actes 20.2,3 ; 24.17 ; 1 Co 16.1-4 ; 2 Co 8.1-4 ; 9.2 ; Ro 16.21-23 avec Actes 20.4 ; Ro 16.3 suiv. avec Ac 18.2,18-26 ; 1 Co 16,19, etc. (Voy. les Horæ Paulinæ de Paley). **4.** Indépendamment de ces preuves positives, on peut invoquer une considération négative d'une grande importance, c'est qu'il n'y a aucun motif de suspecter l'authenticité de l'épître aux Romains. Point de divergence entre cette épître et les autres écrits sacrés ; point de témoignages contraires chez les anciens pères de l'église ; point de difficultés historiques ou critiques à lever avant de reconnaître ici l'œuvre de Paul. – En sorte qu'il n'y a point de livre dans la Bible ni dans l'antiquité profane, dont l'authenticité soit mieux établie que celle de notre épître.

ANALYSE DE L'ÉPÎTRE.

On peut distinguer dans cette épître trois parties. La première, qui comprend les huit premiers chapitres, est consacrée à discuter la doctrine de la justification et ses conséquences. La seconde, embrassant les chapitres 9, 10 et 11, traite de la vocation des Gentils, du rejet et de la conversion future des Juifs. La troisième renferme des exhortations pratiques et des salutations aux chrétiens de Rome.

L'apôtre commence la *première partie* en saluant les chrétiens de Rome : il rend hommage à leur foi, leur exprime son désir de les voir, et la disposition où il était de prêcher l'évangile à Rome, disposition qui reposait sur la conviction que l'évangile révélé était pour les hommes l'unique moyen de salut, savoir par la foi en Jésus-Christ ; et ce moyen était également applicable à l'humanité entière, aux Gentils comme aux Juifs, 1.1-17. Paul introduit ainsi les deux sujets capitaux de l'épître.

Pour établir sa doctrine de la justification, il prouve d'abord que les Gentils ne peuvent être sauvés par leurs œuvres 1.18-32 ; puis il établit la même thèse à l'égard des Juifs, chapitre 2 ; 3.1-20. Après avoir ainsi montré que le salut par les œuvres n'est pas applicable à des hommes pécheurs, il développe le moyen de salut que présente l'évangile, 3.21-31. Dans les chapitres 4 et 5, il confirme la vérité et l'excellence de ce moyen de salut. Dans les deux suivants, il réfute l'objection naturelle contre la doctrine d'un salut gratuit, savoir que cette doctrine tend à favoriser le péché ; en même temps il indique le but véritable et les effets de la loi. Enfin le chapitre 8 expose avec de beaux développements la sécurité entière de tous ceux qui placent leur confiance en Christ.

Dans son argumentation contre les Gentils, Paul pose le principe que Dieu punira le péché, 1.18 ; et il prouve ensuite qu'ils sont coupables à la fois d'impiété et d'immoralité, puisque, bien que possédant une connaissance de Dieu suffisante, il ne l'ont pas adoré, mais se sont tournés vers les idoles, et se sont abandonnés à tous les genres d'iniquités, 1.19-32.

Puis venant à ce qui concerne les Juifs, il commence par développer le principe général de la justice divine, en insistant surtout sur l'impartialité de Dieu qui jugera tous les hommes, Juifs et Gentils, selon leurs œuvres, et selon la lumière qui leur a été respectivement départie, 2.1-16. Jugés d'après cette règle, les Juifs sont exposés à la condamnation aussi justement et aussi certainement que les Gentils, 2.17-29.

Les privilèges particuliers des Juifs n'empêchent pas qu'ils doivent être jugés sur les mêmes principes que les autres hommes ; et ainsi jugés, ils sont trouvés coupables devant Dieu. Tous les hommes donc, comme le prouvent d'ailleurs un grand nombre de déclarations des Écritures, tous sont sous la condamnation, et ne sauraient par conséquent être justifiés par leurs œuvres, 3.1-20.

L'évangile présente le seul moyen par lequel les hommes puissent être justifiés devant Dieu : moyen qui est entièrement gratuit ; dont la condition est la foi ; qui est fondé sur la rédemption en Christ ; qui réconcilie la justice de Dieu et sa miséricorde, humilie l'homme, pose le fondement d'une religion universelle, et établit la loi, 3.21-31.

La vérité de cette doctrine est appuyée par l'exemple d'Abraham, le témoignage de David, la nature de l'alliance que Dieu a faite avec Abraham et sa postérité, enfin par la nature de la loi. L'apôtre propose aux chrétiens la conduite d'Abraham comme modèle et comme sujet d'encouragement, 4.1-25.

La justification par la foi en Christ assure la paix avec Dieu, la joie dans la vie présente, et l'assurance de la vie éternelle, 5.1-11. La dispensation que Dieu emploie pour sauver les pécheurs est donc analogue à celle qui les a placés sous la condamnation. Comme par suite du péché d'un seul, une sentence de condamnation a été prononcée sur tous les hommes, ainsi en vertu de la justice d'un seul, tous seront justifiés, 5.12-21.

La doctrine de la justification gratuite des pécheurs ne saurait tendre à favoriser le péché, parce que telle est la nature de l'union avec Christ, et tel l'effet de sa mort, que tous ceux qui ont part aux bienfaits de cette mort éprouvent l'influence sanctifiante de sa vie, 6.1-11. En outre, l'objection provient de ce qu'on méconnaît l'effet et le but de la loi, ainsi que la nature de la sanctification. La libération du joug de la loi et de l'esprit servilement légal est nécessaire à la sainteté. Quand le chrétien est délivré de cet esclavage, il devient l'esclave de Dieu et il est amené sous une influence qui assure efficacement son obéissance, 6.12-23.

Ainsi, de même qu'un femme, pour s'unir à un second mari, doit d'abord être libérée du premier, de même le chrétien, pour pouvoir s'unir à Christ et porter les fruits que Dieu demande, doit premièrement être affranchi de la loi, 7.1-6.

Cette nécessité d'être délivré de la loi ne résulte pas de ce que la loi soit un mal, mais de la nature du cas. La loi n'est que la déclaration officielle du devoir, laquelle ne saurait changer le cœur du pécheur. Son véritable objet est de produire la conviction du péché (v. 7-13), et, quand le cœur est renouvelé, d'exciter l'approbation et l'amour pour l'excellence qui brille en elle ; mais elle ne peut opérer la destruction du péché. C'est ce que peut seule accomplir la grâce de Dieu en Jésus-Christ, 7.7-25.

Ceux donc qui sont en Christ sont dans un état de sécurité parfaite. Ils sont affranchis de la loi ; en eux habite l'Esprit qui donne la vie ; ils sont enfants de Dieu ; ils sont choisis, appelés et justifiés d'après le décret divin, et ils sont l'objet de l'amour de Dieu qui ne change pas, 8.1-39.

La *seconde partie* de l'épître a pour but de montrer à quels hommes sont offerts les bienfaits du royaume de Christ, et d'exposer les vues de Dieu à l'égard des Juifs. – L'apôtre, après avoir protesté de son affection pour son peuple, établit que Dieu ne s'est pas engagé à tenir pour ses enfants les descendants d'Abraham, mais qu'il a liberté entière de choisir ceux qu'il veut pour les héritiers de son royaume. Ce droit de Dieu de faire miséricorde à qui il veut, Paul le prouve par les déclarations de l'Écriture et par les dispensations de la providence. Il fait voir que cette doctrine de la souveraineté divine n'est incompatible ni avec le caractère de Dieu ni avec la responsabilité de l'homme, parce que Dieu ne fait que choisir parmi des êtres qui n'ont rien mérité ceux qu'il veut pour en faire les objets de sa miséricorde, et qu'il abandonne les autres au juste salaire de leurs péchés, 9.1-24.

Aussi Dieu a-t-il prédit dès les temps anciens qu'il appellerait les Gentils et que les Juifs seraient rejetés ; ce rejet des Juifs était la conséquence de leur incrédulité, 9.25-33 ; 10.1-5. Paul ensuite oppose l'un à l'autre les deux moyens de salut, pour montrer que celui de la loi est impraticable, au lieu que celui de l'évangile est simple, facile, et applicable à tous les hommes. Il faut donc qu'il soit prêché à tous les hommes, conformément à l'intention révélée de Dieu, 10.6-21.

Le rejet des Juifs n'est pas total : l'église chrétienne avait vu entrer dans son sein un grand nombre d'entre eux qui appartenaient à l'élection de grâce, 11.1-10. Ce rejet n'est pas non plus final : il y aura, dans les temps à venir, une conversion générale du peuple juif à Christ, et ainsi tout Israël sera sauvé, 11.11-36.

La *troisième partie* ou partie pratique de l'épître, consiste en préceptes relatifs, d'abord aux devoirs généraux des chrétiens dans leurs différents rapports avec Dieu, 12 ; puis à leurs devoirs civils ou politiques, 13 ; enfin, à leurs devoirs ecclésiastiques, à ce qu'ils se doivent mutuellement comme membres de l'église, 14 ; 15.1-13.

L'épître se termine par la mention des travaux et des projets de l'apôtre, 15.14-33, et par les salutations d'usage, 16.

CHAPITRE
1

SOMMAIRE.

Ce chapitre se compose de deux sections. La première, qui se termine au verset 17 contient l'introduction générale de l'épître. La seconde, qui s'étend du verset 18 à la fin du chapitre, contient l'argumentation destinée à prouver que la déclaration des versets 16 et 17, savoir que la foi peut seule faire obtenir la justification, est vraie à l'égard des païens.

CHAPITRE 1.1-17.

ANALYSE.

Cette section peut se diviser en deux parties. La première (v.1-7) contient la salutation ; la seconde (8-17) l'introduction de l'épître. Paul commence par s'annoncer comme un docteur qui a reçu une mission divine, qui a été mis à part pour prêcher l'évangile. À l'égard de cet évangile il dit : **1.** Qu'il a été promis, et par-là même promulgué partiellement dans l'Ancien Testament, v. 2. **2.** Que son grand objet est Jésus-Christ, v. 3. Christ est, quant à sa nature humaine, fils de David ; quant à sa nature divine, fils de Dieu, v. 3,4.

C'est de cette personne divine que Paul avait reçu sa charge d'apôtre. L'objet de cette charge était d'amener les hommes à croire à l'évangile ; et le champ de ses travaux s'étendait à toutes les nations, v. 5. Les Romains y étaient donc compris, v. 6. C'est pourquoi il souhaite aux chrétiens de Rome la grâce et la paix, v. 7. Ici se termine la salutation.

Après avoir montré en quel caractère et de quel droit il s'adressait à eux, l'apôtre introduit le sujet de sa lettre en leur exprimant son respect et son affection. Il rend grâces à Dieu non seulement de ce qu'ils ont cru, mais de ce que leur foi est partout connue et célébrée, v. 9. Comme preuve de l'intérêt qu'il leur porte, il déclare : **1.** Qu'il priait pour eux constamment, v. 9. **2.** Qu'il avait un ardent désir de les voir, v. 10,11. **3.** Que son désir de les voir provenait de celui qu'il avait de leur faire du bien, et de recueillir quelques fruits de son ministère parmi eux, comme chez les autres Gentils, v. 12,13. Étant sous l'obligation expresse de prêcher à tous les hommes, sages et ignorants, il était prêt par conséquent à prêcher même à Rome, v. 14,15. Cette disposition à prêcher provenait de la haute idée qu'il avait de l'évangile ; et son respect pour l'évangile n'était pas fondé seulement sur son excellent système de morale, mais sur son efficacité pour sauver tous ceux qui croient, soit Juifs, soit Gentils, v. 16. Cette efficacité de l'évangile résulte de ce qu'il enseigne le vrai moyen de justification, qui est la justification par la foi, v. 17. – On peut remarquer de quelle manière ingénieuse et naturelle à la fois l'apôtre introduit les deux grands sujets de l'épître : quel est le moyen de salut, et quels sont les hommes auxquels ce salut est offert.

COMMENTAIRE

1. *Paul, serviteur de Jésus-Christ, appelé* à être *apôtre, séparé l'évangile de Dieu.– Paul.* En Judée, comme dans le reste de l'orient, les noms étaient ordinairement significatifs. C'est ainsi que *Saul* veut dire *le demandé*. Souvent ces noms étaient changés à l'occasion de quelque événement remarquable dans la vie de ceux qui les portaient ; comme ce fut le cas pour Abraham et pour Jacob, Ge 17.5 ; 32.28. Ce changement avait lieu surtout lorsque l'individu était promu à quelque charge ou dignité nouvelle, Ge 41.45. Da 1.6,7. De là un nouveau nom est quelquefois synonyme d'une dignité nouvelle, Ap 2.17. Comme Paul paraît avoir reçu ce nom peu après son entrée en charge comme apôtre, on a souvent supposé, et non sans quelque vraisemblance, que son nom fut changé à l'occasion de sa vocation nouvelle. C'est ainsi que Simon, lorsqu'il fut appelé à l'apostolat, reçut le nom de Céphas ou de Pierre, Jean 1.43. Matthieu 10.2. Cependant, comme il était ordinaire aux Juifs, qui avaient de fréquentes relations avec les étrangers, de porter deux noms, l'un juif et l'autre grec ou romain, noms qui étaient quelquefois tout à fait différents, comme Hillel et Pollion, d'autres fois assez semblables, comme Silas et Silvain, – on peut supposer, ce semble, avec plus de probabilité, que l'apôtre s'appelait Saul chez les Juifs, et Paul chez les païens. Comme il était l'apôtre des Gentils, et comme toutes ses épîtres, celle aux Hébreux exceptée, s'adressent à des églises fondées parmi les païens, il n'est pas étonnant qu'il se nomme Paul, et non Saul. – Il se donne le titre de *Serviteur de Jésus-Christ.* Ce terme est fréquent pour désigner la relation qui, sous le Nouveau Testament, liait les apôtres à Christ, Ga 1.10. Ph 1.1 etc. ; et cela d'après l'Ancien Testament, où le titre de *Serviteur de Dieu* s'emploie pour la relation dans laquelle entrait avec Dieu quiconque se consacrait à son service d'une manière spéciale, Jos 24.29 ; No 12.7 ; Jg 2.8 etc., etc. C'est donc une désignation générale d'office.

Appelé apôtre. Le mot que nous traduisons *appelé,* signifie aussi *choisi, appointé,* voy. v. 6,7 ; 1 Co 1.1 et 24 ; Ro 8.27 comp. És 48.12 : « Écoute-moi, Jacob, et toi Israël, *mon appelé* », c'est-à-dire *mon élu* ; 51.2 ; 42.6. Dans les épîtres du Nouveau Testament, ce mot n'est que rarement et peut-être jamais employé pour l'appel *extérieur*, pour la simple invitation à une charge ou à une bénédiction ; il renferme toujours l'idée d'un appel efficace, d'un choix ou d'un mandat. Paul commence ainsi un grand nombre de ses épîtres en insistant sur sa mission divine comme apôtre, parce qu'il avait reçu sa charge d'une manière différente des autres apôtres, et que la validité de son apostolat avait été souvent remise en question.

Le titre d'*apôtre* ou d'*envoyé* s'applique exclusivement, à peu d'exceptions près, aux trente disciples que Jésus-Christ avait choisis pour transmettre aux hommes le message du salut ; pour justifier ce message par des miracles, Hé 2.4, et surtout par le témoignage qu'ils pouvaient rendre à la résurrection de Christ en qualité de témoins oculaires, Ac 1.22 ; 2.32 ; 3.15 ; 1 Co 15.15 ; enfin pour organiser l'église chrétienne en y instituant des fonctionnaires et en en réglant les affaires générales. Il était donc nécessaire pour être apôtre d'avoir vu Christ après sa résurrection, 1 Co 9.1.

Séparé pour l'évangile de Dieu. Le mot *séparé* renferme la double idée de mettre à part et de conférer un mandat. Lé 20.24,26 ; Ac 13.2 ; Ga 1.15. Paul avait été choisi et mis à part pour prêcher l'*évangile de Dieu,* c'est-à-dire l'évangile dont Dieu est l'auteur.

2. *Qu'il avait promis auparavant par ses prophètes dans les saintes Écritures.* Il importait particulièrement au but de l'apôtre d'établir que l'évangile qu'il annonçait n'était pas une doctrine nouvelle, ni (bien moins encore) opposée à des écrits auxquels ses lecteurs reconnaissaient une autorité divine. Aussi revient-il souvent à cette idée en parlant, soit du moyen de salut, 3.21 ; 10.11 etc. ; soit du rejet des Juifs, 9.27,33 ; 10.20,21 ; soit de la vocation des Gentils, 9.25 ; 10.19, etc. Voy. Lu 24.44 ; Jn 12.16 ; Ac 10.43.

3, 4. *Touchant son fils Jésus-Christ notre Seigneur, qui a été fait de la postérité de David, selon la chair, et qui a déclaré* être *le fils de Dieu avec puissance selon l'Esprit de sainteté, par la résurrection d'entre les morts.* Le v. 3 se lie à la fin du précédent, et indique quel est le grand objet de cet évangile que Paul avait mission de prêcher. Cet objet qui renferme tous les autres, c'est le Fils de Dieu. À peine Paul l'a-t-il nommé, qu'il déclare la nature de ce personnage si relevé. Le passage qui suit offre donc un intérêt particulier, comme exposant nettement les vues de l'apôtre sur le caractère de Christ, et le sens qu'il attachait à ce terme, *Fils de Dieu.*

On a donné de ce passage trois interprétations principales. D'après la première, le sens serait : Jésus-Christ était, *quant à sa nature humaine,* fils de David ; mais il a été clairement démontré par sa résurrection qu'il était, *quant à sa nature divine,* fils de Dieu. D'après la seconde : Christ était, *dans son état d'abaissement,* fils de David, mais il a été établi fils de Dieu *dans son état de gloire,* par sa résurrection, ou après sa résurrection. D'après la troisième : Christ était fils de David, quant à sa nature humaine, mais il a été déclaré fils de Dieu, *conformément aux Écritures,* par sa résurrection.

La première interprétation se recommande par les considérations suivantes. **1.** Le sens qu'elle donne aux différentes incises est justifié par l'usage et réclamé par le contexte. C'est ce que prouvera l'examen successif de chacune de ces incises. **2.** L'antithèse appelle cette interprétation : Christ était *quant à l'une de ses deux natures,* fils de David ; *quant à l'autre,* fils de Dieu. **3.** Elle est en rapport avec ce qui nous est dit ailleurs de la dignité de Christ comme fils de Dieu,

Jn 5.17 ; 10.30-33 ; Hé 1.4-8. **4.** Enfin les autres interprétations rencontrent des objections insolubles.

Qui a été fait de la postérité de David, selon la chair. A été fait, c'est-à-dire *est né,* ce qui est le sens du même mot, Ga 4.4 ; Jn 8.41 ; 1 Pi 3.6. L'expression *selon la chair* a été entendue de diverses manières. Comme le mot *chair* est très souvent employé pour dire *les hommes* (exemples : *toute chair nulle chair,* etc.), il sert à désigner la nature humaine, et ordinairement, la nature humaine considérée en elle-même, comme séparée de l'Esprit de Dieu, conséquemment avec les notions accessoires de faiblesse et de corruption. De là dans les expressions « être né de la chair », Jn 3.6 ; « être dans la chair », Ro 8.7 ; « vivre selon la chair », 8.13 ; les œuvres de la chair », Ga 5.19 ; et autres du même genre, ce terme désigne la nature humaine en tant qu'elle est corrompue. Mais cette notion accessoire disparaît bien entendu, lorsque le mot est employé par rapport à Christ : ex. « il est venu en chair », 1 Jn 4.2 ; « il a été manifesté en chair », 1 Ti 3.16 ; « il a été fait chair », Jn 1.14, etc. Dans tous ces passages, le mot chair désigne la nature humaine, c'est-à-dire non pas seulement le corps ou la partie visible de l'homme, ni sa condition purement extérieure, mais tout ce qu'a eu de commun avec les autres hommes Jésus-Christ, qui a été fait semblable en tout à ses frères, excepté quant au péché. Ainsi dans notre passage, comme dans le parallèle 9.5, *quant à la chair* veut dire *en tant qu'il était homme, quant à sa nature humaine.* Cette interprétation est donc conforme à l'usage et au sens naturel du mot. Elle est de plus réclamée par le contexte. Dans quel sens Christ était-il fils de David ou descendu de la famille de David, sinon, en tant qu'il était homme ?

Le sens de *déclarer,* que nous donnons au verbe grec [1], est défendu : **1.** Par l'étymologie. La racine de ce mot veut

[1] *Oristhéntos*

dire *limite,* et il signifie littéralement : *poser des limites, déterminer,* sens qu'il a fréquemment dans l'usage. *Déterminer* tient de près à *instituer,* ou à *nommer, déclarer, faire connaître* une personne ou une chose dans sa vraie nature. Il est vrai que dans le Nouveau Testament, comme dans le grec profane, le mot sert généralement à exprimer la première idée, celle d'instituer, mais souvent le sens que lui donne notre version est compris dans l'autre, Ac 10.42 ; 17.31. **2.** Les commentateurs grecs Chrysostome et Théodoret, ainsi que la version syriaque, l'expliquent comme nous. **3.** Cette explication, n'attribue pas au mot un sens nouveau, elle suppose seulement qu'il est employé dans un sens familier et populaire. Morus nous apprend que dans la vie ordinaire il veut dire *confirmer, rendre certain.* L'expression de l'apôtre équivaudrait donc à celle-ci : « Il a été confirmé ou rendu certain que Jésus est fils de Dieu ». **4.** Il peut y avoir ici allusion à l'usage fréquent dans la Bible d'employer les mots dans un sens déclaratif. Par exemple, *rendre coupable* signifie souvent prononcer la culpabilité ; *rendre juste,* c'est déclarer juste. Ainsi, en admettant que le sens littéral des mots serait : « Rendu fils de Dieu par sa résurrection », pourrait, en restant strictement fidèle à l'usage, les interpréter ainsi : *Déclaré être* fils de Dieu [1]. **5.** Le contexte exige impérieusement cette interprétation ; car il n'est point vrai que Christ ait été rendu fils de Dieu par sa résurrection, puisqu'il l'était auparavant. **6.** Le passage entendu autrement, serait en opposition avec d'autres déclarations des écrivains sacrés, comme Ac 1.22, etc., qui présentent la résurrection de Christ comme une preuve de ce qu'il était, non comme l'ayant rendu fils de Dieu ni roi.

---

[1] La grande majorité des commentateurs entendent *oristhéntos* dans ce sens, quelles que soient d'ailleurs leurs explications de la suite du passage. Ainsi KOPPE, FLATT, THOLUCK, sans parler des anciens.

Les mots *avec puissance* peuvent être joints comme un adjectif à ceux qui précèdent immédiatement, avec ce sens : « Le fils puissant de Dieu » ; ou, ce qui vaut mieux, on peut les rapporter comme un adverbe au mot *déclaré* : « Il a été puissamment, c'est-à-dire clairement déclaré être fils de Dieu ». Ainsi que le soleil, lorsqu'il brille dans sa force, se fait alors voir et sentir dans toute sa gloire, de même Christ, lorsqu'il est ressuscité des morts, s'est fait connaître par-là même comme fils de Dieu.

Selon l'Esprit de sainteté. Nous avons dit qu'on peut entendre ces paroles de la nature divine de Christ. Voici les arguments qui appuient cette interprétation. **1.** Il est évident que le terme *Esprit* peut s'appliquer à la nature de Dieu, et le mot *sainteté* qui se lie au précédent à la manière d'un adjectif, désigne tout ce qui en Dieu est digne de vénération. Ce mot sert donc à relever l'idée exprimée par *Esprit.* « Selon cette essence spirituelle, qui en Christ est digne d'une souveraine vénération ». **2.** La nature divine de Christ est appelée *Esprit* dans d'autres passages. Hé 9.14. « Si le sang des taureaux et des boucs sanctifie quant à la pureté de la chair, combien plus le sang de Christ, qui, avec un Esprit éternel, s'est offert sans tache à Dieu, etc. » C'est-à-dire : « Si le sang des animaux a pu être de quelque utilité, combien ne sera pas plus efficace le sacrifice de Christ, qui était revêtu d'une nature divine ». Dans nos versions on a traduit *par* un Esprit éternel, au lieu de *avec* ; mais la première version est moins en rapport avec le contexte, et ne donne pas un sens aussi satisfaisant. La même préposition est souvent rendue par *avec*, Ro 2.27 : « Avec la lettre et avec la circoncision », c'est-à-dire étant en possession de ces choses. (Voy. Wahl Clavis) : 1 Ti 3.16 : « Dieu a été manifesté en chair, justifié dans l'Esprit » ; ce qui veut dire probablement : « Le fait de l'incarnation a été prouvé, la présence de Dieu en chair a été attestée par la nature divine qui a déployé sa puissance et sa gloire à tant d'égards dans les paroles et les œuvres de Christ ». 1 Pi 3.18 il est dit de Christ qu'il a été mis à mort *quant à la chair,* mais qu'il est resté vivant *quant à l'Esprit,* par lequel Esprit il a prêché aux esprits en prison. Si cette prédication est relative aux temps antérieurs au déluge, comme on a lieu de le croire, le mot *Esprit* désigne encore ici la nature divine de Christ. **3.** L'antithèse appelle évidemment cette interprétation : *quant à la chair,* Christ a été fils de David ; *quant à l'Esprit,* fils de Dieu; si la chair désigne sa nature humaine, l'Esprit doit représenter sa nature divine. **4.** Enfin cette interprétation est confirmée par le parallèle 9.5, où les deux natures de Christ sont encore opposées l'une à l'autre : quant à la chair, il était un enfant d'Israël, mais quant à sa nature plus relevée il est Dieu au-dessus de tout, béni éternellement. Ainsi le dernier trait de notre passage répond au dernier trait de l'autre : être le Fils de Dieu, est synonyme de être Dieu au-dessus de tout.

Par la résurrection d'entre les morts. C'est-à-dire que la résurrection de Christ a été la grande preuve décisive qu'il était fils de Dieu : elle a été le témoignage que Dieu a publiquement rendu à toutes les prétentions élevées par Christ. De là les apôtres étaient institués proprement pour être des témoins de ce grand fait, Ac 1.22 ; voyez ce qui a été dit sur le v. 1. Ceci évidemment ne veut pas dire que la résurrection de Christ fût en soi une preuve qu'il était bien fils de Dieu, plutôt qu'elle n'était une preuve qu'il était bien tout ce qu'il avait prétendu être, et plutôt qu'elle n'était, avec les circonstances qui l'accompagnaient, un déploiement de sa puissance divine. Il avait le pouvoir de quitter sa vie, et le pouvoir de la reprendre. On traduit quelquefois *après* sa résurrection d'entre les morts. La préposition grecque admet l'une et l'autre traduction, mais la première s'accorde mieux avec le contexte, et avec la manière dont Paul parle ailleurs de la résurrection de Christ, Ac 17.31.

Les autres interprétations de ce passage donnent lieu, comme nous l'avons dit, à des objections sérieuses, pour ne pas dire décisives. **A.** La seconde attribue au passage ce sens : « Christ était, *quant à son état d'abaissement,* fils de David ; mais il a été fait fils de Dieu, *quant à son état d'exaltation,* par sa résurrection d'entre les morts ». À cela on peut objecter : **1.** C'est donner au mot *chair* un sens inusité, et dont ce serait le seul exemple dans une incise telle que celle-ci : *fils quant à la chair.* **2.** Donner aux mots *selon l'Esprit de sainteté* le sens de : *quant à son état spirituel* ou *d'exaltation,* c'est violer ouvertement l'usage. On ne peut citer aucun passage où le mot *Esprit* signifie état d'exaltation. Il est difficile même de concevoir qu'il *puisse* prendre un tel sens. On allègue à l'appui 1 Ti 3.16 ; Hé 9.14 ; 1 Pi 3.18. Mais il suffit de lire ces passages pour voir qu'ils ne souffrent pas cette interprétation. **3.** L'explication que nous avons en vue suppose que Christ est devenu fils de Dieu par, ou après sa résurrection, ce qui serait inexact, quelque sens qu'on veuille donner au terme de fils de Dieu : Christ était Messie, il était roi, aussi bien avant qu'après sa résurrection. **4.** La résurrection de Christ est présentée dans le Nouveau Testament comme preuve de sa dignité glorieuse, non comme origine de cette dignité. **B.** La troisième interprétation ne diffère de la première qu'en ce que, par l'incise : *quant à* ou *selon l'Esprit de sainteté,* elle entend : *conformément aux Écritures,* qui sont les déclarations de l'Esprit-Saint. Ce qui prête à deux objections. **1.** Ce n'est pas de cette manière que Paul en appelle aux Écritures. Il dit ordinairement : « Comme il est écrit » ; ou : « Selon les Écritures », etc., **2.** Cette interprétation a contre elle l'antithèse : si la première incise, *quant à la chair,* signifie, « quant à sa nature humaine », la seconde, qui lui fait évidemment opposition, « quant à l'Esprit », ne peut vouloir dire : « Selon les Écritures ».

Nous avons dû moins arrêter longuement sur ce passage, à cause de son importance dans la question de savoir pourquoi Christ est appelé fils de Dieu. Quelle est la portée de cette dénomination ? Exprime-telle la dignité de Christ comme Roi-Médiateur, ou son union intime avec Dieu comme objet de son affection ? Ou bien implique-t-elle qu'il est de la même nature que Dieu, participant de son essence et de ses attributs ? Lui est-elle appliquée en raison de la relation éternelle qui subsiste entre les deux premières personnes de la Trinité ? Ce sont-là des questions importantes. Le terme de *fils* est employé dans l'Écriture pour exprimer une variété de relations telle, qu'on ne peut rien inférer de certain du sens même du mot. Il exprime les relations de dérivation, de dépendance, de possession, de ressemblance, d'union intime, etc., avec une grande variété de nuances. Aussi est-il usité dans un grand nombre d'expressions étrangères à nos idiomes, comme : fils de cinq cents ans ; fils de Bélial, c'est-à-dire d'indignité ; fils de la mort, de la faim, de la destruction, etc. ; fils du royaume ; fils de la chambre nuptiale etc., etc.

Comme il y a dans l'Écriture une distinction très marquée entre l'expression Fils de Dieu au singulier et fils de Dieu au pluriel, l'usage général du mot fils ne saurait fournir que peu de lumière quant à la portée précise de la première expression. Le titre de Fils de Dieu n'est appliqué qu'à Jésus-Christ seul, excepté dans un endroit où, pour une raison facile à saisir, il est donné à Adam, comme ayant été produit par la puissance immédiate de Dieu, Lu 3.38. Il y a donc au titre de Fils de Dieu donné au Christ, une raison qui n'est applicable à nul être que lui dans l'univers.

Que cette raison n'est pas la dignité royale de Christ, cela paraît : **1.** Parce que le terme, s'il désignait simplement l'élévation ou la puissance, ne serait pas appliqué à Christ exclusivement, mais bien aussi à d'autres personnes royales. **2.** Ceux qui disent que les rois dans l'Ancien Testament sont appelés fils de Dieu en raison de leur dignité, font une supposition à peu près gratuite. Les passages qu'ils allèguent sont les suivants. Ps 2.7, qui ici ne prouve rien, puisque ce psaume s'applique à Christ. Ps 82.6, où des princes sont appelés « fils du Très-Haut », ce qui peut vouloir dire simplement qu'ils sont hautement favorisés de Dieu, que Dieu les traite en fils. 2 S 7.14. « Je lui serai père, et il me sera fils » ; ce passage, appliqué à Salomon, signifie seulement : « Je l'aimerai et je le traiterai comme fait un père à l'égard de son fils ». Ps 89.28, « Je le ferai *mon* premier né », c'est-à-dire je le traiterai avec une faveur particulière. – Il s'en faut donc bien que ce soit dans la Bible un usage habituel d'appeler les rois fils de Dieu en raison de leur dignité ; bien moins encore cette dignité peut-elle être la raison principale, sinon unique, pour laquelle le titre de fils de Dieu est donné à Jésus-Christ.

Puisqu'il n'y a rien dans l'emploi du mot *fils*, ni de l'expression de *fils de Dieu* au pluriel, qui puisse fixer le sens de la dénomination que nous avons en vue, il faut avoir recours à des passages qui établissent clairement le motif de cette dénomination, ou bien qui en expliquent la véritable portée. Ces passages explicatifs sont comparativement en petit nombre. Christ est appelé Jésus dans une foule de cas ; mais il n'y en a qu'un ou deux où nous trouvions la raison pour laquelle il est ainsi appelé. De même, il reçoit très fréquemment le titre de Fils de Dieu, mais le motif de ce titre n'est indiqué que dans un petit nombre de passages, dont nous allons citer les principaux. Et d'abord le passage actuel semble bien affirmer positivement, que Christ est le fils de Dieu quant à sa nature divine ; il en résulte naturellement que la raison pour laquelle il est ainsi appelé doit être la relation qui existe entre cette nature et le Père éternel. Jn 5.17, Christ appelle Dieu son père dans un sens qui emporte qu'il est égal à Dieu. Telle est l'interprétation que ses auditeurs donnèrent à ses paroles, et que Jésus lui-même confirma. Le cas est le même Jn 10.30-39, où Christ déclare être fils de Dieu dans un sens tel que lui et le Père font un. Jn 1.14 il est dit que la gloire de Christ, qui prouvait qu'il était Dieu, que cette gloire était sienne en tant qu'il était *fils* unique du Père, comp. v. 18. Hé 1.4-6, de ce que Christ est appelé fils, l'apôtre conclut qu'il est Dieu, élevé au-dessus des anges, et digne de leur adoration. Ces passages et d'autres encore, prouvent que Christ est appelé fils de Dieu en tant qu'il est de la même nature que le Père, et que la raison de cette dénomination se trouve dans la relation mystérieuse qu'il soutient avec lui comme Dieu. Lorsque Christ s'appelle fils de Dieu, il prétend à l'égalité avec Dieu ; et lorsqu'il est ainsi appelé par les écrivains sacrés, cette égalité lui est attribuée. Pour prouver la justesse de cette observation, il n'est nullement nécessaire de montrer que dans chacun des cas où ce nom est donné à Christ, il soit question de sa nature divine. Tout comme il n'est pas nécessaire de prouver que le titre de fils de l'homme s'applique exclusivement à sa nature humaine, pour montrer que ce titre implique l'humanité de Christ. Ces dénominations, ainsi que les autres noms de Christ, servent souvent à désigner sa personne, sans égard à l'origine ou à la portée du nom. Ainsi il est dit du *fils* qu'il donne la vie, qu'il exerce le jugement, qu'il doit être mis à mort, qu'il ignore le jour du jugement, qu'il est sujet de son père, etc.; dans toutes ces occasions on n'a point égard à la portée du terme de *fils,* ni à la raison primitive de son application au Sauveur ; ce terme devient une simple désignation de sa personne. De même, il est dit de *Christ* qu'il est Dieu ; qu'il est mort sur la croix ; qu'il est ressuscité des morts, etc. Ailleurs il est dit du *fils de l'homme* qu'il n'a pas où reposer sa tête ; qu'il est dans le ciel, etc. Par conséquent, le fait que le terme de *fils de Dieu* sert souvent à désigner la personne de Christ, là même où il s'agit proprement de sa nature humaine, ne saurait prouver que la raison primitive pour laquelle il lui a été appliqué n'est pas la relation qu'il soutient avec le Père, en tant qu'il est Dieu. Ce que nous avons établi à cet égard demeure, savoir que cette dénomination attribue implicitement à Christ l'égalité avec Dieu.

Ainsi la plupart des passages qui peuvent servir à fixer la nature de la qualité de fils de Dieu attribuée à Christ, montrent que le terme de *fils* implique une participation à la nature divine, une relation ineffable entre les deux premières personnes de la Trinité. Quand il y en aurait d'autres, qui assigneraient à cette dénomination une raison différente, cela prouverait seulement que le sens du terme et la raison de son application à Christ sont multiples, sans renverser ce que nous avons établi. Luc 1.35 semble assigner la conception miraculeuse de Christ comme la raison pour laquelle il a été appelé fils de Dieu. On peut admettre ce fait, sans qu'il soit moins vrai qu'il est aussi appelé fils, dans un sens qui emporte l'égalité avec Dieu. Du reste, ceux qui donnent ce sens à Luc 1.35, ajoutent pourtant que la raison principale pour laquelle Christ a reçu ce nom, c'est l'état glorieux où il a été élevé comme roi. Mais la déclaration de l'ange à la vierge Marie peut aussi être entendue autrement : cette déclaration ne voudrait pas dire simplement que la nature humaine de Christ devait être conçue d'une manière miraculeuse, mais aussi que l'Être divin devait entrer avec cette nature dans une union personnelle, et que par conséquent le saint enfant qui allait naître serait appelé, c'est-à-dire reconnu divin.

On cite souvent Actes 13.33 comme preuve que Christ est appelé fils de Dieu en raison de sa résurrection. Voici comme la version anglaise rend ce passage. « Cette promesse faite à nos pères, Dieu l'a accomplie envers nous leurs enfants, en ce qu'il a ressuscité Jésus ; comme aussi il est écrit au psaume second : Tu es mon fils, je t'ai engendré aujourd'hui ». Là-dessus on peut observer : **1.** À supposer que la version soit exacte, la conséquence qu'on en tire ne s'ensuit pas nécessairement. Si le passage du psaume signifie : « Tu es mon fils, je t'ai aujourd'hui déclaré ou présenté publiquement comme tel » ; ce passage est parfaitement applicable au but de l'apôtre, qui en appellerait au fait de la résurrection de Christ comme preuve que Dieu l'a reconnu ou déclaré être son fils : c'est précisément ce qui est enseigné ailleurs où il est dit que la résurrection du rédempteur prouve sa qualité de fils. **2.** Mais cette version de Actes 13.33 est, très probablement, incorrecte. Le mot qu'on traduit il a *ressuscité* Jésus, veut dire simplement il a *suscité.* C'est le contexte qui détermine s'il s'agit d'une résurrection d'entre les morts, ou de l'appel à l'existence, ou de la vocation à quelque office. Ex. Ac 3.22, « Dieu suscitera un prophète semblable à moi » ; Mt 22.24 ; Ac 2.30, « Du fruit de ses reins il susciterait Christ » ; Ac 7.18 etc. L'insertion arbitraire d'une particule, dans la traduction du passage actuel, altère le sens, qui est probablement celui-ci : « Nous vous annonçons une bonne nouvelle, savoir comment Dieu a accompli la promesse (de susciter un sauveur) faite aux pères, en ce qu'il a suscité Jésus. » Point ici d'allusion à la résurrection. La promesse dont il s'agit n'était pas que Christ ressusciterait des morts, mais bien qu'un sauveur apparaîtrait : ce dont le psaume 2 est une prédiction évidente. Au v. 34, Paul, après avoir annoncé la bonne nouvelle qu'un sauveur était venu, introduit un autre sujet, en disant : « Or, quant à ce qu'il l'a ressuscité d'entre les morts (comme l'apôtre l'avait affirmé v. 30), il a dit ainsi, » etc. Puis il cite le psaume 16, comme preuve que la résurrection de Christ avait aussi été prédite. Ainsi le v. 33 ni le psaume 2 n'ont point rapport à la résurrection, et par conséquent ne prouvent rien quant au sens dans lequel Christ est fils de Dieu.

5. *Par lequel nous avons reçu la grâce et l'apostolat, pour produire l'obéissance à la foi parmi toutes les nations, pour son nom.* Après avoir établi le caractère de Jésus-Christ, comme étant à la fois fils de David et fils de Dieu, Paul déclare que c'était de lui, et non d'aucune source inférieure, que dérivait son autorité. C'est là un point sur lequel il insiste souvent, Ga 1.1 ; 1 Co 1.1 etc. Le mot *grâce* veut dire *faveur, bonté,* puis, par métonymie, un don qui procède de bonté, et surtout d'une bonté non méritée. De là tous les dons du Saint-Esprit sont des *grâces,* des faveurs non méritées. Le plus grand des dons de Dieu après celui de son fils, étant l'influence du Saint-Esprit, ce dernier don est appelé par excellence *la grâce,* dans la Bible comme dans le langage ordinaire. Ici le mot peut très bien s'entendre en ce sens : il comprendrait tous les secours de l'Esprit-Saint qui secondaient Paul dans son œuvre. On pourrait aussi réunir les deux mots grâce et apostolat, avec ce sens : « La grâce ou la faveur d'être apôtre ; » mais la première explication est préférable.

Pour produire *l'obéissance à la foi parmi toutes les nations, pour son nom.* Littéralement, *pour l'obéissance de la foi.* Voici le but en vue duquel la charge d'apôtre a été conférée à Paul. C'est afin que toutes les nations deviennent obéissantes. Tel est le sens de cette tournure, qui revient fréquemment. Ex. « Baptiser *pour la repentance,* » c'est-à-dire pour que les hommes se repentent, Mt 3.11 ; *pour le salut,* c'est-à-dire pour que les hommes soient sauvés, Ro 1.16. Le mot *foi* désigne-t-il ici, comme Ga 1.23 et ailleurs, *l'objet de la foi,* ou bien *l'exercice* de la foi ? L'une et l'autre supposition fournissent un sens plausible : dans la première ce serait :

afin que toutes les nations obéissent *à l'évangile* ; dans la seconde, afin qu'elles rendent l'obéissance *qui consiste dans la foi.* Bengel réunit les deux interprétations. La première, qui est la plus généralement reçue, a pour elle Ac 6.7. – Il semble naturel de rattacher *parmi toutes les nations* à ce qui précède immédiatement : « afin que l'obéissance soit produite parmi toutes les nations ». Mais on peut aussi lier ces mots à la première incise : « nous avons reçu la charge d'être apôtre parmi toutes les nations ». Le sens des mots *pour son nom* est plus douteux encore. Quelques-uns les joignent à l'incise du milieu : « pour produire l'obéissance de la foi en son nom », comp. Ac 26.18. Mais les mots supportent difficilement cette construction. D'autres les joignent à la première incise : « l'apostolat en son nom, » 2 Co 5.20. D'autres enfin, ce qui est plus naturel, les rattachent à toute la phrase précédente. La préposition grecque veut dire ici *à cause de, en vue de* ; et le mot *nom* se prend ici dans le sens d'*honneur,* ou bien c'est un pléonasme qui n'ajoute rien au sens. *À cause de son nom* revient à dire, *à cause de lui.* Paul a reçu la charge d'apôtre afin que toutes les nations soient amenées à l'obéissance *en vue de Jésus-Christ* ; c'est-à-dire afin qu'il soit connu et honoré [1].

6. *Du nombre desquels vous êtes aussi, vous qui êtes appelés de Jésus-Christ.* Si l'évangile embrassait toutes les nations dans le champ de ses travaux, les Romains y étaient donc compris. Les personnes auxquelles s'adressait l'apôtre, étaient du nombre de ceux qui avaient appris à obéir à la foi. Par les *appelés de Jésus-Christ* il faut entendre ceux qui sont appelés d'une manière efficace, non pas invités simplement, mais rendus participants des bénédictions auxquelles ils sont invités. Aussi le mot *appelé* est-il souvent synonyme

---

[1] « *En son nom* vaut autant comme s'il eût dit : Afin que je manifeste quel est Christ. – Calvin. »

de *choisi,* élu, comme dans le v. 1, où nous avons cité des passages là-dessus. 1 Co 1.24, il est dit de Christ qu'il est scandale aux uns, folie aux autres, mais que pour tous ceux qui sont *appelés,* il est puissance de Dieu, etc. ; là évidemment il ne peut s'agir de l'appel purement extérieur. Ap 17.14 : « Ceux qui sont avec le Seigneur, sont *appelés,* élus, et fidèles ». Voyez aussi l'emploi fréquent des diverses formes du verbe *appeler,* Ro 8,30. Jud v. 1, « aux appelés » ; 1 Pi 5.10 ; 2.9. Un tel appel est dans le fait un choix : il consiste à mettre à part dans un grand nombre. Être appelé c'est donc être élu. – *Appelés de Jésus-Christ* n'est pas appelés *par* Christ : Le génitif exprime l'idée de possession : les appelés qui appartiennent à Christ, les élus de Christ.

7. *À* vous *tous qui êtes à Rome, bien-aimés de Dieu, appelés* à être *saints.* Ce verset, qui renferme la salutation, se rattache immédiatement pour le sens, au v. 1. « Paul, apôtre, à vous tous qui êtes à Rome ». Tout le discours intermédiaire n'est pas une parenthèse proprement dite, mais une accumulation d'incises, qui naissent les unes des autres, et empêchent l'apôtre de finir la phrase commencée. C'est là un trait caractéristique du style de Paul ; on le retrouve surtout dans ses épîtres aux Éphésiens et aux Colossiens. Son esprit fécond enfantait si rapidement ses pensées et ses sentiments, que sa route en était souvent comme obstruée, et son but primitif entièrement perdu de vue pour quelque temps. Ainsi Ép 3.1, le discours, qui commence avec le premier verset, est interrompu, pour n'être repris qu'au v.14, ou peut-être même au commencement du chapitre 4.

La salutation de Paul s'adresse à tous les chrétiens qui étaient, à Rome : il les appelle *bien-aimés de Dieu, appelés* à être *saints.* Dans l'Ancien comme dans le Nouveau Testament, le peuple de Dieu est souvent distingué par cette dénomination honorable de *biens-aimés de Dieu*, De 33.12 ;

Col 3.12 ; *Appelés* à être *saints,* c'est-à-dire *choisis pour être,* ou *rendus saints* ; comme au v. 1, *appelé* à être *apôtre,* veut dire *choisi* ou *établi apôtre,* 1 Co 1.2. Le fait qu'ils étaient saints, devait être attribué au choix ou à l'appel gratuit de Dieu. Le mot que nous traduisons *saints* veut dire proprement *séparés,* et on le trouve appliqué dans une foule de cas, dans l'un et dans l'autre Testament, aux personnes et aux choses consacrées à Dieu. Dans ce sens, tous les Hébreux étaient un peuple saint. Mais dans le Nouveau Testament, lorsqu'il s'applique aux personnes, le mot représente presque toujours leur relation morale avec Dieu. C'est le sens qu'il faut lui donner ici. Les chrétiens de Rome n'étaient pas appelés seulement à former un peuple extérieurement consacré à Dieu, comme étaient les Juifs, mais à être moralement saints. Voyez ce qui sera dit plus tard sur 11.16.

Que la grâce et la paix vous soient données de la part de Dieu notre Père, et du Seigneur Jésus-Christ. C'est la formule ordinaire de salutation. La *grâce* est la faveur divine ; la *paix* en est la conséquence, et comprend, comme le mot hébreu correspondant, toutes les bénédictions. Comparez les expressions suivantes : « La voie de la paix », « le Dieu de paix », « l'évangile de paix », et autres semblables. Le mot grec prend ce sens étendu à l'imitation de son correspondant hébreu, qui signifie proprement, à l'adjectif, *complet (integer),* et au substantif, *plénitude (integritas), état de bien-être* ; comprenant par conséquent tout ce qui est nécessaire pour mettre quelqu'un dans l'état où il voudrait être. Du moment qu'on possède la faveur de Dieu, tous les autres biens viennent à la suite. [1]

[1] « Sur toutes choses la plus désirable, c'est que nous ayons Dieu propice et favorable : ce qui est signifié par le mot de grâce. Et après, que par lui nous ayons prospérité et bonne issue en toutes affaires : ce qu'emporte le mot de paix. » – CALVIN.

Ces bénédictions procèdent de Dieu le Père et du Seigneur Jésus-Christ. Christ est aussi bien que le Père la source des bénédictions, et par suite, l'objet de la prière : prière qui, dans de telles circonstances, et pour implorer de tels biens, est un des actes les plus élevés du culte divin. Dieu est appelé notre Père, comme celui de qui émane en dernier ressort toute bénédiction ; Jésus-Christ est appelé Seigneur, comme celui qui nous gouverne, sous les soins et la protection de qui nous sommes placés, et par le ministère duquel la bénédiction est réalisée.

8. *D'abord, je rend grâce à mon Dieu par Jésus-Christ au sujet de vous tous, de ce que votre foi est renommée dans tout le monde.* La période qui s'étend de ce verset à la fin du v. 17, renferme l'introduction générale de l'épître. Cette introduction se distingue par les traits caractéristiques ordinaires des morceaux de ce genre, dans les lettres de l'apôtre. **1.** Elle contient des éloges, comme c'est le cas, plus ou moins, dans toutes les autres épîtres, à l'exception de celle aux Galates. Si sévères que doivent être les reproches de Paul, il ne manque jamais de commencer d'une manière conciliante. Comparez encore les introductions des chap. 9 et 10. **2.** Elle est affectionnée. **3.** Elle est pieuse, c'est-à-dire pleine de reconnaissance envers Dieu, à qui il attribue tout le bien qu'il loue en eux ou espère pour eux. **4.** Elle est ingénieuse, et introduit de la manière la plus naturelle le sujet de la question.

Le grec porte : *D'abord à la vérité.* Cette particule, *à la vérité*, n'a pas de correspondant dans ce qui suit : c'est pour cela qu'on l'a supprimée dans la traduction. Comp. 1 Co 11.18 ; 2 Co 12.12 et autres exemples semblables, où l'apôtre ne continue pas régulièrement la construction commencée. Avant d'entamer aucun autre sujet, Paul exprime sa reconnaissance envers Dieu au sujet des lecteurs. *Mon Dieu,* est une tournure affectueuse, qu'il emploie dans le sentiment intime de sa réconciliation. La déclaration de Jé 30.22, « Je serai votre Dieu et vous serez mon peuple », comprend toutes les bénédictions attachées à l'alliance de grâce. *Mon Dieu par Jésus-Christ.* Ainsi construits, les mots exprimeraient cette idée que Dieu est devenu notre Dieu, ou qu'il est réconcilié avec nous, par Jésus-Christ. Mais la dernière incise peut aussi être rattachée au verbe, *je rends grâce par Jésus-Christ.* Cette construction est plus naturelle, et se recommande par les parallèles, Ép 5.20 : « Rendant grâces au nom du Seigneur Jésus-Christ » ; Hé 13.15 ; Jn 14.13. Passages qui montrent que nous devons reconnaître la médiation de Christ dans notre recours à Dieu.

De ce que votre foi est renommée dans tout le monde. Voilà le motif des actions de grâces de l'apôtre : actions de grâces qui supposent évidemment que la foi est un don de Dieu, quelque chose dont nous devons être reconnaissants. La foi des Romains était généralement célèbre, soit qu'elle fût remarquablement forte et décidée, soit qu'on attachât une importance particulière à ce que l'évangile eût trouvé accès à Rome, capitale du monde.

9. *Car Dieu, que je sers en mon esprit dans l'évangile de son Fils, m'est témoin que je fais sans cesse mention de vous dans mes prières.* Cette reconnaissance que Paul éprouvait pour la conversion des Romains, il en confirme la réalité par le fait qu'il se souvenait d'eux constamment dans ses prières : ce dont il prend Dieu à témoin. Cet appel à Dieu comme témoin de la vérité de nos déclarations, se rapproche beaucoup de la nature du serment : il n'y manque que l'imprécation, l'appel adressé à la colère divine en cas de mensonge. Paul nous offre de fréquents exemples de cette espèce de serment, 2 Co 1.23 ; Ga 1.20 ; Ph 1.8 etc. Le mot qu'on traduit *je sers,* veut dire proprement : *Je rends un service religieux*, un culte ; on peut lui conserver ici ce sens, qu'il a partout ailleurs dans le Nouveau Testament. « Dieu que je sers *en mon esprit,* » c'est-à-dire non pas d'un service extérieur seulement, mais du cœur. *Dans l'évangile de son Fils,* peut signifier *selon l'évangile,* ou bien, *en prêchant l'évangile.* D'après la dernière interprétation, l'idée serait que la prédication de l'évangile est elle-même un service religieux, ou bien, que le dévouement de Paul à ce devoir était la preuve que son culte était sincère.[1] Mais la première interprétation est la plus simple : *Conformément à l'évangile.* La préposition rendue par *dans,* exprime souvent la règle d'après laquelle se fait une chose, Mt 7.2.

10. *Demandant continuellement qu'à la fin par quelque moyen il me soit accordé un heureux voyage par la volonté de Dieu pour aller vers vous.* Non seulement le fait qu'il priait pour eux, mais l'objet de ses prières, attestait l'intérêt qu'il portait aux chrétiens de Rome. *Qu'à la fin, par quelque moyen,* exprime l'intensité du désir qu'il avait de les voir, et montre qu'il entretenait ce désir dès longtemps, comme d'ailleurs il le déclare plus loin. *Qu'il me soit accordé un heureux voyage* : tout cela est exprimé par un seul mot grec, qui est rendu ailleurs par *être heureux* ; 1 Co 16.2 ; 3 Jn 2. L'idée est donc qu'il plût à Dieu de disposer toutes choses d'une manière favorable à ce que l'apôtre pût les visiter. *Par la volonté de Dieu,* c'est-à-dire non seulement par sa faveur, mais sous sa direction.

11. *Car je désire ardemment de vous voir pour vous faire part de quelque don spirituel, afin que vous soyez affermis.* Le souhait de l'apôtre ne provenait pas d'une vaine curiosité, ni d'un simple désir d'entrer en relation avec ses frères dans la foi, mais du désir d'être utile. Des *dons spirituels* sont des dons qui procèdent du Saint-Esprit ; tant les

[1] Ainsi CALVIN : « Davantage il allègue un signe pour prouver qu'il n'honore point Dieu en feintise, à savoir son ministère. Car c'était un bon et suffisant témoignage, qu'il était homme adonné à la gloire et honneur de Dieu. »

dons miraculeux, dont il est fait mention si fréquemment dans l'épître aux Corinthiens et ailleurs, que les dons ordinaires d'enseignement, d'exhortation et de prophétie, énumérés 1 Co 12. Ceux de la première classe étaient conférés par l'imposition des mains des apôtres, Ac 8.17 ; 19.6 et par suite, se trouvaient dans les églises fondées par des apôtres, 1 Co 1.7 ; Ga 3.5. Comme l'église de Rome n'était pas de ce nombre, on a supposé que le désir de Paul était de communiquer aux chrétiens de cette ville quelques-uns de ces dons extraordinaires, qui en d'autres lieux accompagnaient et confirmaient l'évangile : supposition qui s'accorderait bien avec le but qu'il a en vue, savoir, que ces chrétiens fussent *affermis.* Mais, bien qu'il ne faille pas exclure ici l'idée des dons miraculeux, les v. 12 et 13 montrent que la pensée de l'apôtre est plus générale.

12. *C'est-à-dire, que je sois consolé mutuellement avec vous par la foi qui nous est commune.* Ce verset, qui se rattache à la dernière incise du précèdent, ne veut pas dire que Paul dût recevoir des Romains les mêmes dons qu'il voulait leur conférer, mais seulement qu'il s'attendait à tirer avantage pour lui-même de leur avancement spirituel. Il y a de sa part une modestie remarquable, à insinuer qu'il ne s'imaginait pas être assez avancé pour n'avoir rien à apprendre des chrétiens de Rome, ou pour que tout l'avantage dût être d'un seul côté. Il espérait recevoir des bénédictions de ceux à qui il en apportait. Le mot rendu par *consoler,* signifie à la fois *inviter, exhorter, instruire, consoler,* etc. Il n'est pas facile de déterminer lequel de ces sens est à préférer ici. Probablement, l'apôtre emploie le mot dans un sens étendu, pour exprimer l'idée qu'il pourrait être excité, encouragé et consolé par ses rapports avec ses frères en Christ [1].

---

[1] « Je vous prie regardons à quelle humilité se soumet le cœur de ce saint apôtre, de dire qu'il ne refuse point d'être confirmé par de petits apprentis. » – CALVIN.

13. *Or je ne veux pas que vous ignoriez, frères, que je me suis souvent proposé d'aller vers vous (mais en ai été empêché jusqu'à présent), afin de recueillir aussi quelque fruit parmi vous comme chez les autres Gentils.* Chap. 15.22, il parle du même projet, et dit que ce projet datait de longtemps ; l'exécution en avait été empêchée par des circonstances providentielles, ou par des révélations directes de la volonté divine. 1 Th 2.18, il dit aux Thessaloniciens que Satan l'avait empêché d'aller vers eux. Ac 16.6,7, nous le voyons empêché par une « défense du Saint-Esprit », de prêcher la parole en Asie. Ro 15.22,28, il dit que les appels pressants qu'il avait reçus à prêcher l'évangile là où il n'avait pas encore été entendu, avaient contribué pour beaucoup à l'empêcher d'aller à Rome. Son but en visitant les chrétiens de cette ville était de *recueillir quelque fruit parmi eux. Recueillir* ou, plus littéralement, *avoir du fruit*, veut dire ordinairement tirer quelque profit de quelque chose ; ex. 6.21,22, « quel *fruit,* c'est-à-dire quel profit aviez-vous » ? Plusieurs entendent ici les mots dans ce sens, et pensent que l'apôtre veut parler d'avantages personnels d'un genre ou d'un autre, qu'il espérait recueillir de sa prédication aux Romains. Mais il est bien plus naturel de supposer qu'il veut parler de cette espèce de fruit que les apôtres avaient pour mission de recueillir, comme l'observe Calvin. Jn 15.16, « Je vous ai choisis afin que vous alliez partout et que vous portiez du fruit », c'est-à-dire que vous produisiez de grands résultats, « et que votre fruit soit durable. »

14. *Je suis débiteur tant aux Grecs qu'aux Barbares, tant aux sages qu'aux ignorants.* C'est-à-dire, « Je suis engagé par mon office à prêcher à toutes les classes d'hommes ». Les mêmes personnes qu'il distingue dans la première incise en Grecs et en Barbares, il les appelle sages et ignorants dans la seconde. Comme les Grecs appelaient barbares toutes les nations étrangères, et que la plupart de ces nations n'étaient pas civilisées, le terme de barbare devint synonyme de *rude, grossier, non cultivé*. Toutefois, ce mot veut dire proprement *étranger, homme qui parle une autre langue*, surtout par rapport aux Grecs; aussi les Romains étaient-ils appelés et s'appelaient-ils eux-mêmes barbares, jusqu'à ce que la langue et la littérature des Grecs eussent pénétré chez eux. Paul emploie le mot dans son sens originel, 1 Co 14.11 : « Je serai barbare à l'égard de celui qui parle, et celui qui parle sera Barbare à mon égard » ; c'est-à-dire nous serons l'un pour l'autre comme des étrangers, si l'un parle une langue inconnue à l'autre. Ac 28.2,4 et Col 3.11, le mot représente comme ici, ceux qui sont étrangers à la civilisation grecque ou juive. Il paraît que ce fut d'abord un terme de mépris appliqué par les Grecs aux Perses après leurs guerres avec ce peuple. Voyez sur ce mot le dictionnaire grec de Passov.

15. *Ainsi, en tant qu'il est en moi, je suis prêt à prêcher l'évangile à vous aussi qui êtes à Rome*. Comme l'obligation de l'Apôtre s'étendait à toutes les classes d'hommes, il était préparé à prêcher même à Rome, où il devait attendre le plus d'opposition et de mépris. Le texte de ce verset avec le précédent est douteux. La conjonction *ainsi* peut être prise ou dans le sens démonstratif : « Ainsi que j'ai prêché aux autres, *de même* je suis prêt à vous prêcher » ; ou bien dans le sens de conclusion : « Puisque je suis tenu de prêcher à tous les hommes, je suis prêt *par conséquent* à prêcher à Rome ».

Les mots que nous traduisons *en tant qu'il est en moi* sont pris par quelques-uns comme une simple paraphrase du pronom personnel *je*. Mais cette explication est peu naturelle [1].

---

[1] La construction la plus simple est celle-ci : *to prothumon (ésti) kat' émé*, ces deux derniers mots étant pris pour *émou*, ou bien se traduisant *quant à moi* : « *Il y a disposition quant à moi*, je suis prêt. »

16. *Car je n'ai pas honte de l'évangile de Christ, vu qu'il est puissance de Dieu pour le salut de quiconque croit, pour le Juif premièrement, et aussi pour le Grec.* Nous avons ici le thème de l'épître entière. L'évangile offre le salut à la condition de la foi ; et ce salut est applicable à tous, aux Grecs aussi bien qu'aux Juifs. Ces idées reçoivent de plus amples développements dans les deux versets suivants. C'est ainsi que l'apôtre introduit naturellement les deux grands objets de la discussion, quel est le moyen de salut, et quels sont les hommes auxquels ce salut est offert. La liaison est évidente entre ce verset et le précédent. La raison pour laquelle Paul était prêt à prêcher l'évangile jusque dans l'orgueilleuse capitale du monde, c'est qu'il avait une efficace divine pour assurer aux hommes le salut. Il opérait ce que nul autre système n'a jamais pu et ne pourra jamais accomplir. Les mots que nous avons traduits par *puissance de Dieu,* pourraient signifier *divinement efficace* ; mais il vaut mieux voir ici une métonymie, *la puissance* de Dieu pour *ce par quoi la puissance de Dieu est manifestée*, Ac 8.10 ; 1 Co 1.18,24. « L'évangile, comme s'exprime Bèze, est entre les mains de Dieu un instrument véritablement puissant et efficace pour sauver ». *Pour quiconque croit.* Il faut mettre une emphase particulière sur chacun des membres de cette incise. L'évangile est efficace *pour qui que ce soit,* sans distinction de Juifs et de Gentils ; et il l'est pour quiconque *croit,* non pas qui est circoncis, ou qui obéit à la loi, ou qui fait telle et telle chose, mais qui croit, c'est-à-dire qui reçoit Jésus-Christ et se confie en lui à tous égards, et dans tous les caractères que lui attribue l'évangile. On verra clairement dans la suite de cette épître, que Paul n'accorde aucune efficacité particulière à la foi en elle-même, considérée comme exercice de l'esprit. Comme telle, elle ne mérite pas mieux d'être la condition du salut, que l'amour, ou la repentance, ou la résignation, ou tout autre acte d'obéissance à la loi de Dieu. Elle n'est que l'organe à travers lequel le salut est transmis à l'âme : l'acte par lequel l'esprit acquiesce au moyen de salut proposé dans l'évangile, en reconnaissant que ce salut est dans la destinée de tout être humain le point capital. L'idée essentielle de cette épître, et de la Bible entière en tant qu'elle traite de cet objet, c'est que le principe de notre justification et la source de notre sanctification ne se trouvent pas en nous-mêmes ; qu'il n'y a ni mérite ni pouvoir de l'homme qui puissent se faire honneur de notre salut. C'est aux mérites de Christ que nous devons d'être réconciliés avec Dieu, et à la puissance du Saint-Esprit d'être préparés à être admis dans sa présence.

Le mot *foi* [1] exprime proprement l'état d'esprit qui est le résultat d'une persuasion efficace. Il comprend la conviction de la vérité, la confiance, et d'autres dispositions de l'esprit, suivant la nature de la chose qu'on croit. Comme les sentiments d'un homme et sa conduite sont dirigés par sa foi, il est évident que les Écritures, en représentant la foi comme nécessaire au salut, demandent une foi telle qu'elle produise la conformité du cœur et de la vie à tout le système de vérités qu'elles offrent à notre croyance et à notre confiance.

Pour le Juif premièrement, et *aussi pour le Grec*. Voir ici cette idée, que l'évangile était particulièrement destiné ou approprié aux Juifs, serait se mettre en contradiction directe avec l'un des buts principaux de l'apôtre dans cette épître comme avec ses déclarations explicites, 3.9,22,29 ; 10.12, etc. Le sens est évidemment : « Pour les Juifs d'abord dans l'ordre du temps, et ensuite pour les Grecs ». Les apôtres devaient annoncer l'évangile à toutes les nations, *en commençant par Jérusalem*, Ac 3.26 comparé à 13.26. Paul dit souvent les Juifs et les *Grecs* pour les Juifs et les *Gentils* (2.9 ; 3.9 etc.), parce que,

[1] *Pistis* de *peithein, pépeismai.*

depuis les conquêtes d'Alexandre, les Grecs étaient les Gentils avec lesquels les Juifs avaient le plus de relations.

17. *Car dans cet* évangile *la justice de Dieu est révélée par la foi en foi, selon qu'il est écrit : Le juste vivra par la foi.* La raison pour laquelle l'évangile est si efficace pour le saint des hommes, c'est-à-dire pour procurer le pardon de leurs péchés, avec le renouvellement moral de leurs cœurs et de leurs vies, – ce n'est pas qu'il révèle un système parfait de morale, ou bien qu'il enseigne la doctrine d'une économie à venir de récompense et de châtiment, ou bien qu'il présente des vues nouvelles sur le caractère de la divinité. Tout cela est vrai et efficace ; mais la puissance de l'évangile réside dans le fait qu'il enseigne la doctrine de la justification par la foi, en d'autres termes, qu'il révèle *la justice de Dieu par la foi.* Cette expression, qui est une des plus importantes de l'épître, a été expliquée de diverses manières.

Le mot de *justice* est loin de renfermer le sens complet du terme de l'original. Ce terme exprime tout à la fois le caractère et l'état de celui qui est *juste* à l'égard de la loi, c'est-à-dire qui a satisfait pleinement à toutes les exigences de la loi, et qui a droit d'être traité en conséquence. Dieu nous est toujours représenté dans l'Écriture sous le caractère d'un souverain moral, d'un juge ; il a prescrit une loi qui doit régler les sentiments et les actes de ses créatures douées de raison. Ceux qui se conforment à cette règle, sont justes ; ceux qui s'en écartent, sont injustes ; la conformité à la règle est la *justice,* la droiture morale. Mais comme à la conformité à la loi étaient attachées certaines bénédictions, celui qui était juste jouissait nécessairement de la faveur de Dieu, et avait droit à ses bénédictions. Il en résulte que *justifier* ou *déclarer juste* [1] ne signifie pas simplement *absoudre,* mais

[1] *Dikaioun*

aussi déclarer que la personne dont il s'agit a droit aux bénédictions promises. De là, comme nous le disions, la *justice* n'est pas seulement la *droiture morale*, mais il faut encore comprendre sous ce mot l'idée de la récompense, attaché à cette droiture. C'est tantôt l'une, tantôt l'autre de ces deux idées qui est l'idée saillante ; quelque fois aussi il faut les réunir. C'est la dernière idée qui domine dans les passages suivants : Es 5.23, « qui ôtent au juste sa justice », c'est-à-dire qui le privent des avantages attachés à la qualité de juste. Ps 24.5, « Il recevra bénédiction de l'Éternel, et justice de Dieu son sauveur ». Ici *justice* équivaut à *justification,* et recevoir justice c'est être justifié, c'est-à-dire être considéré et traité comme juste.

La grande question traitée dans cette épître, est de savoir comment on peut arriver à posséder cette *justice,* cette droiture morale, et la faveur de Dieu qui en est la conséquence. Paul enseigne que ce n'est point par la loi, ou par les œuvres, mais par la foi. Voyez ce qu'il dit Ga 2.21 : « Si la justice (c'est-à-dire la droiture morale et la faveur de Dieu) est par la loi, Christ est mort inutilement ». Et Ga 3.21 : « Si la loi avait pu donner la vie, véritablement la *justice* (la droiture morale et la faveur de Dieu) serait par la loi ». Ces passages nous montrent dans quel sens Paul emploie le mot en question.

Mais qu'entend-il par la *justice de Dieu* ? Que cette locution ne désigne pas ici un attribut divin, comme la droiture, la justice, ou la bonté de Dieu, cela est évident, puisqu'il s'agit d'une justice de Dieu qui est par la foi. La justice de Dieu, n'est donc pas une justice que Dieu possède, mais bien celle qu'il confère et qu'il approuve. C'est ce que prouve d'une manière évidente l'opposition qu'établit l'apôtre entre notre propre justice et la justice de Dieu, 10.3. La première est celle que l'homme se figure pouvoir obtenir par lui-même, la seconde est celle que Dieu confère. Aussi est-elle appelée *la justice qui vient de Dieu* [1], Ph 3.9 ; *le don de la justice,* Ro 5.17. C'est donc une justice que l'homme reçoit, et qui est appelée la justice de Dieu parce que Dieu en est l'auteur. **2.** La justesse de cette interprétation est encore démontrée par l'opposition que Paul établit entre *la justice qui est par la loi* et celle qui est *par la foi*. L'acquisition de la première est impossible pour des pécheurs ; la seconde leur est gracieusement offerte dans l'évangile. Remarquons toutefois que si cette dernière justice est appelée la justice *de Dieu,* ce n'est pas seulement parce qu'il en est l'auteur, Ph 3.9 ; c'est encore parce qu'il l'accepte et l'approuve. Ces deux idées ne sont pas incompatibles ; c'est tantôt l'une, tantôt l'autre que réclame le contexte. 2 Co 5.21, afin que nous devinssions *justice de Dieu*, signifie : afin que nous fussions justes à ses yeux, c'est-à-dire afin que nous eussions une justice qui fût approuvée de lui ; comparez les locutions *être justifié devant Dieu* [2], Ro 3.20 ; *auprès de Dieu* [3], 2.13 ; Ga 3.11. **3.** Cette interprétation convient à tous les passages principaux ou se trouve l'expression dont il s'agit, Ro 3.21 ; 10.3 ; Ph 3.9 ; etc. **4.** Elle est évidemment en rapport avec le contexte. L'efficacité de l'évangile est attribuée à ce fait, qu'une justice que l'homme ne peut pas atteindre par lui-même, et qui est absolument nécessaire à son salut, est révélée dans cet évangile. Ce n'est pas une justice qui soit par la loi, mais celle qui est de Dieu. C'est une *justice par la foi.* Le grand but de notre épître est de convaincre les hommes de la nécessités d'une telle justice, de les presser de l'accepter et d'y placer leur confiance. [4]

---

[1] *È dikaiosunè è ék Théou*

[2] *Dikaiousthai énôpion Théou*

[3] *Para tô Théô*

[4] « Par ce mot *justice de Dieu* j'entends une justice qui est approuvée au jugement de Dieu ; comme au contraire l'apôtre a accoutumé d'appeler *justice des hommes* celle qui est estimée et avouée justice à

On rattache ordinairement les mots *par la foi en foi,* non au verbe, mais au mot *justice,* attendu que Paul ne veut pas dire que la justice dont il s'agit est révélée par la foi ; mais bien qu'une justice qui est par la foi est révélée. Tel est, sans aucun doute, le sens de la phrase ; mais cette construction est peu naturelle. Il faut donc préférer l'interprétation donnée par Fritzsche. Il considère l'expression de l'original, *est révélée par la foi,* comme une locution concise pour : *est révélée comme étant par la foi.* [1]

Ces mots, *par la foi en foi,* ont été expliqué diversement. Quelques interprètes voient ici une simple répétition d'intensité, *par la foi en foi,* c'est-à-dire entièrement par la foi, sans que les œuvres y aient aucune part ; comme 2 Co 2.16, « Une odeur *de mort en mort, de vie en vie »,* peut signifier infailliblement mortelle, éminemment salutaire. D'autres pensent que l'apôtre emploie l'abstrait pour le concret, *la foi* pour *les croyants* [2] ; ce qui est peu naturel. D'autres enfin traduisent la

l'opinion des hommes, combien qu'à la vérité ce ne soit que fumée. » CALVIN. Telle est encore, parmi les interprétations des modernes, celle du philosophique NÉANDER lui-même. « La *dikaiosunè tou Théou* désigne ici (il parle de Ro 10.2) la justice qui est valable à ses yeux et qui dérive de lui, par opposition à celle que les hommes s'imaginent acquérir par leurs propres forces et leurs œuvres, et qui, bien qu'elle puisse leur en imposer par l'apparence, ne saurait subsister devant le Dieu saint qui connaît toutes choses. » Ainsi encore RUCKERT, KOELLNER, REICHE, FRITZSCHE et autres.

[1] *Apokaluptétai ék pistéôs* pour *apokaluptétai ék pistéôs oosa.*

[2] *Pistin* pour *pisteuonta.* Cette interprétation, qui est peut être la plus généralement adoptée par les commentateurs modernes, n'est pourtant pas sans quelque vraisemblance. On traduirait : « La justice de Dieu est révélée *par la foi pour la foi ;* » ce dernier mot, la foi, serait ici l'abstrait pour le concret, la foi pour *les fidèles, les croyants* ; comme ailleurs *la circoncision* pour *les circoncis, l'incirconcision* pour *les incirconcis ;* et comme nous disons *la chrétienté* pour *les chrétiens, la noblesse* pour *les nobles.* Alors le passage serait exactement parallèle de 3.22, « La justice de Dieu qui est *par la foi* en Jésus-Christ *pour tous ceux et sur tous ceux qui croient.* (Trad.)

seconde préposition grecque ; *pour, en vue de : en vue de la foi,* afin de produire la foi, *ut fides habeatur.*

Selon qu'il est écrit : le juste vivra par la foi. Selon qu'il est écrit, telle est la formule usitée pour citer l'Ancien Testament. C'est le contexte qui seul détermine dans quel rapport le passage cité se trouve avec le sujet en question, si c'est comme prédiction, ou bien comme présentant la même vérité ou une vérité analogue, ou bien comme exemple destiné à faire ressortir l'idée qu'on a en vue. Dans le cas présent, Paul, voulant montrer l'importance de la foi, se réfère à un passage d'Habakuk (2.4), où le prophète déclare que la sûreté du peuple dépendait de la foi qu'il ajouterait aux révélations de Dieu. Ceux qui resteraient sourds à ses promesses et à ses menaces, périraient, tandis que ceux qui les croiraient vivraient. La citation est donc ici directement applicable, et montre que sous la théocratie extérieure de l'Ancien Testament, aussi bien que sous la théocratie spirituelle qui est le royaume de Christ, la faveur de Dieu s'obtenait par la foi.

La disposition des mots dans l'original permet de les ponctuer dans la traduction de deux manières : « Le juste par la foi, vivra » ; ou bien : « Le juste, vivra par la foi ». La première ponctuation est mieux en rapport avec le but immédiat de l'apôtre, qui parle d'une *justice par la foi.* C'est aussi la construction qu'il faut donner à la phrase dans l'Ancien Testament. *Il vivra,* c'est-à-dire il jouira de la faveur de ce Dieu dont la faveur est la vie, et dont l'amour vaut mieux que la vie ; voy. 5.17 ; 8.13 ; 10.3, et les nombreux passages où le mot *vie* représente tous les bienfaits de la rédemption opérée par Christ.

Chapitre 1

DOCTRINES.

1. Comme la charge d'apôtre, à la réserve de ce qu'elle avait de spécial et d'extraordinaire, ne diffère pas essentiellement du ministère en général, Paul enseigne ici : **1.** Que les ministres sont des serviteurs de Christ, dérivant leur autorité de lui et non des hommes ; **2.** Que leur vocation est de prêcher l'évangile, et qu'à cette occupation doivent être subordonnées toutes les autres ; **3.** Que l'objet de leur mission est d'amener les hommes à l'obéissance de la foi ; **4.** Que le champ de leurs travaux embrasse toutes les nations ; **5.** Que leur but à tous doit être d'honorer Christ : c'est pour son nom qu'ils travaillent, v. 1-5.

2. L'évangile est contenu en rudiment dans l'Ancien Testament : il est l'âme de l'ancienne économie, v. 2

3. Christ est l'alpha et l'oméga de l'évangile. Paul expose la substance de l'évangile en disant que cet évangile concerne Jésus-Christ, v. 3.

4. Christ est à la fois Dieu et homme : fils de David et fils de Dieu, v. 3,4.

5. Christ est appelé fils de Dieu en raison de sa nature divine, et de la relation qu'il soutient avec le Père en tant qu'il est Dieu. Ce nom explique donc en Christ le caractère divin , v. 3,4.

6. Il est la source de bénédictions spirituelles, et un être auquel on peut adresser des prières, v. 7.

7. Il est le médiateur par lequel nos prières et nos actions de grâces doivent être offertes à Dieu, v. 8.

8. Dieu est la source de tous les biens spirituels ; il faut l'adorer en esprit, et conformément à l'évangile ; sa providence s'étend aux événements de la vie les plus ordinaires, v.8-10.

9. Les ministres ne sont pas une classe de personnes élevée au-dessus du commun peuple et indépendante de lui pour les avantages spirituels : ils sont tenus de chercher ces avantages aussi bien que de les communiquer, dans tous leurs rapports avec ceux auxquels ils sont envoyés, v. 11,12.

10. Les ministres sont tenus de prêcher l'évangile à tous les hommes, riches ou pauvres, savants ou ignorants ; car il est également approprié aux besoins de tous, v. 14,15.

11. Le salut des hommes, qui comprend le pardon de leurs péchés et leur renouvellement moral, ne peut être le fruit que de l'évangile. La sagesse humaine, pendant les quatre mille ans antérieurs à la venue de Christ, n'a pu découvrir de moyens capables de produire l'un ou l'autre de ces résultats, et tous ceux qui, depuis cette venue, ont négligé l'évangile, ont également échoué dans leurs efforts, v. 16,17.

12. Cette puissance de l'évangile ne réside pas dans le théisme pur qu'il enseigne, ni dans son parfait système de morale ; mais dans la CROIX, dans la doctrine de la justification par la foi en un Rédempteur crucifié, v. 17.

RÉFLEXIONS.

1. Les ministres doivent se souvenir qu'ils sont « mis à part pour l'évangile », et que toute occupation qui empiète sur leur dévouement à cet objet d'activité, soit par l'attention qu'elle exige, soit par son influence sur leurs sentiments et leur caractère, qu'une telle occupation est pour eux un mal, v. 1.

2. Si Jésus-Christ est le grand objet de l'évangile, il est clair que nous ne pouvons avoir de vues saines sur celui-ci, sans avoir une opinion correcte sur celui-là. « Que pensez-vous de Christ ? » c'est là une question qui ne saurait être secondaire. Pour être chrétiens, il faut que nous le reconnaissions comme Messie, ou fils de David ; comme personne divine, ou fils de Dieu ; il faut que nous ayons appris à le prier, à attendre de lui des bénédictions, à voir en lui le médiateur entre Dieu et l'homme, v. 1-8.

3. Les chrétiens doivent se rappeler qu'ils sont *saints,* c'est-à-dire des personnes séparées du monde et consacrées à Dieu. Ils ne peuvent donc se servir eux-mêmes ni servir le monde, sans renoncer à leur caractère. Ils sont saints, parce que Dieu les a appelés à l'être et rendus tels. À tous ceux qui sont tels, la grâce et la paix sont assurées par la médiation de Christ et la promesse de Dieu, v. 7.

4. Il faut, en présentant la vérité, mettre en œuvre tout ce que la fidélité permet pour se concilier la confiance et la bienveillance de ceux à qui l'on s'adresse ; il faut aussi éviter tout ce qui pourrait exciter des préjugés contre le porteur du message divin. Qui a été plus fidèle que Paul ? Et qui pourtant a mieux pris soin d'éviter tous les sujets de préventions ? Qui s'est étudié davantage à présenter la vérité, non pas dans sa forme blessante, mais de la manière la plus propre à gagner les esprits de ses lecteurs ? v. 8-14.

5. Comme toutes les vertus, dans le système chrétien, sont des grâces, des dons, elles sont un objet d'actions de grâces, jamais une chose dont on se puisse faire honneur, v. 8.

6. Il faut rechercher les relations entre chrétiens, et les faire tourner à l'édification, par la foi commune, v. 12.

7. Qui rejette la doctrine de la justification par la foi, rejette l'évangile. Le moyen de salut qu'il professe, son système entier de religion ne peut que différer de celui des apôtres, v. 17.

8. Que nous soyons sages ou ignorants, moraux ou immoraux aux yeux des hommes, orthodoxes ou hétérodoxes dans notre propre opinion ; tant que nous ne sommes pas croyants, tant que nous n'acceptons pas de cœur « la justice qui est de Dieu », comme le fondement de sa faveur, nous n'avons point de part au salut de l'évangile, v. 17.

CHAPITRE 1.18-32.

ANALYSE.

Après avoir déclaré que la seule justice valable devant Dieu est celle qui s'obtient par la foi, l'apôtre procède à la preuve de cette assertion. Pour cela il fallait démontrer d'abord que la justice qui est de la loi, ou par les œuvres, est insuffisante pour justifier le pécheur. C'est aussi ce qu'il fait, d'abord à l'égard des Gentils, 1.18-32 ; puis à l'égard des Juifs, 2 ; 3.1-20. La section que nous abordons a donc pour objet de prouver que les Gentils sont avec justice exposés à la condamnation. Voici quelle est la marche de l'argumentation : Dieu est juste ; son déplaisir contre le péché (et par conséquent le châtiment qu'il doit infliger au pécheur) est clairement révélé, v. 18. C'est ce principe que l'apôtre pose comme base de toute son argumentation. Ce principe admis, il s'ensuit que tous ceux qui sont coupables soit d'impiété, soit d'immoralité, sont exposés à la colère de Dieu, et ne peuvent prétendre à sa faveur en raison de leur conduite ou de leur caractère propre. Or, les Gentils peuvent être accusés avec justice, tant d'impiété que d'immoralité. Ils ont toujours possédé une révélation du caractère divin suffisante pour les rendre inexcusables, v. 19,20. Malgré ces moyens de parvenir à la connaissance de Dieu, ils ne l'ont ni adoré ni servi, mais se sont livrés à tous les genres d'idolâtrie ; c'est là le plus haut degré de l'impiété, v. 21,23. En conséquence de cet abandon qu'ils ont fait de Dieu, Dieu les a abandonnés eux-mêmes aux mauvais penchants de leurs cœurs, en sorte qu'ils sont tombés dans tous les crimes les plus avilissants. La preuve de cette corruption était si évidente, que Paul se contente d'en appeler à la connaissance qu'avaient tous ses lecteurs de la triste réalité, v. 24-31. Et ces différents crimes, il ne les commettent point par ignorance : ils connaissent tout le dérèglement de leur conduite ; et pourtant, non contents de se livrer eux-mêmes à tous ces crimes, ils encouragent les autres à les imiter, v. 32.

Quant à la conséquence qui résultait de cet état de culpabilité des Gentils qu'il vient de prouver, Paul attend pour la tirer qu'il ait porté la même accusation contre les Juifs. Alors seulement il dira, que puisque tous sont pécheurs devant Dieu, nulle chair ne peut être justifiée par les œuvres de la loi, 3.20.

COMMENTAIRE.

18. *Car la colère de Dieu se révèle du Ciel contre toute impiété et contre toute injustice des hommes, qui tiennent la vérité avec injustice.* Pour apercevoir la liaison de ce verset avec le précédent et la force de la particule *car,* il faut se rappeler que Paul vient d'affirmer que ceux-là seulement pouvaient avoir la vie, qui étaient justes par la foi ; en d'autres termes, que la seule justice qui est de Dieu par la foi, est efficace pour justifier les hommes. La raison en est assignée dans ce verset : Dieu est juste. C'est par la foi que les hommes doivent être justifiés, car la colère de Dieu se révèle, etc. La *colère de Dieu,* c'est sa désapprobation du péché et sa résolution de le punir. La passion que nous appelons colère, et qui dans le cœur humain est toujours plus ou moins mêlée de méchanceté, est infiniment éloignée, on le comprend, de ce que représente le même mot appliqué à Dieu. Mais comme la colère chez les hommes conduit à faire tomber quelque mal sur celui qui est l'objet de cette colère, ce mot, d'après un principe qui est d'un fréquent usage dans les Écritures, s'emploie pour cette résolution calme et immuable de l'Esprit divin, qui établit entre le péché et la misère une liaison inévitable, d'après une loi aussi uniforme que telle autre loi que ce soit dans le gouvernement moral ou physique de la providence. Cette colère se révèle *du ciel,* ce qui a été diversement expliqué. Quelques-uns, sans motif suffisant, font ici le présent synonyme du futur, *sera révélé,* c'est-à-dire au dernier jour. Il est également évident que l'apôtre ne veut pas dire que cette colère est révélée maintenant dans l'évangile , car il parle de personnes qui ne connaissaient pas l'évangile ou qui le rejetaient. L'interprétation la plus simple est celle qui voit ici cette idée, que la colère divine est clairement manifestée ; manifestée *du ciel,* où Dieu a sa demeure, d'où il est censé contempler les fils des hommes, d'où sont censées émaner toutes les manifestations de son caractère. Cette révélation vient *du ciel,* comme l'éclair, dont la lumière frappe les yeux mêmes qui s'efforcent de s'en détourner. De même la justice vengeresse de Dieu se manifeste forcément à la connaissance et à la conviction de tout pécheur. Le but de l'apôtre n'est donc pas de nous dire comment elle se manifeste, ni de prouver qu'elle se manifeste en effet. C'est là une de ces vérités évidentes et primitives qui existent dans la conscience de chaque homme, et qu'on peut hardiment supposer à la fois connues et admises. On verra que tout le raisonnement de Paul sur la justification repose sur le principe qu'il avance en cet endroit. À quoi servirait de prouver que les hommes sont pécheurs, si ce n'est que Dieu est résolu à punir le péché ? Si la justice rétributive ne fait point partie du caractère de la divinité ; on peut admettre l'état de péché de l'homme, et soutenir néanmoins en bonne logique, qu'il peut être justifié par telle œuvre cérémonielle ou morale qu'il plaira à Dieu d'assigner. Mais s'il faut que le péché soit puni, alors non seulement le pardon doit être gratuit à l'égard du pécheur, mais il ne saurait être accordé que sur le pied d'une expiation équivalente.

Contre toute impiété et toute injustice des hommes. Bien que les mots *impiété* et *injustice* soient employés souvent l'un pour l'autre, il ne faut pas les regarder ici comme synonymes ; car Paul va prouver séparément que les Gentils sont coupables tant d'impiété que d'immoralité, dans le sens propre de chacun de ces mots. Il déclare que ces deux classes de péchés qui comprennent tous les autres, sont les objets de la colère divine.

Qui tiennent la vérité avec injustice. On a diversement expliqué le mot *vérité.* Évidemment le contexte ne permet pas d'entendre ici l'*évangile*, comme si l'apôtre voulait dénoncer le jugement de Dieu contre ceux qui s'opposaient alors à l'évangile. Le mot a dans l'Écriture un sens très étendu. Souvent il s'emploie pour la *vraie religion*, tant ses doctrines (Jn 8.32 ; Ro 2.20 ; 2 Co 4.2, etc.) que ses devoirs (Jn 3.21 ; 1 Jn 1.6, etc.). Tel est probablement le sens qu'il a dans notre passage. Le verbe que nous traduisons *tenir*, s'emploie quelquefois pour *posséder*, 1 Co 7.30 ; 15.2 ; Lu 8.15, etc. Si on adoptait ce sens dans cet endroit, le mot *vérité* devrait s'entendre *objectivement*, pour la vraie doctrine ; et on aurait cette version : qui possèdent la vérité avec injustice ; c'est-à-dire « qui sont injustes bien qu'ils possèdent la vérité ». Voy. Ja 2.1 une tournure exactement semblable : « Mes frères, n'ayez point la foi de notre Seigneur Jésus-Christ avec acception de personnes », c'est-à-dire : « Si vous êtes chrétiens, ne faites point acception de personnes ». Cependant comme le mot signifie aussi *retenir, empêcher, entraver*, on pourrait lui donner ce sens ici, et traduire : « Qui s'opposent à la vérité par injustice », ou mieux : « Qui s'opposent méchamment à la vérité », c'est-à-dire à la religion. Cette dernière interprétation est la plus simple.

19. *Car ce qu'on peut connaître de Dieu est manifesté en eux, Dieu* le *leur ayant manifesté.*

Le but de l'apôtre étant de prouver que les Gentils peuvent être avec justice accusés d'impiété, il commence par montrer qu'ils ne peuvent alléguer l'excuse d'ignorance, puisque tous les hommes ont reçu une révélation suffisante de la divinité. Il amène cette idée d'une manière naturelle, selon son usage, en la rattachant à la dernière incise du verset précédent. Il avait dit verset 18 que les hommes s'opposaient à la vérité par un principe de perversité. Cette opposition est perverse, car les hommes ne sont pas sans connaissance de Dieu. Ou bien on pourrait établir le texte avec l'idée principale du verset précédent, et non avec la dernière incise seulement. Alors nous aurions ici la raison de la colère de Dieu : « Sa colère se révèle contre les pécheurs, car ils ont une connaissance suffisante pour les rendre inexcusables ».

Ce qu'on peut connaître de Dieu. Tel est le sens propre et ordinaire du mot grec. Ce sens qui d'ailleurs va bien avec le contexte, est préférable à une autre interprétation, grammaticalement correcte, d'après laquelle on traduirait : *La connaissance* de Dieu leur est révélée. Les mots que nous avons traduits *en eux*, peuvent signifier *à eux* ou *parmi eux.* La première version est plus naturelle, et donne plus de force à l'argumentation. Ce n'est pas seulement d'une révélation extérieure que veut parler l'apôtre, mais encore de ce témoin vivant de l'existence et des perfections de Dieu, que l'homme porte dans la constitution même de sa nature [1], et qui seule le met à même d'apprécier les manifestations de Dieu dans ses œuvres. *Car Dieu le leur a manifesté.* La connaissance dont il s'agit est une révélation. C'est une manifestation de Dieu à eux et en eux. Cette connaissance n'est pas une conclusion à

[1] Dei notitia recondita est in intimis mentis penetralibus. – Bèze.

laquelle on arrive par un procédé du raisonnement, mais elle se fait voir par sa lumière propre et sentir par sa propre force. La manifestation que Paul a particulièrement en vue est celle qui a lieu dans le monde extérieur ; nous pouvons l'apprécier par les forces de notre nature, et c'est dans ce but que Dieu a formé cette nature telle qu'elle est [1].

20. *Car les* perfections *invisibles de Dieu, savoir sa puissance éternelle et sa divinité, se voient clairement depuis la création du monde, étant perçues par le moyen des choses créées : en sorte qu'ils sont sans excuse.* Dans ce verset, qui est une confirmation et un développement du précédent, l'apôtre prouve que Dieu a réellement manifesté aux hommes la connaissance de lui-même, montre comment cette manifestation a eu lieu, et énonce la conséquence qui en découle, à savoir que les hommes sont inexcusables.

Les perfections invisibles de Dieu (litt. les *choses* invisibles), c'est-à-dire ou son essence et ses attributs, ou bien ses actes et ses dispensations. L'incise suivante, *sa puissance éternelle et sa divinité,* peut être considérée, ou comme une simple exégèse de la première, ou comme ajoutant une idée nouvelle : « Non seulement les actes de Dieu sont révélés, mais encore sa puissance et sa majesté divine ». Le mot que nous traduisons *divinité* diffère de celui qui se trouve Col 2.9, de la même manière que *divinitas* de *deitas* [2]. Le dernier désigne la *déité*, la nature divine considérée en elle-même ; le second représente la divinité, les attributs divins. Lorsqu'il est dit Col 2.9, que la plénitude de la déité habite en Christ,

---

[1] « Quand il dit *Dieu* le *leur a manifesté,* le sens est que l'homme a été créé à cette fin qu'il fût contemplateur de cet excellent ouvrage du monde ; que les yeux lui ont été donnés afin qu'en regardant une si belle image, il soit amené à connaître l'auteur même qui l'a faite. » – CALVIN.

[2] *Theiotès* (et) *théotès.*

cela signifie qu'il possède la plénitude de la nature divine elle-même. Mais ici le terme de l'original désigne l'ensemble des perfections divines. Le sens du passage est donc que la création révèle non seulement la puissance divine, mais l'excellence divine en général, les glorieuses perfections de Dieu.

Ces choses invisibles *se voient clairement,* dit l'apôtre ; c'est-à-dire, bien qu'invisibles pour les yeux du corps, elles sont clairement manifestées à l'âme. Elles se voient, *étant perçues, intellectu capta.* De même que nous ne pouvons pas voir l'âme d'un homme, et que néanmoins nous sommes assurés de son existence et nous apprenons à connaître son caractère par ses manifestations dans la vie de cet homme ; ainsi, bien que nous ne voyions point Dieu, nous savons pourtant qu'il existe, et nous apprenons à connaître son caractère par ses ouvrages. C'est pourquoi Paul dit que ces perfections invisibles de Dieu sont perçues par *le moyen des choses créées.* Cette révélation est perpétuelle et universelle, car elle a lieu *depuis la création du monde.* Le contexte ne permet pas de traduire, *par la création du monde.* Il importait pour l'argumentation de l'apôtre, de montrer l'universalité de cette révélation.

En sorte qu'ils sont sans excuse. On rattache quelquefois ces mots à la dernière incise du v. 19 : « Dieu le leur a manifesté, en sorte qu'ils sont sans excuse ». Alors on regarde toute la première partie du v. 20 comme formant une parenthèse. Mais cela n'est point nécessaire. On peut naturellement rattacher cette incise au verbe *se voient.* Les perfections divines sont si clairement manifestées qu'elles laissent l'impiété des païens sans excuse.Il n'est pas nécessaire d'établir que cette révélation procure au pécheur toute la connaissance dont il a besoin. Il suffit de montrer qu'elle rend les hommes inexcusables [1] et comme c'est d'après cette

---

[1] « Tenons cette distinction, que la démontrance de Dieu par laquelle il déclare sa gloire en ses créatures est assez évidente, quant à la

révélation qu'ils doivent être jugés, 2.14,15, s'ils la méconnaissent, elle rend leur condamnation non moins juste, quoique moins sévère, que ne l'est celle des hommes qui méconnaissent la lumière plus éclatante de l'évangile. L'idée de ce verset se retrouve Ac 14.17 : « Quoiqu'il ne soit pas laissé sans témoignage, en faisant du bien, donnant les pluies du ciel et des saisons fertiles, et remplissant nos cœurs d'aliments et de joie [1].

21. *Parce que, ayant connu Dieu, ils ne l'ont point glorifié comme Dieu et n'ont point été reconnaissants* envers lui *; mais ils sont devenus vains dans leurs imaginations, et leur cœur insensé a été obscurci.* Paul prouve l'impiété des hommes par ce fait, qu'ayant une connaissance de Dieu insuffisante, ils n'ont pas agi en conséquence. *Ayant connu,* peut signifier ayant la faculté de connaître, ou bien, possédant réellement cette connaissance. C'est ce dernier sens qui est probablement la pensée de l'apôtre. Dieu s'est révélé à tous les hommes dans la constitution de la nature humaine, et dans ses propres œuvres. Il est vrai que cette révélation est généralement négligée : l'humanité suit d'autres guides qui l'égarent, en sorte que la masse des païens ignore ce qu'enseigne cette

---

lumière qui est en icelle ; mais quant à notre aveuglement elle n'est pas suffisante. Cependant nous ne sommes pas tellement aveugles que nous puissions alléguer ignorance, que quant et quant nous ne soyons trouvés coupables de malice et perversité. » – CALVIN.

[1] Le fait que les païens eux-mêmes ont reconnu dans les œuvres de Dieu une manifestation de notre existence et de sa gloire, ressort avec évidence de leurs nombreuses déclarations à ce sujet. Aristote, De Mundo VI, *Pasè thnètè phuseigénoménos athéôrètos ap' autôn tôn érgôn théôreitai o Théos.* CICERON, Tusc. 1.29, Deum non vides, tamen, – Deum agnoscis ex operibus ejus. – SÉNÈQUE, épître 96 : Primus est deorum cultus deos credere ; deinde reddere illis majestatem suam, reddere bonitatem, sine quâ nulla majestas est ; scire illos esse qui præsident mundo, qui universa, vi suâ temperant, qui humani generis tutclam gerunt.

révélation. Semblablement, la Bible est négligée, et ceux à qui elle est envoyée, méconnaissant ses directions, suivent des docteurs qui leur enseignent des commandements d'hommes. Néanmoins, dans les deux cas, la connaissance est offerte, une révélation a eu lieu ; et dans les deux cas l'ignorance est sans excuse. Puisque l'impiété des païens ne peut pas se justifier en alléguant une ignorance inévitable, leur idolâtrie est l'effet de leur perversité. C'est pourquoi l'apôtre ajoute, qu'ayant connu Dieu, ils ne l'ont point glorifié comme Dieu, et ne lui ont point témoigné de reconnaissance : deux expressions qui comprennent tous les actes du culte. La première se rapporte à l'acte de reconnaître en Dieu toutes les perfections ; la seconde, à l'hommage qu'on lui rend comme à la source de tous les biens. Célébrer Dieu comme possédant tous les genres d'excellence et comme l'auteur de tous les biens, c'est en quoi consiste la vraie piété.

Au lieu de rendre ainsi à Dieu les hommages et la reconnaissance qui lui sont dus, *ils sont devenus vains dans leurs imaginations, et leur cœur insensé a été obscurci.* « Ils sont devenus vains », c'est-à-dire insensés, sans intelligence, dépourvus de la vraie sagesse. « Dans leurs *imaginations* », ou leurs *pensées*. Le mot ici employé a souvent une notion défavorable, 1 Co 3.20 ; Pr 6.18 ; Jé 11.19. Dans notre passage, il s'agit des opinions absurdes et dépravées où les païens étaient tombés à l'égard des choses divines.

Leur cœur insensé a été obscurci. Leur âme a perdu toute idée saine du caractère et des perfections de la divinité, et ainsi ils en sont venus à prendre pour objet de leur culte des oiseaux, des quadrupèdes et des reptiles. « *Insensé* veut dire à la fois *sans intelligence* et *pervers* », v. 31 et 10.19. Le mot *cœur* est mis ici, comme il arrive souvent, pour l'*âme entière*. Mt 13.15, les hommes comprennent *du cœur*. Ro 10.10, ils « croient du cœur » ; 2 Co 4.6, le cœur est « éclairé par la connaissance » ; Ép 1.18, « les yeux du *cœur* [1] sont éclairés » ; et autres fréquents exemples dans l'Ancien Testament comme dans le Nouveau. Il faut remarquer que l'Écriture est bien loin de faire cette distinction tranchée que nous établissons si volontiers entre l'entendement et les affections, entre les facultés morales et celles de l'intelligence. Elle ne parle pas de l'âme comme se composant de parties distinctes et indépendantes, mais comme essentiellement une. De là le mot *cœur* s'emploie indifféremment pour le siège des affections, et pour celui des exercices purement intellectuels. De là encore le mot *entendement* ou *esprit* s'emploie pour le siège des affections, Ép 2.3 ; Col 1.21. De là enfin la Bible met dans son étroite relation les idées de perversité et de folie, de sagesse et de piété. Dans son langage, *un insensé* est un homme impie ; les *sages* sont les hommes pieux ; la *folie* c'est le péché ; l'*intelligence* est la religion, la *sagesse* est la vraie piété. Pr 4.7 : « La principale chose c'est la sagesse ; acquiers la sagesse, et sur toutes tes acquisitions, acquiers la prudence ». Pr 3.13,35, et bien d'autres passages. Ainsi la *vanité* dont Paul parle comme suivant la perte de la connaissance de Dieu, ne désigne pas seulement, bien s'en faut, la folie des païens : ce mot exprime leur état moral tout entier. On ne peut pas être insensé *dans ce sens* sans être corrompu. Ép 4.17, Paul comprend dans la *vanité* des païens, l'ignorance, l'éloignement de la vie de Dieu, l'endurcissement du cœur et l'attachement aux plaisirs des sens ; comp. 1 Pi 1.18.

22. *Prétendant être sages, ils sont devenus fous.* Le mot que nous rendons par *prétendre,* peut signifier simplement *affirmer, dire,* Ac 25.19, ou bien, *se vanter d'être.* C'est ce dernier sens qu'il faut adopter ici [2]. « Tandis qu'ils élevaient

[1] C'est la bonne leçon. *L'intelligence* ou *l'entendement (dianoia)* est une correction.

[2] Voyez dans Wettstein sur ce passage de nombreux exemples de l'usage de ce mot.

les plus hautes prétentions à la sagesse, ils ont fait preuve de la dernière folie ». Le verset suivant contient la preuve et l'application de cette observation. Que des créatures raisonnables, au lieu de rendre hommage au Dieu qui se révèle dans toutes ses œuvres, puissent adorer des créatures qui leur sont inférieures, des bêtes brutes, de malfaisants reptiles, c'est bien la plus humiliante et la plus triste preuve de la déchéance et de la ruine de notre espèce. Il faut remarquer aussi, que plus les nations ont fait de progrès en civilisation et en philosophie, plus sont allées loin, en thèse générale, la dégradation et la folie de leurs systèmes religieux. Témoin l'état des opinions et des pratiques à ce sujet chez les Égyptiens, les Grecs et les Romains, comparé à la foi plus simple des nations antérieures, ou des aborigènes de l'Amérique. Plus les hommes, quittant les enseignements de la révélation divine, sous quelque forme qu'elle se présentât, ont fait fonds sur leur propre sagesse, plus ils sont tombés dans l'absurdité et la folie. Et il importe peu dans quelles circonstances a eu lieu cet abandon de la révélation, le résultat est toujours le même. Au sein de tout l'éclat de la science moderne, et de celui qui, émanant de la parole de Dieu, illumine en quelque sorte tout l'atmosphère, les matérialistes modernes en France, et les idéalistes panthéistes de l'Allemagne, tout en prétendant être sages, sont devenus fous d'une manière aussi complète et aussi frappante qu'aucun des anciens philosophes qui ont nié le Dieu vivant et vrai, et cela précisément par le même motif : « Ils ne se soucient pas de conserver la connaissance de Dieu », v. 28.

23. *Et ils ont changé la gloire du Dieu incorruptible en une image faite à la ressemblance de l'homme corruptible, et des oiseaux, et des quadrupèdes et des reptiles.* En ceci consiste leur inconcevable folie, qu'ils ont pu adorer à la place du Créateur glorieux les plus viles de ses créatures.

Cette tournure, *la gloire du Dieu incorruptible,* équivaut à celle-ci : *Le Dieu glorieux incorruptible,* L'épithète d'*incorruptible* appliquée à Dieu, fait opposition avec celle de *corruptible* appliquée à l'homme. Comme la dernière exprime l'idée de la sujétion à la décadence et par conséquent au changement, la première au contraire exprime l'idée que Dieu est impérissable et immuable de sa nature. Ils ont changé cette gloire *en* une image, etc., c'est-à-dire *contre* cette image. Comp. Ps 106.20 [1], « Ils ont changé leur gloire contre la figure d'un bœuf qui mange l'herbe » ; Jé 2.11 : « Mon peuple a changé sa gloire contre ce qui ne profite de rien ». Os 4.7. Le monde ne vit jamais une plus grande folie que cet échange du Dieu vivant contre la simple représentation d'oiseaux, de quadrupèdes et de reptiles. On sait assez que les païens adoraient en effet de tels objets. Philon dit que l'Égypte entière était couverte de temples et de bosquets consacrés à des chiens, des loups, des lions, des animaux terrestres et aquatiques, des crocodiles, des oiseaux [2] etc. Pour la grande majorité, l'hommage n'allait pas au delà de l'idole ou de l'animal ; et quant aux partisans plus cultivés du système, aux philosophes panthéistes, qui prétendaient adorer le grand principe universel et divin dans ses diverses manifestations individuelles, leur culte ne valait guère mieux. Pourquoi la manifestation plus relevée de la divinité dans l'âme humaine, rendrait-elle hommage au développement moins noble du principe universel dans un reptile ? Jamais les écrivains sacrés ne font mention de ces subterfuges, apologie ordinaire de l'idolâtrie. Tous ceux qui se prosternent devant le bois ou

---

[1] Comparez le texte hébreu de ce verset et la version des Septante avec la construction employée par l'apôtre. La construction grecque du verbe *allassein* ou *métallassein* est *té tinos* ou bien *ti anti tinos* ; mais Paul fait usage de la construction hébraïque *allasssein ti én tini.*

[2] Legatio ad Caïum, 566, cité par Wettstein.

la pierre, ils les dénoncent comme adorant des dieux qui sont leur propre ouvrage, qui ont des yeux dont ils ne voient point, des oreilles qui n'entendent point, des mains qui ne sauraient délivrer.

L'idolâtrie universelle du monde païen, commise avec un degré de lumière qui la rendait inexcusable, voilà la preuve que Paul avance pour montrer qu'ils sont impies, et conséquemment exposés à la colère de Dieu. – Dans le morceau qui suit, du v. 24 à la fin du chapitre, il a pour but de montrer que les Gentils ne sont pas seulement impies, mais encore pervers. Il fait découler leur immoralité de leur impiété.

24. *C'est pourquoi aussi Dieu les a abandonnés à l'impureté par les passions de leurs cœurs, en sorte qu'ils déshonorassent entre eux leurs propres corps.* Comme ils avaient abandonné Dieu, Dieu les abandonnés à leur tour. Non seulement il leur a permis de suivre leur mauvais train, mais il a, pour les punir, retiré les obstacles que sa providence et son esprit opposaient en eux aux progrès du mal, les livrant ainsi tout entiers à l'empire de leurs passions corrompues [1]. Le texte entre ce verset et le précédent est donc très intime. Les hommes ont abandonné Dieu, *c'est pourquoi aussi* Dieu les a livrés etc. ». La construction la plus naturelle est celle que nous avons adoptée, en rattachant les mots *à l'impureté* au verbe *abandonner* ou livrer : *Il les a livrés à l'impureté.* Voyez la même construction v. 26 et 28. *Par les passions etc.* ; on pourrait aussi traduire *dans les passions,* la préposition exprimant l'état où se trouvaient les hommes ; comparez *dans leur convoitise,* v. 27.

En sorte qu'ils déshonorassent entre eux leurs propres corps. En grec il y a l'infinitif, *pour déshonorer.* Cet infinitif, qui est précédé de l'article au génitif, pourrait être considéré

[1] « L'apôtre présente la corruption des païens comme étant un châtiment divin ». – THOLUCK.

comme étant simplement explicatif du mot *impureté* : ce serait l'impureté *qui consiste à déshonorer* leurs propres corps ; mais l'interprétation qui voit dans cet avilissement le *résultat* de l'impureté est ici bien préférable [1]. La conséquence naturelle de l'abandon qu'on fait de Dieu, est la destruction des meilleurs sentiments qui gouvernent notre nature, en sorte qu'il ne reste aucun frein pour nous empêcher de tomber dans les vices les plus *dégradants*. L'âme une fois détournée de Dieu, est détournée de son seul véritable objet, et par là même dépourvue de support et de frein. La même idée est exprimée dans ce verset et dans les précédents, se trouve répétée dans ceux qui suivent immédiatement.

25. *Eux qui ont changé la vérité de Dieu en un mensonge* (ou mieux *contre* un mensonge, comp. v. 23) *et qui ont adoré et servi la créature plus que le créateur, qui est béni éternellement. Amen.* C'est-à-dire que Dieu les a ainsi abandonnés *parce qu'il ont changé,* etc. ; c'est le sens de la construction grecque. *La vérité de Dieu* peut signifier *le vrai Dieu ; un mensonge* serait *un faux Dieu,* qui est en effet un mensonge, une pure déception. Le mot grec s'emploie pour toute chose qui n'est pas ce qu'elle prétend être ou ce qu'on la suppose. Ainsi les doctrines fausses sont appelées un mensonge, 2 Th 2.11 ; et les fausses divinités, dans l'Ancien Testament, sont désignées de même, comp. Ps 31.7. Le sens de notre passage serait alors : « Qui échangent le vrai Dieu contre un faux Dieu ». On pourrait encore l'entendre ainsi : « Qui changent la vérité touchant Dieu, la véritable idée de Dieu, contre une idée fausse de son caractère ». L'idée fondamentale est la même dans les deux cas. *Et qui ont adoré et servi la créature plus que le créateur.* C'est ici un développement de l'incise précédente. Ils ont changé le vrai Dieu contre des

---

[1] Le verbe *antimazésthai* est rendu par l'actif dans la plupart des versions ; mais on peut très bien conserver le passif.

idoles, et adoré la créature au lieu du créateur. *Adorer et servir* : le premier de ces deux mots se rapporte plus directement à l'hommage intérieur du cœur ; le second, à l'expression extérieure de cet hommage. Au lieu de *plus que* le créateur, on pourrait traduire *contre, au préjudice de, en faisant injure* : « Ils ont adoré la créature en faisant injure au créateur » ; ou encore : *en laissant de côté, en négligeant.* » Ils ont adoré la créature en négligeant le créateur ». Le crime dont Paul accuse les païens, c'est qu'au lieu de prendre Dieu pour l'objet de leur culte, ils ont adoré ses créatures. Lorsque les écrivains sacrés parlent de Dieu comme étant négligé ou insulté par les hommes, ils sont dans l'usage d'ajouter une expression de pieuse vénération, tant pour montrer la perversité de ceux qui abandonnent un tel Dieu, que pour soulager leur propre cœur. C'est ainsi que les prophètes appellent Dieu « le saint d'Israël », lorsqu'ils parlent de la folie et de la perversité de ceux qui refusent de lui rendre hommage, És 1.4. De même Paul fait ressortir le péché de ceux qui adorent la créature à la place du créateur, en déclarant celui-ci souverainement digne de louange. *Qui est béni éternellement. Amen. Béni,* c'est-à-dire digne de louanges, ou d'hommages. C'est le mot qu'on retrouve presque toujours dans les doxologies de ce genre, soit dans l'Ancien Testament soit dans le Nouveau. *Amen* est un mot hébreu qui veut dire *véritable,* et aussi *vérité.* Employé adverbialement au commencement de la phrase, il exprime l'affirmation, *en vérité* ; à la fin, il exprime le désir ou l'approbation, *ainsi soit-il,* ou : *c'est la vérité.* De là il s'emploie pour exprimer l'assentiment donné aux prières qu'offre quelqu'un au nom d'autres personnes.

26. *C'est pourquoi Dieu les a abandonnés à des passions infâmes ; car même les femmes parmi eux ont changé l'usage naturel contre celui qui est contre nature.* Ce verset répète sous une forme plus précise, l'idée du verset 24. Les raisons pour lesquelles Paul en appelle tout d'abord aux péchés de l'impureté, comme exemple et comme preuve de la dégradation morale des païens, sont probablement les suivantes : **1.** Parce que ces péchés sont toujours liés étroitement à l'idolâtrie, puisque souvent même ils font partie du culte rendu aux faux dieux ; **2.** Parce qu'en se détournant des plaisirs que donne la sainteté ou les rapports avec Dieu, les hommes se portent naturellement aux plaisirs des sens ; **3.** Parce que ces péchés sont tout particulièrement abrutissants, qu'ils conduisent, plus rapidement qu'aucun autre, à la destruction de tout sentiment élevé et surtout du sens pour les choses divines ; **4.** Enfin, parce qu'ils étaient, entre tous les crimes des païens, les plus notoires, les plus communs, les plus ouvertement avoués et justifiés. Comme les hommes rabaissaient Dieu, ils se sont aussi rabaissés eux-mêmes au-dessous des bêtes, en s'abandonnant à des passions pires que celles de la brute [1].

27. *Et de même aussi les hommes, laissant l'usage naturel de la femme, ont brûlé dans leur convoitise l'un pour l'autre, commettant d'homme à homme l'infamie, et recevant en eux-mêmes la récompense qui était dûe à leur égarement.*

Cette corruption ne se bornait pas à une classe d'hommes ou à un seul sexe. Paul en appelle d'abord à la dégradation morale des femmes chez les païens, parce qu'elles sont toujours les dernières à éprouver la contagion de l'immoralité ; aussi, lorsqu'elles s'y abandonnent, c'est que les sources mêmes de la pureté sont corrompues. Il suffit de dire que cette vertu a perdu son droit sur les femmes dans une société

[1] On peut juger à quel point étaient communs les crimes mentionnés dans ce verset et le suivant, l'assertion de Martial, que personne n'avait assez de modestie ou de timidité pour craindre d'être découvert les commettant. Voyez *Grotius* sur le v. 27.

quelconque, pour faire comprendre que cette société est parvenue au dernier degré de corruption. Paul revient ici sur cette idée, que la profonde dépravation des païens était la conséquence et le châtiment de l'abandon qu'ils avaient fait de Dieu. *Recevant en eux-mêmes la juste récompense de leur égarement. Égarement,* aberration, éloignement de Dieu, ou de la vérité, ou de la vertu. De là ce mot s'emploie pour l'apostasie, Éz 33.10, et peut-être 2 Pi 2.18 ; pour l'imposture, et aussi pour la *perversité* en général, Ja 5.20 ; Jud 11. Ici le contexte paraît demander la première acception. C'est leur éloignement de Dieu qui les a précipités dans cette dégradation morale. « J'honorerai ceux qui m'honorent, mais ceux qui me méprisent seront traités avec le dernier mépris », 1 S 2.30. [1] D'après une autre interprétation, *l'égarement* que l'apôtre a en vue serait la pratique des crimes contre nature dont il vient de parler ; et la *récompense* serait les maux naturels qui en sont la suite. Cette interprétation donnerait aussi un sens plausible, mais moins en rapport avec l'ensemble du passage.

28. *Et comme ils ne se sont pas souciés de conserver Dieu dans* leur *connaissance, Dieu de son côté les a livrés à un esprit réprouvé pour faire des choses qui ne sont pas convenables.* Nouvelle répétition de l'idée des v. 24,26, que ceux qui abandonnent Dieu sont à leur tour abandonnés de lui. *Avoir dans sa connaissance* est une expression plus forte que *connaître*. « Il n'ont pas jugé qu'il valût la peine de conserver la connaissance de Dieu ». Le verbe grec que nous

---

[1] Les païens eux-mêmes expriment souvent cette opinion que l'impiété est la source de tous les autres maux moraux. SILIUS, IV, 794 : Hæc primæ scelerum causæ mortalibus ægris naturam nesciri Deum. – CICERO, De naturâ Deorum, 12 : Haud scio, an, pietate adversus Deos sublatâ, fides etiam et societas, et una excellentissima virtus justitia tollatur.

traduisons ici *se soucier,* signifie proprement : **1.** *Éprouver* ; **2.** *Approuver, juger digne,* 1 Co 16.3 ; **3.** *Discerner* ou *décider* à l'égard de quelque chose. La seconde acception paraît être celle qui est le mieux en rapport avec notre passage. « Ils n'ont pas jugé que ce fût une chose digne de la moindre considération de conserver la connaissance de Dieu ».

Un esprit réprouvé. Le mot grec rendu par *réprouvé* dérive de la même racine que le verbe dont nous venons de parler. Il y a donc entre les termes de l'original une correspondance qui est perdue dans nos traductions. « Comme ils n'ont pas approuvé Dieu, Dieu aussi les a livrés à un esprit que nul ne peut approuver ». Le mot signifie littéralement « *ce qui ne peut supporter l'examen* », 1 Co 9.27 ; 2 Co 13.5-7. De là il s'emploie pour tout objet qui est effectivement rejeté, ou qui est digne de la désapprobation universelle. C'est le sens qu'il a généralement, sinon sans exception, dans le grec profane comme dans le Nouveau Testament. Bèze, Bengel, et plusieurs autres, prennent ce mot au sens actif, « un esprit *qui ne peut juger,* ou *dépourvu de jugement* » [1]. Le sens alors serait, « un esprit incapable d'estimer et d'apprécier sainement les choses » ; en sorte qu'ils commettent les plus grands crimes comme si c'étaient des actions indifférentes. Ce sens est très plausible sans doute, mais comme on ne peut l'appuyer par un emploi semblable du mot dans d'autres passages, il faut préférer la première interprétation.

Pour faire des choses qui ne sont pas convenables. Telle est la conséquence de l'abandon dont l'apôtre vient de parler, et le fruit naturel d'un esprit réprouvé. *Des choses qui ne*

---

[1] « Le Seigneur leur a donné un entendement de travers, lequel ne peut plus rien discerner et approuver ». – CALVIN. – Hoc loco active notatur mens, *quæ probat* minime probanda ; cui relicti sunt, qui maxime probanda *non probarunt.* – BENGEL.

sont pas convenables, sont des choses qui ne conviennent pas à la nature et aux devoirs de l'homme. Cette expression comprend tous les crimes dont l'énumération va suivre.

29-31. *Étant remplis de toute espèce d'injustice, d'impureté, de perversité, d'avarice, de méchanceté ; pleins d'envie, de meurtre, de querelle, d'imposture, de malignité ; diffamateurs secrets, calomniateurs, haïssant Dieu, portés à l'outrage, orgueilleux, fanfarons, inventeurs de maux, désobéissants envers leurs parents, sans intelligence, violateurs des traités, sans affection naturelle, implacables, sans miséricorde.* Ces crimes et d'autres encore étaient fréquents. Les païens en étaient *remplis.* Non seulement ils se renouvelaient fréquemment, mais ils étaient dans bien des cas palliés ou même justifiés. Aussi Paul en appelle à leur existence et à leur fréquente occurrence comme à un fait patent. Si sombre que soit ce tableau de la moralité du monde païen, celui que les écrivains les plus distingués de la Grèce et de Rome tracent de leurs contemporains est plus sombre encore. Au sujet des deux versets précédents, et de chaque mot de l'énumération contenue dans ceux-ci, Wettstein et Grotius citent jusqu'à satiété des passages d'anciens auteurs, qui font plus que justifier les charges effrayantes que l'apôtre élève contre les païens. Voyez de plus l'ouvrage de Leland sur la nécessité d'une révélation divine, et la dissertation de Tholuck sur l'état moral des païens. Du reste, ce tableau des païens de l'antiquité s'applique également, dans tous ses traits essentiels, aux païens de nos jours. Partout où il a existé des hommes, ils se sont montrés pécheurs, à la fois impies et pervers, et conséquemment exposés à la colère de Dieu.

32. *Qui connaissant le jugement de Dieu, savoir que ceux qui commettent de telles choses sont dignes de mort, non seulement les font* eux-mêmes, *mais encore approuvent ceux qui les commettent.* Comme Paul a fait voir ci-dessus que l'impiété des païens était sans excuse, parce qu'ils avaient la connaissance de Dieu, de même il montre ici que leur immoralité n'est pas moins inexcusable. Ce n'était point par ignorance qu'ils commettaient ces crimes. Ils connaissaient le *jugement de Dieu.* Le mot grec rendu par *jugement,* aussi bien que son correspondant en hébreu, s'emploie dans l'Écriture dans un sens très étendu, pour tout ce que Dieu a réglé ou commandé ; comme par exemple dans cette expression fréquente dans l'Ancien Testament, *tes jugements.* De là il désigne souvent la loi de Dieu. C'est le sens qu'il faut lui donner ici : « Ils connaissent la loi de Dieu, ce qu'il a commandé » ; comp. Lu 1.6 ; Ro 2.26. Ils ont connaissance, non seulement du précepte, mais de la sanction de cette loi ; ils savent non seulement que ces crimes sont défendus, mais que ceux qui les commettent sont *dignes de mort.* La mort ici, comme souvent dans l'Écriture, désigne la pénalité de la loi, tous les maux qui sont la punition du péché, 6.23. L'idée est donc que les païens savaient que leurs crimes méritaient un châtiment ; en d'autres termes, qu'ils étaient avec justice exposés à la colère de Dieu. Paul ne dit pas ici comment ils le savaient, et se réserve de l'expliquer dans le chapitre suivant, v. 14. C'était une connaissance écrite dans leurs cœurs, inhérente à la constitution même de leur nature : leur qualité d'êtres moraux l'impliquait nécessairement. Ce qui aggravait les crimes des païens, ce n'est pas seulement la connaissance qu'ils avaient de leur turpitude et de leur culpabilité, mais encore la circonstance qu'ils les commettaient de propos délibéré. Ils ne s'y abandonnaient pas seulement dans l'emportement de la passion, mais ils approuvaient ceux qui les commettaient. Ils étaient, de propos délibéré et par choix, pervers et fauteurs de toute espèce d'iniquité.

Telle est l'argumentation par laquelle Paul prouve que les Gentils sont tous sous l'empire du péché, qu'ils se sont rendus coupables tant d'impiété que d'immoralité, et par suite exposés à la colère divine.

DOCTRINES.

1. La justice puissante de Dieu est un attribut essentiel de sa nature. Cet attribut, en rendant nécessaire la punition du péché, nécessite une expiation, une substitution de châtiment, pour que le pardon du péché puisse avoir lieu. C'est là la doctrine que l'apôtre pose comme son premier principe, et dont il fait la base de tous les développements subséquents sur la doctrine de la justification, v. 18.

2. Que le péché est en soi digne de punition, et que, sous le juste gouvernement de Dieu, il sera puni en effet, ce sont là des axiomes moraux qui portent avec eux leur évidence, toutes les fois qu'ils sont présentés au sens moral de l'homme, v. 18,32.

3. Dieu ne s'est jamais laissé sans un témoignage quelconque auprès de ses créatures douées de raison. À l'égard de sa propre nature, aussi bien que sur la règle du devoir, il a placé, soit dans ses œuvres, soit dans le cœur humain, une lumière suffisante pour rendre inexcusables l'impiété et l'immoralité, v. 19,20,32.

4. La religion naturelle n'est pas un guide suffisant pour conduire au salut. À quelle nation, à quel individu a-t-elle jamais fourni des idées saines de Dieu et de sa loi ? L'expérience du monde entier, dans la variété infinie des circonstances où les hommes ont pu se trouver, démontre son insuffisance, et par suite, la nécessité d'une révélation divine spéciale, v. 21-23.

5. Les païens, qui n'ont d'autre révélation de Dieu que celle qui a lieu dans ses œuvres et dans leurs propres cœurs, aidée des obscures connaissances traditionnelles qui sont parvenues jusqu'à eux, ont un indispensable besoin de l'évangile. À considérer la question sous le point de vue du *fait*, la lumière qu'ils possèdent ne les conduit pas à Dieu et à la sainteté, v. 21-23.

6. L'erreur, en fait d'objets moraux et religieux, a sa racine dans la dépravation. Les hommes ignorent Dieu et leurs devoirs, parce qu'ils ne se soucient pas de conserver la connaissance de Dieu, v. 21,28.

7. Souvent Dieu punit un péché en abandonnant le pécheur à d'autres péchés. Paul revient trois fois sur cette idée, v. 24,26,28. L'abandon du pécheur en vertu d'un jugement divin, est compatible avec la sainteté de Dieu comme avec la liberté de l'homme. Dieu ne pousse pas ni ne sollicite au mal : il cesse de retenir. Il dit du pécheur, « laissez-le faire » ; v. 24-28.

8. La religion est la seule base solide, la seule sauvegarde efficace de la moralité. Ceux qui abandonnent Dieu sont abandonnés de lui. Aussi l'irréligion et l'immoralité furent toujours inséparables, v. 24-28.

9. C'est en général la preuve d'une plus profonde dépravation d'encourager les autres à commettre le crime, et de se réjouir en le voyant commis, que de s'y livrer soi-même, v. 32.

10. Le plus réprouvé des pécheurs porte avec lui partout la connaissance de la juste colère de Dieu qui le menace. La conscience ne saurait jamais être totalement étouffée, v. 32.

RÉFLEXIONS

1. Il est dans la nature même du péché d'être sans excuse, et digne de châtiment. Au lieu de chercher à pallier son énormité, efforçons-nous d'échapper à sa pénalité, v. 18,32.

2. Puisque les œuvres de Dieu révèlent sa puissance éternelle et sa divinité, habituons-nous à voir en elles la manifestation de ses perfections, v. 18-21.

3. L'intelligence humaine est égarée aussi bien que le cœur humain. Nous ne pouvons pas plus trouver la vérité que la sainteté tant que nous sommes loin de Dieu ; comme nous perdons tout à la fois la lumière et la chaleur en nous éloignant du soleil. Ceux-là, dans tous les âges, sont tombés le plus profondément dans la folie, qui ont le plus fait fonds sur leurs propres lumières. « Par ta clarté seule, ô Dieu, nous voyons clair » ! v. 2I, etc.

4. Si les péchés des païens, commis avec la faible lumière de la nature, sont inexcusables, combien ne seront pas aggravés ceux que nous commettons avec la lumière des Écritures, v. 20.

5. Puisque les lumières naturelles ne suffisent pas pour conduire les païens à Dieu et à la sainteté, il est de notre devoir le plus évident et le plus impérieux de leur envoyer la lumière de la Bible, v. 20-23.

6. Les hommes devraient se rappeler sans cesse que leur sécurité à l'égard des péchés patents et grossiers, n'est pas en eux-mêmes, mais en Dieu ; et craindre comme le plus terrible des châtiments qu'il ne leur retire son Saint-Esprit, v. 24-28.

7. Les péchés d'impureté sont tout particulièrement dégradants et démoralisants. En être préservé est, au jugement de l'Écriture, une marque de la faveur divine, Ec 7.26 ; Pr 22,14 ; y être livré, au contraire, un signe de réprobation.

8. Nous plaire avec ceux qui font le bien nous rend meilleurs, comme au contraire favoriser ceux qui font mal, est le plus sûr moyen de tomber nous-même encore plus bas qu'eux, v. 32.

CHAPITRE 2

SOMMAIRE.

L'objet de ce chapitre est de soutenir à l'égard des Juifs la même accusation qui vient d'être portée contre les Gentils : de montrer que les premiers ne sont pas moins exposés à la colère de Dieu. On peut le diviser en trois sections. La première contient un exposé de ces principes simples de justice, sur lesquels tous les hommes doivent être jugés, v. 1-16. La seconde fait l'application de ces principes à la nation juive, v. 17-24. La troisième expose la vraie nature et le but de la circoncision, pour faire voir que les Juifs ne pouvaient pas fonder sur ce rite l'espérance d'être exemptés du châtiment, v. 25-29.

CHAPITRE 2:1-16.

ANALYSE.

Que des hommes aussi impies et immoraux que ceux dont le chapitre précédent trace la peinture, méritassent la colère divine, et qu'ils ne pussent jamais s'assurer par leurs propres œuvres la faveur de Dieu, c'est ce que les Juifs ne faisaient nulle difficulté d'admettre. Mais ne se trouverait-il pas peut-être une classe d'hommes qui, en vertu de quelque promesse de la part de Dieu, ou par l'observation de certains devoirs spéciaux, pourraient prétendre à être exceptés du châtiment que Dieu a résolu d'infliger à tout péché ? Pour décider cette question, il était nécessaire de considérer plus à fond la justice de Dieu, pour voir si elle pouvait admettre l'impunité des pécheurs aux conditions supposées. La section que nous abordons sera donc consacrée à développer le principe du v.18 au chapitre précédent : à exposer ces principes de justice qui se recommandent par eux-mêmes à la conscience de tous les hommes. Le premier de ces principes, c'est que celui qui condamne chez autrui ce qu'il pratique lui-même, prononce par là sa propre condamnation, v. 1. Le second, que les jugements de Dieu sont conformes à la vérité ou à l'état réel des circonstances, v. 2. Le troisième, que la faveur spéciale que Dieu peut faire à un individu ou à un peuple, ne saurait motiver leur exemption du châtiment qu'ils ont mérité ; que loin de là, cette faveur ayant pour but de les conduire à la repentance, elle aggrave leur condamnation s'ils en font un mauvais usage, v. 3-5. Le quatrième, que ce qui forme la base du jugement, ce ne sont pas les œuvres ni la profession extérieure, ou les relations extérieures avec Dieu : Dieu punira les méchants et récompensera les bons, soit Juifs, soit Gentils, sans aucun égard aux personnes, v. 6-11. Le cinquième, que la règle de ce jugement sera le degré de lumière qui aura été respectivement départi à chacun. Ceux qui ont une loi écrite seront jugés par cette loi ; ceux qui n'ont que la loi écrite dans les cœurs (et les opérations de la conscience prouvent que les païens ont une loi de ce genre, v. 13-15), seront jugés par cette loi naturelle, v. 12. Tels sont les principes d'après lesquels tous les hommes seront jugés au dernier jour par Jésus-Christ, v. 16.

Chapitre 2

COMMENTAIRE.

1. *C'est pourquoi tu es inexcusable, ô hommes qui que tu sois qui juges ; car en ce que tu juges autrui, tu te condamnes toi-même ; puisque toi qui juges tu fais les mêmes choses.* Pour sentir la force du raisonnement de l'apôtre, il faut se rappeler que le fondement principal sur lequel les Juifs élevaient leurs prétentions à la faveur de Dieu, était l'alliance qu'il avait traitée avec Abraham, lui promettant d'être son Dieu et le Dieu de sa postérité après lui. Ils interprétaient cette promesse en ce sens, qu'elle assurait le salut à tous ceux qui conservaient leur relation avec Abraham, par l'observance de la loi et par le rite de la circoncision. Ils s'attendaient donc à être les objets de la faveur de Dieu, et regardaient moins à leur caractère personnel qu'à la relation qu'ils soutenaient avec leur illustre aïeul. Nous insisterons davantage sur ce point dans le chapitre suivant. On ne saurait trop admirer l'art avec lequel Paul introduit son argumentation contre ce motif de confiance. Il ne nomme pas même l'adversaire qu'il a en vue, il ne dit pas, « C'est pourquoi, ô Juifs, tu es inexcusable, etc. ». Il commence de si loin, que les préjugés de ses lecteurs ne peuvent concevoir aucune alarme. Il pose ses principes d'une manière si simple et si générale, qu'ils devaient obtenir forcément l'assentiment du Juif, avant qu'il pût se douter de l'application que ces principes allaient trouver en lui-même. Ils portent avec eux leur propre évidence, et pourtant, une fois admis et appliqués, ils vont renverser le fondement même sur lequel les enfants d'Abraham élevaient l'édifice de leurs espérances.

Le texte que la conjonction *c'est pourquoi* établit entre ce verset et le chapitre précédent, est douteux. On peut rattacher le verset ou bien à l'idée générale de la dernière section, v. 18-32, savoir que Dieu est juste et qu'il punira infailliblement tout péché ; ou bien à la même idée exprimée d'une manière plus spéciale dans le v. 32 seulement : « Ceux qui font de telles choses sont dignes de mort ; c'est pourquoi toi qui juges tu es sans excuse ».

Qui que tu sois qui juges. Ce sont les Juifs que Paul a en vue dans ce verset et les suivants ; cela résulte évidemment de l'ensemble de l'argumentation, de la mention expresse de ce peuple v. 9,10, et enfin de ce qu'il est fait aux Juifs une application directe de l'argumentation, v. 17 et suivants. Sans doute ce n'est pas sans dessein que l'apôtre commence ainsi d'une manière générale. Le principe qu'il pose dans ce verset est vrai à l'égard de tous les hommes. Il ne paraît pas qu'il y ait un motif suffisant pour s'écarter du sens ordinaire du verbe grec *juger,* que plusieurs traduisent *condamner.* « Toi qui assumes le rôle d'un juge l'égard des autres, tu te condamnes toi-même ». [1] L'apôtre veut montrer que la sanction que le Juif accordait si volontiers à la condamnation du Gentil, impliquait sa propre condamnation, en tant que le Juif et le Gentil devaient être jugés sur les mêmes principes généraux.

Les mots que nous traduisons *en ce que* peuvent signifier, *parce que,* 8-3 ; c'est la version de Bèze et autres. On peut aussi les rapporter au temps, *dans le temps que* ; ou enfin on peut conserver le sens littéral, *eo ipso*, dans l'acte même de juger autrui tu te condamnes toi-même. Cette dernière explication est peut-être la meilleure. Suit la raison de cette assertion : « Puisque toi qui condamnes, tu fais les mêmes choses ». Le fondement de la condamnation est l'action commise, non l'agent qui la commet. C'est le premier principe.

---

[1] « Les mots ont ici une rencontre de bonne grâce, *krinein* et *katakrinein*, desquels le premier signifie juger, et l'autre condamner ; mais outre cela il faut noter l'exagération, et par manière de dire, rechargement dont il use contre eux. Car cette façon de parler emporte autant comme s'il disait : Tu es doublement digne d'être condamné, vu que tu es entaché des mêmes vices lesquels tu reprends et blâmes ès autres ». – CALVIN.

Chapitre 2

2. *Mais nous savons que le jugement de Dieu est selon la vérité contre ceux qui commettent de telles choses.* Ce verset prête à deux interprétations : **1.** Paul peut vouloir dire : « Quelque pervers que soient vos jugements en condamnant les autres quand vous prétendez vous excuser vous-mêmes, les jugements de Dieu ne sont pas ainsi entachés de partialité. Ses décisions sont *conformes à la vérité,* justes et équitables, en rapport avec l'état réel des choses, et non pas avec les circonstances extérieures de ceux qu'ils concernent » ; voy. v.11, et Jn 8.15,16, « Vous jugez selon la chair, mais mon jugement à moi est véritable ». Le texte alors est évident entre ce verset et le précédent : « Vous jugez d'une certaine manière mais Dieu juge différemment ». **2.** Voici le sens que donnerait la seconde interprétation : « Nous savons que le jugement de Dieu *est certainement* (sera certainement prononcé) contre ceux qui font de telles choses. Vous condamnez de pareils crimes, et ainsi fera Dieu certainement ». L'une et l'autre interprétation sont très compatibles avec le sens grammatical des mots. Voyez dans le commentaire de Raphelius sur ce verset des exemples en faveur de la dernière. Mais l'autre est mieux en rapport avec le contexte et le but de l'apôtre. Le mot rendu par *jugement* désigne souvent la *condamnation,* 3.8 ; 1 Co 11.29,34, et ailleurs fréquemment. Mais le sens plus général de *décision judiciaire* va mieux à notre passage. C'est ici le second principe. Le jugement de Dieu est conforme à la vérité, impartial, fondé sur le vrai caractère des hommes et sur leur conduite.

3. *Et penses-tu, ô homme qui juges ceux qui font de telles choses, et qui les commettent, que tu échapperas au jugement de Dieu ?* « Si les jugements de Dieu sont justes et impartiaux, comment ceux-là pourraient-ils échapper qui commettent les mêmes crimes qu'ils condamnent chez les autres » ? Le langage de Paul renferme encore cette idée, que si ces choses sont condamnées par les hommes, combien plus par un Dieu juste. Mais la première est l'idée essentielle. Il est absurde de supposer que Dieu doive épargner ceux qui font ce qu'ils sont si disposés à condamner chez autrui.

4. *Ou bien méprises-tu les richesses de sa bonté et de son support, méconnaissant que la bonté de Dieu te conduit à la repentance ?* Paul fait allusion dans ce verset et le suivant, au fondement ordinaire de la sécurité des Juifs. Ils étaient, disaient-ils, le peuple favori de Dieu : sa bonté envers eux prouvait qu'il ne voulait pas en agir à leur égard comme avec les autres nations. Que cette opinion existait réellement chez les Juifs, cela résulte évidemment de l'argumentation de l'apôtre dans ce chapitre, dans le suivant, et en d'autres endroits de ses écrits, voy. chap. 9 et 11 ; de certains passages du Nouveau Testament, comme par ex. Mt 3.9, « Ne présumez pas de dire en vous-mêmes : Nous avons Abraham pour père » ; Jn 8.33 ; enfin de nombreuses déclarations des auteurs juifs eux-mêmes sur ce sujet.

Le texte est clairement établi par la particule *ou bien* : « Ou bien, tout en admettant ce principe général, que ceux-là sont eux-mêmes exposés à la condamnation, qui pratiquent ce qu'ils condamnent chez autrui, – abusez-vous à ce point de la bonté divine, que de supposer qu'elle vous laissera pécher impunément, tandis que son vrai but est de vous conduire à la repentance » ? Ceux-là méprisent la bonté de Dieu qui la pervertissent et qui en tirent une permission de péché, supposant ou bien que Dieu ne punira jamais parce qu'il tarde longtemps à le faire, ou bien que sa bonté pour nous est si spéciale que nous échapperons, quand même les autres doivent périr ; 2 Pi 3.8,9. *Bonté, support, longue attente*, accumulation de termes qui sert à exprimer avec plus de force l'idée de la miséricorde divine. *Richesses* est un terme favori des écrivains sacrés, pour exprimer l'idée d'abondance et de grandeur, 2 Co 8.2 ; Ép 1.7 ; 2.7, etc. Le mot grec rendu par *bonté* est un terme général, désignant la douceur et la bénignité ; celui qui répond à *support,* représente la patience dans la souffrance ou lorsqu'on est provoqué. Il s'emploie aussi pour une *trêve* ou un *répit,* 2. Macc. 12.25 ; Josèphe contre Appion, VI, 5,1, etc. Ici ce mot exprime le long délai que Dieu apporte au châtiment. *Longue attente,* lenteur à s'irriter. *Méconnaissant,* c'est-à-dire ne faisant pas attention ; « que la bonté de Dieu te conduit à la repentance » ; c'est-à-dire qu'elle a pour but de t'y conduire, qu'elle est calculée pour le faire.

5. *Mais selon ton endurcissement et ton cœur impénitent, tu t'amasses un trésor de colère pour le jour de la colère et du juste jugement de Dieu.* La bonté de Dieu a pour but de conduire les hommes à la repentance, et non d'accorder l'impunité aux pécheurs. Mais toi, au lieu de l'envisager ainsi tu en abuses, et tu t'amasses un trésor de colère. *Selon ton endurcissement,* c'est-à-dire conformément à la nature de ton endurcissement. Le mot que nous traduisons *amasser un trésor* s'emploie non seulement pour l'acte d'amasser des choses qu'on estime précieuses, mais encore dans le sens d'accumuler ou d'augmenter une provision quelconque, bonne ou mauvaise ; Amos 3.10. *Pour le jour de la colère,* littéralement *dans le jour,* c'est-à-dire *au jour* de la colère, comp. v.16. C'est-à-dire que l'abus des miséricordes divines produira au jour du jugement une accumulation des motifs de châtiment. Ce jour est souvent appelé *le jour de la colère,* parce qu'alors la colère de Dieu se déploiera de la manière la plus éclatante. « Cette journée là est une journée de fureur, une journée de détresse et d'angoisse, une journée de bruit éclatant et effrayant, une journée de ténèbres et d'obscurité, une journée de nuées et de brouillard », So 1.15.

Au lieu de lire, « et de la révélation du juste jugement de Dieu », un grand nombre de manuscrits, plusieurs versions anciennes et quelques Pères, insérant la conjonction *et,* lisent : « Au jour de la colère, et de la révélation, et du juste jugement de Dieu ». C'est la leçon adoptée par Mill, Wettstein, Knapp et autres ; Lachmann conserve la leçon ordinaire. Si l'on adopte ce changement, « le jour de la révélation » sera évidemment celui « de la révélation de Jésus-Christ qui doit venir pour juger le monde en justice. C'est le jour auquel se déploiera de la manière la plus éclatante le déplaisir de Dieu contre « toute espèce d'impiété et d'injustice », quels que soient ceux qui s'en seront rendus coupables ; où se révéleront avec une pleine évidence le juste jugement de Dieu, et le fait que ce jugement est juste. Ces versets contiennent donc un troisième grand principe que pose l'apôtre. La bonté de Dieu ne saurait jamais assurer au pécheur l'impunité ; et l'abus qu'il en fait aggrave infailliblement son crime et son châtiment.

6. *Qui rendra à chacun selon ses œuvres.* Ce verset et les suivants jusqu'au onzième enseignent cette importante vérité, que le jugement de Dieu se fonde sur les œuvres des hommes, non sur leur profession ou leurs circonstances extérieures. Il faut mettre de l'emphase sur les deux membres de ce verset : Dieu rendra *à chacun,* au Juif aussi bien qu'au Gentil, *selon ses œuvres,* en opposition à toute autre base de jugement.

7. *À ceux qui en continuant patiemment à bien faire, cherchent la gloire, l'honneur et l'immortalité, la vie éternelle.* Le principe que le verset précédent a posé d'une manière générale, est ici et dans le suivant appliqué aux deux grandes classes d'hommes. « Dieu rendra à chacun selon ses œuvres : aux bons il rendra la vie, aux méchants la tribulation et l'angoisse ». Ce verset contient la description du caractère et de la récompense des justes. Ce sont ceux dont les affections et le trésor sont dans le ciel, qui cherchent « la gloire, l'honneur et l'immortalité », et qui les cherchent « en faisant bien », par l'accomplissement du devoir. C'est à ceux-là que Dieu rendra la vie éternelle. Elle ne sera pas adjugée au Juif comme Juif, ni au Gentil comme Gentil, ni au catholique ou au protestant en leur qualité respective, mais au bon en tant que bon, à quelque classe qu'il appartienne [1].

Le substantif qui dans l'original répond à « continuer patiemment », désigne souvent la patience dans les afflictions, et aussi *constance, persévérance.* Lu 8.15, « qui rapportent du fruit avec patience » ; 1 Th 1.3, « la constance » ou « la patience de l'espérance », c'est-à-dire l'acte de persévérer dans l'espérance ; de même dans notre verset, « la constance des bonnes œuvres » (traduction littérale) veut dire constance dans l'accomplissement des bonnes œuvres. *La gloire, l'honneur et l'immortalité*, c'est-à-dire une immortalité honorable et glorieuse ; mais la tournure du texte a bien plus de force.

8. *Mais à ceux qui, sont contentieux, et qui n'obéissent pas à la vérité, mais obéissent à l'injustice, l'indignation et*

---

[1] La construction de ce verset a été résolue diversement. Celle que nous avons adoptée dans notre version est peut être la plus ordinaire. Elle consiste à joindre ensemble les deux mots *tois zétousin, à ceux qui cherchent,* en faisant dépendre de ce verbe *doxan kai timèn kai artharsian ; kath upomonèn érgou agathou,* exprimant la manière dont s'opère la recherche en question. Mais Griesbach, Knapp, Fritzche, etc., font un seul membre de phrase de *tois mén kath' upomonèn érgou agathou,* avec ce sens : *À ceux qui persévèrent dans les bonnes œuvres* (littér. *qui sont la persévérance).* Ils s'appuient sur le sens de la locution *einai kata ti, avoir le caractère de telle ou telle chose,* être en rapport avec cette chose. Alors l'incise suivante *doxan kai timèn kai artharsian zètousin,* serait simplement explicative. « À ceux qui persévèrent dans les bonnes œuvres, ceux qui cherchent la gloire, etc., (il donnera) la vie éternelle ». Cette explication a l'avantage d'établir un parallélisme exact entre ce verset et le suivant : *tois mén kath' upomonèn* répond à *tois dé éx éritheiks.*

la colère. Ici l'apôtre décrit le caractère et la récompense des méchants. Ils sont contentieux et désobéissants, et leur récompense est l'indignation et la colère. Le sens de ce verset est parfaitement clair, bien que la construction ait dans l'original quelque chose d'irrégulier. La liaison naturelle de ce membre de phrase avec le précédent serait : « Mais à ceux qui sont contentieux *Dieu rendra* l'indignation et la colère ». Tel qu'il est dans l'original, il faut traduire : « À ceux qui sont contentieux, l'indignation et la colère *seront rendues* » ; et cette construction nouvelle continue dans le verset suivant. *Ceux qui sont contentieux,* littéralement, *ceux qui sont de la contention* ; comme ailleurs, « ceux qui sont de la foi » pour « les croyants » ; « ceux qui sont de la circoncision » pour « les circoncis », Ac 10.45 ; Ga 3.7 ; Tit 2.8. Le substantif *contention,* et le verbe qui lui correspond, s'emploient souvent dans le sens spécial de contester avec quelqu'un pour résister à son autorité. 1 S 12.14,15. Si vous êtes *rebelles* (grec *contentieux*) au commandement de l'Éternel » ; De 21.20 : « C'est ici notre fils qui est méchant et rebelle (contentieux), et il n'obéit point à notre voix ». De même ici *les contentieux* sont les rebelles, ceux qui n'obéissent pas à Dieu ni à la vérité. *La vérité,* c'est-à-dire la vraie religion, la vraie règle du devoir moral et religieux, voy. 1.18. *Mais qui obéissent à l'injustice.* Au lieu d'obéir à la vérité et à la sainteté, ils obéissent au péché, car ici *injustice* est pris évidemment dans un sens étendu pour tout ce qui est moralement mauvais. *L'indignation et la colère,* c'est-à-dire la plus grande colère. Selon Ammonius, cité par Wettstein, le premier de ces deux mots, dans l'original, exprime une passion soudaine et temporaire, le second une colère plus permanente. Suivant Eustathe, le premier serait relatif à l'émotion interne, le second à sa manifestation extérieure. Ici ces mots sont employés par métonymie, pour les effets de l'indignation et de la colère, c'est-à-dire pour un châtiment sévère. Le verset suivant les explique dans ce sens.

9. Il y aura *tribulation et angoisse sur toute âme d'homme qui fait le mal, du Juif premièrement, puis aussi du Grec* (angl. *du Gentil*). La réunion des synonymes tribulation et angoisse donne à l'expression plus d'intensité [1]. *Toute âme d'homme,* locution fréquente dans la bible, Ac 2.41 ; No 19.11. En grec et en hébreu, le mot *âme* s'emploie souvent pour une *personne* ; voy. 13.1, *toute âme* (grec : pour *toute personne*). *Du Juif premièrement, puis aussi du Gentil.* On voit maintenant clairement que l'apôtre, exposant ces principes généraux de justice d'après lesquels Dieu réglera ses jugements, avait particulièrement en vue les Juifs. Dieu, dit-il, rendra à chacun selon ses œuvres : aux bons la vie éternelle, aux méchants la tribulation et l'angoisse. Et de peur que cette expression générale, *chacun,* n'arrêtât pas suffisamment l'attention, il ajoute expressément que le Juif aussi bien que le Gentil sera jugé d'après cette règle. L'adverbe *premièrement,* peut être relatif soit au temps soit au rang. Dans la première supposition, on aurait ce sens : « Ce jugement commencera par les Juifs, et s'étendra ensuite aux Gentils » ; ainsi Calvin [2] et d'autres. Dans l'autre cas, l'apôtre voudrait dire : « Non seulement le Juif sera puni aussi bien que les autres, mais comme il a eu part à de plus hautes faveurs, son châtiment aussi sera plus sévère ». Semblablement, si le Juif est fidèle, sa récompense sera plus grande, comme le déclare le verset suivant. « Le Juif premièrement » reviendrait

---

[1] Les mots *thlépsis* et *sténokhôria* se trouvent souvent ainsi réunis. Le dernier est le plus énergique. Le premier signifie *oppression, affliction* ; l'autre répond à *angustia, anxiété, désespoir*. Comparez 2 Co 4.8, *én panti thliboménoi, all' ou sténokhôrouménoi.*

[2] « Voici la régle universelle du jugement de Dieu, laquelle commencera par les Juifs et enveloppera universellement tout le monde. » – CALVIN.

donc à dire : « Le Juif principalement ». Peut-être l'apôtre a-t-il eu en vue à la fois l'une et l'autre idée, qui sont également justes.

10. *Mais gloire, honneur et paix à quiconque fait le bien, au Juif premièrement, puis aussi au Grec.* Ce verset est exactement l'inverse du précédent. C'est toujours cette idée que le jugement de Dieu à l'égard des hommes est déterminé par leurs œuvres. Telle est la base de ce jugement à l'égard de tous, parce que Dieu est parfaitement impartial.

11. *Car il n'y a point d'acceptation de personnes auprès de Dieu.* Le mot que nous traduisons *acception de personnes,* et ceux qui sont composés des mêmes racines, Ac 10.34. Ja 2.9, sont propres à l'idiome hellénistique ou grec judaïsé. Ils dérivent de l'expression qui revient souvent dans l'Ancien Testament, *accepter la face* de quelqu'un (c'est-à-dire sa personne), dans le sens de montrer de la faveur. Cette expression est souvent employée dans un sens favorable. Ge 19.21, « Je t'ai exaucé », héb. *j'ai accepté ta face.* Job.42.8, « J'exaucerai sa prière », héb. *j'accepterai sa face*. De là un homme « dont on a accepté ou élevé la face », désigne un homme honoré ou favorisé ; 2 Ro 5.1, « en grand honneur » ; Es 3.3, « l'homme d'autorité », etc. (héb. *dont on a accepté la face*). Le plus souvent, et surtout lorsqu'il est question des juges, la locution est prise dans un sens défavorable. Lé 19.15 : « Tu ne feras point acception de la personne du pauvre » ; Pr 24.23, etc. De même dans le Nouveau Testament cette expression désigne toujours une partialité coupable, Ép 6.9 ; Col 3.25 ; Ja 2.1. Nous avons donc ici l'idée qui motive la déclaration des versets précédents. Juifs et Gentils seront jugés sur des principes exactement les mêmes, parce que Dieu est parfaitement impartial. Il ne fait nulle acception des personnes.

12. *Car tous ceux qui ont péché sans loi, périront aussi sans loi ; et tous ceux qui ont péché dans la loi, seront jugés* *par la loi.* Le verset précédent a établi que Dieu est impartial et juste dans tous ses jugements. L'apôtre qui a déjà déclaré à l'appui de cette vérité, que chaque homme serait jugé selon ses œuvres, la confirme ici par un nouveau principe non moins important : c'est que les hommes seront jugés en raison de la lumière qu'ils auront respectivement possédée. Si la base du jugement est dans leurs œuvres, la règle de ce jugement est dans leur connaissance. *Tous ceux qui ont péché sans loi,* c'est-à-dire, comme l'indique le contexte, sans une révélation spéciale de la volonté divine, comp. 1 Co 9.21 [1]. *La loi,* dans le style de notre apôtre, désigne souvent la *règle du devoir,* la volonté de Dieu en tant qu'elle a été révélée pour que nous y obéissions ; ordinairement, il est vrai, avec allusion spéciale à la révélation qui a été faite de cette volonté dans les Écritures. Tel est le cas ici, évidemment. *Périront sans loi,* c'est-à-dire seront jugés sur une règle différente, à savoir sur celle contre laquelle ils ont péché. Le verbe *périr,* vu l'opposition qu'il présente avec celui du second membre du verset, représente ici cette idée : « *Étant condamnés, ils seront punis* ». T*ous ceux qui ont péché dans la loi. Dans la loi,* c'est-à-dire avec la loi, ayant la loi, comparez *avec la verge* (littér. *dans* la verge), 1 Co 4.21 ; *avec le sang* (*dans* le sang), Hé 9.25. La préposition grecque s'emploie souvent dans un sens plus large encore, pour exprimer les circonstances, l'état dans lequel on se trouve, Le sens est donc évidemment : « Ceux qui ont péché, possédant une révélation spéciale de la volonté de Dieu ». *Seront jugés, par la loi. Jugés,* c'est-à-dire *condamnés,* sens que le mot a souvent, et qui est appelé ici par le contexte. *Par la loi,* c'est-à-dire par le moyen de la loi, par la loi en tant que règle ; voyez la même proposition employée dans le même sens, Ja 2.12 ; 2 Co 8.8. Paul

---

[1] *Anomos* est employé ici dans le même sens que *Khôris nomou.*

n'affirme pas ici que ceux qui n'ont pas de révélation périront, pas plus qu'il ne veut dire que ceux-là seront condamnés qui possèdent une révélation. Il ne parle pas de la destinée réelle de l'une ou de l'autre classe, mais de la règle sur laquelle les hommes doivent être jugés.

13. *Car ce ne sont pas ceux qui écoutent la loi qui sont justes devant Dieu, mais ceux qui pratiquent la loi qui seront justifiés.* Voici la raison sur laquelle est fondée la déclaration qui termine le verset précédent : « Ceux qui sont sous la loi seront jugés par elle, ou d'après elle ; *car* ce n'est pas la simple possession de la loi, mais l'obéissance qu'on lui rend, qui a du prix devant Dieu ». *Ceux qui écoutent* la loi, parce que ceux qui *lisaient* étaient comparativement en petit nombre avant que l'imprimerie eût multiplié les livres. Alors c'était par l'ouïe, plus que par la lecture, que se transmettaient les connaissances. Aussi Polybe dit-il de son histoire qu'elle était faite pour une seule classe d'*auditeurs* (Hist. p. 752). De même Josèphe, Antiq. 1.26 : « Nous sommes *auditeurs* des lois qu'il nous a données ». (Voyez Krebs sur ce verset.) La locution *être juste devant Dieu,* c'est-à-dire à ses yeux ou à son jugement, sert à expliquer l'expression équivalente de la fin, *seront justifiés.* L'une et l'autre sont du style du barreau et veulent dire, « seront regardés ou traités comme justes aux yeux de Dieu. » L'apôtre a évidemment en vue l'opinion des Juifs, que la seule qualité de juif suffisait pour assurer l'entrée du ciel. Du reste quand il dit que *ceux qui pratiquent la loi* seront justifiés, il est clair qu'il ne veut pas enseigner, contrairement à ses propres déclarations tant de fois répétées, que l'homme puisse réellement être justifié par son obéissance à la loi. C'est cela même dont il entreprend de prouver l'impossibilité. Le contexte explique clairement sa pensée. Il ne parle pas du moyen de justification qui est applicable aux hommes pécheurs, mais des principes sur lesquels doivent être jugés tous ceux qui sont *hors de Christ.* Ils seront jugés d'une manière impartiale, selon leurs œuvres, et en raison de la connaissance qu'ils auront eue du devoir. Sur ces principes, nulle chair ne saurait être justifiée devant Dieu. Le seul moyen d'échapper à leur application, comme Paul l'enseignera plus tard, c'est de mettre sa confiance en Christ, en vertu de la mort duquel Dieu peut être juste tout en justifiant le pécheur qui croit en lui.

Bien que les versets 13,14 et 15 forment une parenthèse, comme l'indique évidemment le v. 16, qui se lie intimement avec le v. 12, néanmoins les trois premiers sont dans une relation étroite avec ce qui précède immédiatement. Le verset 13 motive la déclaration de la seconde partie du v. 12, que ceux qui ont péché sous une loi seront condamnés par elle ; et les v. 14,15, motivent la déclaration de la première partie du même verset, que ceux qui ont péché sans une révélation seront néanmoins punis, parce que, bien qu'ils n'aient point de loi, ils sont à eux-mêmes une loi.

14. *Car lorsque les Gentils, qui n'ont point la loi, font naturellement les choses qui sont de la loi, n'ayant point la loi, ils sont à eux-mêmes une loi.* Comme nous venons de le faire observer, le mot *car* indique la liaison, non pas avec ce qui précède immédiatement, mais avec le premier membre du v. 12. « Les Gentils ne sont pas excusables, bien qu'ils ne soient point sujets à la loi écrite et révélée aux Juifs ; car ils ont une loi écrite dans leurs cœurs, sur laquelle ils seront jugés, et d'après laquelle ils seront punis ». À l'appui de cette déclaration l'apôtre en appelle d'abord aux actes moraux des païens comme attestant chez eux un sens moral, v. 14 ; et secondement, v. 15, aux opérations de leur conscience. *Lorsqu'il font naturellement les choses de la loi. Faire les choses de la loi,* c'est faire ce que la loi prescrit. Lorsqu'ils pratiquent quelque vertu ou qu'ils accomplissent quelque acte moral, ces actes témoignent de l'existence chez eux d'un sens moral ; ils montrent que les Gentils ont une règle du bien et du mal, et un sentiment de l'obligation : en d'autres termes, qu'ils sont à eux-mêmes une loi. L'absence d'actes moraux chez les êtres animés d'une classe inférieure, montrent qu'ils n'ont point le sentiment d'une obligation morale, point de loi. Mais les hommes, dans quelques circonstances diverses qu'ils puissent se trouver, font toujours voir qu'ils sont sous l'empire d'une loi morale.

D'après une autre interprétation, *faire les choses de la loi* voudrait dire *faire la fonction* de la loi, décréter ce qui est bien et ce qui est mal. Le sens du verset entier serait alors : « Puisque les Gentils, bien que privés de révélation, font la fonction d'une loi en commandant ou défendant le bien et le mal [1], ils sont ainsi une loi pour eux-mêmes ». Mais cette interprétation attribue à la locution un sens inusité, bien qu'il ne soit pas sans exemple ; et d'ailleurs elle va moins bien au contexte. « Faire les choses de la loi », c'est « pratiquer la loi », dans le sens du verset précédent.

Paul dit que les païens font *naturellement* ou *par nature* les choses de la loi. Le mot que nous rendons par *nature* veut dire souvent constitution naturelle, tendance ou disposition innée. Ainsi Xénophon (Cyrop. L. 2.) dit que tous les animaux sont instruits *par nature* à se défendre ». Jamblique (IV. 7) parle de « démons ou divinités mauvaises par nature ». Plutarque dit que Denys était « par nature porté à la colère » Josèphe. (Antiq. 7.1) parlant de David dit « qu'il était par nature juste et pieux » ; etc. Voyez Wettstein sur Ephes. 2.3, et Leclerc, Ars Critica, P. II, sect. I, ch. VII. Comparez Ga 4:8 ; Ep 2.3, etc. Cette expression, ordinaire dans toutes les langues, s'emploie, comme c'est le cas ici, en parlant d'une source d'action qui est indépendante des causes

[1] Honesta jubeant, turpia prohibeant. – Bèze.

ou des influences extérieures. Lorsqu'on dit d'un animal qu'il est cruel de sa nature, on peut dire que sa cruauté est le résultat de sa constitution naturelle, non de l'imitation ou de l'exemple. Quand donc il est dit que les païens « font par nature les choses de la loi », cela veut dire qu'ils n'ont pas appris d'autrui à le faire. Ce n'est ni l'instruction ni l'exemple qui les conduit, mais leur propre sentiment inné du bien et du mal. Ayant ce sens naturel du bien et du mal, bien que dépourvus d'une loi positivement révélée, ils sont à eux-mêmes une loi.

15. *Qui montrent que l'œuvre de la loi est écrite dans leurs cœurs, leur conscience aussi rendant témoignage, et leurs pensées s'accusant entre elles ou aussi s'excusant.– Qui* montrent, etc. Le pronom relatif s'emploie souvent au commencement d'un nouveau membre de phrase, pour introduire la raison d'une déclaration précédente ; c'est le cas ici. Les Gentils sont à eux-mêmes une loi, *car* ils montrent que l'œuvre de la loi, etc. Comp. 1.25 ; 2 Co 8.10. Cette expression, *l'œuvre de la loi,* peut signifier l'*effet de la loi,* ce que la loi produit, c'est-à-dire le sens du bien et du mal, la connaissance du devoir. D'autres considèrent le mot *œuvre* comme redondant, en comparant Ép 4.12, où « l'œuvre du ministère » serait pour le ministère lui-même ; et 1 Th 1.3, « l'œuvre de la foi » pour la foi même ; mais dans ces deux exemples le mot œuvre n'est pas absolument redondant. Une troisième interprétation fait *l'œuvre de la loi* équivalent à les *œuvres de la loi,* les choses que la loi prescrit. Ce que les Juifs possédaient écrit dans un livre, les païens le possédaient écrit naturellement dans leurs cœurs. Puis il indique une seconde source de preuves de l'existence de cette loi intérieure : « *Leur conscience aussi rendant témoignage, et leurs pensées s'accusant entre elles, ou aussi s'excusant* ». La première de ces incises peut vouloir dire, ou bien : « Leur conscience rendant témoignage *à cette loi écrite dans leurs* *cœurs* » ; ou bien, ce qui s'accorde mieux avec la force grammaticale du mot : « Leur conscience rendant *le même témoignage que leurs actions,* s'unissant à celles-ci pour prouver qu'ils sont à eux-mêmes une loi.

Et leurs pensées s'accusant entre elles, ou aussi s'excusant. C'est-à-dire « leur jugement moral approuvant et condamnant tour à tour ». On peut ne voir dans cette incise qu'une simple amplification de la précédente, en sorte que le témoignage que rend la conscience consisterait dans ces jugements approbateurs ou désapprobateurs ; on peut aussi la considérer comme étant coordonnée à la précédente, et contenant une nouvelle preuve de la thèse générale de l'apôtre, que les Gentils sont à eux-mêmes une loi. Il y aurait alors trois arguments présentés à l'appui de cette thèse, savoir : la conduite morale des païens, leur sens moral en général, et ces actes spéciaux d'approbation et de désapprobation intérieure. L'emploi de la conjonction *et* semble favoriser cette dernière explication. Wettstein et Grotius citent à l'occasion de ce verset un grand nombre de passages des auteurs anciens, qui offrent des applications frappantes de la déclaration de l'apôtre et qui montrent à quel point les païens avaient conscience que la loi de Dieu était écrite dans leurs cœurs.

16. *Au jour où Dieu jugera les secrets des hommes par Jésus-Christ, selon mon évangile.* Calvin met une simple virgule à la fin du verset précédent, auquel il rattache celui-ci : « Leurs pensées les accusant ou les acquittant dans le jour où Dieu jugera, etc. ». Non pas, observe-t-il, que la conscience doive alors seulement entrer dans l'exercice de ses fonctions, mais parce que ses jugements antérieurs seront alors confirmés. [1] Mais cette manière de construire le

---

[1] On considère alors les participes *katègoroutôn, apologouménôn,* comme exprimant un futur certain.

passage paraît incompatible avec le but des v. 14 et 15. Ils ne se rapportent pas tant au jugement à venir, qu'à la preuve de cette assertion que les Gentils ont une loi écrite dans leurs cœurs. Bengel rattache le verset 16 au commencement du 15e : Qui montrent, en ce jour-là, qu'ils ont une loi ». Mais cette construction est visiblement forcée ; et d'ailleurs l'apôtre aurait dû employer le futur et dire : « Ils *montreront* plus tard, dans le jour, etc. ». Il ne paraît pas qu'il y ait de motif suffisant pour s'écarter de l'explication ordinaire. Les versets 13,14,15, bien qu'en rapport étroit avec le v. 12 forment évidemment une parenthèse. Paul avait dit que ceux qui n'avaient point de loi seraient punis sans égard à la loi écrite, et que ceux qui vivaient sous l'empire d'une telle loi seraient jugés par elle, v. 12. Il ajoute maintenant, v. 16, que cela aura lieu au dernier jour, au jour où Dieu jugera les secrets des hommes. *Les secrets des hommes* : non pas leurs œuvres de parade, faites pour être vues et admirées, mais ces actes cachés du cœur et de la vie, qui sont le vrai critère du caractère. C'est de cette manière simple que l'apôtre décrit le grand jour, le jour du jugement. Ce jugement sera prononcé *par Jésus-Christ,* selon Ac 17.31. Le fait qu'il doit y avoir un tel jour de jugement, où Jésus-Christ remplira les fonctions de juge, fait partie de la révélation contenue dans l'évangile. De là Paul ajoute *selon mon évangile* (évangile que je prêche). Il ne veut pas dire, on le sent assez, que tous les hommes doivent être jugés sur l'évangile, qu'ils l'aient connu ou non ; ce qui serait en contradiction directe avec le principe qu'il vient d'établir.

Tels sont les principes sur lesquels tous les hommes seront jugés, selon saint Paul. Ces principes s'imposent d'eux-mêmes avec une puissance irrésistible à la conscience de tout homme, dès l'instant qu'on les énonce ; et pourtant toutes les fausses espérances de salut proviennent de ce qu'on les dénie ou les néglige. Il ne sera pas hors de propos de les répéter ici, pour qu'on voie mieux à quel point s'en écartaient les espérances des Juifs, auxquelles Paul va en faire l'application, v. 17 et suivants. **1.** Celui qui condamne chez les autres ce qu'il fait lui-même, se condamne lui-même *ipso facto*. **2.** Les jugements de Dieu sont en raison du caractère réel des hommes. **3.** La bonté de Dieu, ayant pour but de nous amener à la repentance, ne prouve pas qu'il ne doive pas punir le péché. L'abus de cette bonté, en rendant notre culpabilité plus grande, ne peut qu'aggraver notre condamnation. **4.** Dieu jugera chacun selon ses œuvres, non selon sa profession extérieure. **5.** Les hommes seront jugés d'après la connaissance du devoir qu'ils possèdent respectivement ; Dieu est donc parfaitement impartial. C'est sur ces principes là que les hommes seront jugés au dernier jour par Jésus-Christ, et quiconque s'attend à être traité sur un pied différent, sera détrompé alors d'une manière terrible.

DOCTRINES.

1. La doctrine capitale de cette section, c'est que Dieu est juste. Ses jugements sont infiniment élevés au-dessus des vues de partialité ou d'ignorance, qui corrompent les décisions des hommes, versets 1,16.

2. Le refuge que les hommes sont si disposés à chercher dans les avantages supposés de leur profession ecclésiastique, comme étant membres de la vraie église, etc., etc., est un vain refuge. Dieu se comporte avec les hommes en raison de leur caractère réel, v. 2,3.

3. La bonté de Dieu a pour but de nous conduire à la repentance, et elle est éminemment propre à produire ce résultat. Si le moyen manque son but, la faute en est à nous seuls, v. 4.

4. C'est abuser grandement de la bonté et du support de Dieu, que d'en tirer des encouragements pour demeurer dans le péché. Une telle conduite ne peut manquer d'aggraver notre condamnation, v. 3-5.

5. Il n'y a que les vrais bons qui seront sauvés, quels que soient d'ailleurs la profession ou les espérances des autres, comme il n'y a que les vrais méchants qui seront perdus, qu'ils soient juifs ou gentils, païens ou chrétiens, versets 6-10.

6. La bonté dont l'Écriture fait cas consiste principalement à rechercher les choses célestes : c'est une recherche de la gloire, de l'honneur et de l'immortalité, par une persévérance patiente dans la pratique du bien ; c'est la poursuite du vrai but de notre existence, par les moyens convenables, v. 7.

7. La responsabilité respective de chaque homme étant dans cette vie très diverse, leurs récompenses et leurs châtiments seront aussi très différents, selon toute probabilité, dans la vie à venir. Ceux qui n'auront pas connu la volonté de leur maître seront battus de peu de coups, et ceux qui auront été fidèles dans l'usage de dix talents recevront le gouvernement de dix villes, v. 9,10.

8. Les païens ne seront pas jugés sur une révélation qui ne leur est pas connue. Mais comme ils possèdent une révélation du caractère de Dieu dans les œuvres de la création, 1.19,20 et de la règle du devoir dans leurs propres cœurs, versets 14,15, ils sont inexcusables, Ils ne peuvent pas davantage satisfaire à la règle sur laquelle ils seront jugés, que nous à la règle plus sévère qui doit nous être appliquée. L'une et l'autre catégories ont donc besoin d'un Sauveur, v. 12.

9. Le sens moral fait partie de notre constitution originelle, et n'est pas un produit de l'éducation, v. 14.

10. Jésus-Christ, qui doit prononcer un jugement réglé sur les secrets de tous les hommes, doit pour cela posséder la toute-science, et par conséquent la divinité, v. 16.

RÉFLEXIONS.

1. La déception qui est dans le cœur humain se montre d'une manière frappante dans les jugements différents que les hommes portent sur eux-mêmes et sur les autres, condamnant chez autrui ce qu'ils excusent à l'égard d'eux-mêmes. Et il n'est pas rare de voir les plus criminels se montrer les plus disposés à la censure, v. 1,3.

2. Quel effet produit sur nous la bonté de Dieu ? Si elle ne nous conduit pas à la repentance, elle ne peut qu'endurcir notre cœur et aggraver notre condamnation, v. 4,5.

3. La repentance véritable est produite par la connaissance de la miséricorde de Dieu ; la repentance légale par la crainte de sa justice, v. 4.

4. Toute doctrine qui tend à produire la sécurité dans le péché, est nécessairement fausse. La jouissance d'avantages particuliers doit avoir pour effet d'augmenter le sentiment de notre responsabilité et notre reconnaissance envers Dieu, non de nous faire supposer que nous sommes spécialement les objets de sa faveur. Dieu ne fait point acception de personnes, v. 3-10.

5. Combien sont vaines les espérances que les hommes immoraux entretiennent d'un bonheur à venir, s'attendant ou bien que Dieu ne les traitera pas selon leurs œuvres, ou bien que les secrets de leurs cœurs ne seront pas découverts ! v. 6-10,16.

6. Puisque Dieu est un Dieu juste, il n'y a aucun moyen d'échapper à sa colère, sinon celui qu'il a lui-même établi. Puisque nous n'avons pas de justice qui nous soit propre, il faut rechercher celle du Sauveur, v. 1-16.

7. Celui qui est mort pour les péchés des hommes sera appelé à juger les pécheurs. Pensée terrible pour ceux qui rejettent l'expiation qu'il a opérée ! Pensée bien douce pour ceux qui mettent leur confiance dans ses mérites ! v. 16.

CHAPITRE 2.17-29.

ANALYSE.

Cette section en contient proprement deux. La première, v. 17-24, contient une application des principes qui viennent d'être posés, à la cause de Juifs. La seconde, v. 25-29, expose la nature et le but de la circoncision. Les principaux fondements de la confiance des Juifs étaient : **1.** L'alliance qui les unissait à Dieu ; **2.** Leur supériorité sur les autres hommes à l'égard des connaissances religieuses ; **3.** La circoncision. Or, s'il est vrai que Dieu jugera tout homme, qu'il soit Juif ou Gentil, selon ses œuvres et par la loi qu'il a possédée , de quoi servira-t-il de dire : « Nous sommes Juifs, nous avons la loi, v. 17 ; nous avons une connaissance supérieure, v. 18 ; nous pouvons servir aux autres de guides et de docteurs, v. 19 » ? Tout cela peut être vrai, mais en êtes-vous moins voleurs par cela seul que vous condamnez le vol ? moins adultères parce que vous condamnez l'adultère ? ou moins blasphémateurs parce que vous abhorrez le sacrilège ? v. 21,22. Cette connaissance supérieure ne fait qu'aggraver votre crime, loin de l'atténuer. Tout en vantant vos avantages, par vos péchés vous attirez le blâme sur Dieu v.23,24. Ainsi, d'après les plus simples principes de justice, votre condamnation est tout aussi certaine, et sera bien plus sévère que celle des Gentils. Quant à la circoncision, à laquelle les Juifs attachaient une si grande importance, l'apôtre fait voir qu'elle ne pouvait servir de rien, sinon à la condition d'obéir à la loi, à l'alliance dont elle faisait partie, v. 25. Si la loi est violée, la circoncision ne sert de rien, v. 25, la fin. D'un autre côté, si la loi est obéie, l'absence de la circoncision n'empêchera pas d'avoir part à la bénédiction, v. 26. Il y a plus : si ceux qui sont placés moins favorablement que les Juifs se trouvent être obéissants, ils s'élèveront en jugement contre le peuple de Dieu qui a été désobéissant, quoique plus favorisé, v. 27. Tout cela prouve qu'une cérémonie extérieure ne saurait avoir en soi aucune vertu pour sauver, parce que Dieu est Esprit et n'a égard qu'à l'obéissance en esprit. Principe que l'apôtre énonce d'abord sous forme négative, celui-là n'est pas Juif qui ne l'est que par la profession, v. 28 ; puis sous la forme positive celui-là est vraiment Juif qui l'est intérieurement, v. 29.

COMMENTAIRES.

17. *Voici* [1], *tu portes le nom de Juif, tu te reposes sur la loi, et tu te glorifies en Dieu.* Le principal motif de sécurité du Juif était qu'il faisait partie du peuple avec lequel Dieu avait traité alliance. Aussi est-ce à cette prétention là que Paul s'attaque d'abord. *Tu portes le nom de Juif,* c'est-à-dire de membre du peuple de Dieu. Le mot Juif est pris ici dans le sens religieux, non dans le sens civil ou national : il exprime la relation du peuple avec Dieu, non avec les autres nations. Un Juif, par opposition à un Gentil, c'était un membre de la vraie église, un enfant d'Abraham, etc. Le mot se retrouve avec le même sens, v. 28,29, et Ap 2.9 : « Je connais le blasphème de ceux qui se disent *Juifs,* et qui ne le sont

---

[1] Au lieu de la leçon ordinaire *idé*, les manuscrits D.G. 1,8,10,14,31 et autres, lisent *ei dé.* C'est la leçon des versions syriaque, copte, éthiopienne et de la Vulgate, ainsi que de plusieurs pères grecs et latins. Cette leçon, qui est la plus difficile, a été adoptée par Bengel, Griesbach, Knapp et Lachmann. Elle donne pour l'ensemble du passage une construction irrégulière : le verset 17 serait le commencement d'une protase sans apodose. Comp. 5.12 ; 2 Pi 2.4. Il faudrait sous-entendre quelque chose : « Si tu es Juif, *tu dois agir en conséquence* » ; ou bien, en lisant la suite interrogativement : « Si tu es Juif, *dérobes-tu* » ? etc. Le verset 21 est l'apodose dans l'ordre logique, quoique non dans l'ordre grammatical. Voyez Wiener, grammaire, 3e édit. p. 442.

point ». Plusieurs interprètes supposent qu'il y a dans l'emploi de ce nom une allusion à sa signification étymologique, *celui qui loue Dieu.* Ainsi Philon (De Allegoriis, I. p. 55) dit que « Juda veut dire *celui qui confesse* ou *qui loue* » ; et ailleurs (De Plantatione, p. 233) : « Il s'appelle Juda, ce qui veut dire *confession à Dieu* » ; voyez Grotius. Mais il est probable qu'il n'y a point d'allusion au sens purement étymologique du mot.

Tu te reposes sur la loi, c'est-à-dire tu t'appuies sur elle comme sur une base de sécurité. On retrouve ce verbe dans la version que donnent les Septante d'un passage qui présente avec celui-ci une frappante analogie, Mi 3.11 : « Ses chefs jugent pour des présents, ses sacrificateurs enseignent pour le salaire, et ses prophètes devinent pour de l'argent ; puis ils s'appuient sur l'Éternel, en disant : L'Éternel n'est-il pas parmi nous » ? Tel est précisément l'esprit qui est l'objet des reproches de Paul, une confiance fondée sur des avantages extérieurs, jointe à la sécurité dans le péché. *La loi* représente ici tout le gouvernement civil et religieux des Juifs ; le système mosaïque, dont la possession établissait une distinction si tranchée entre eux et les autres nations, et leur conférait de si glorieux privilèges.

Et tu te glorifies en Dieu. Cette même expression se retrouve avec un sens bien différent, chap. 5.11. Le verbe grec représente l'acte de se féliciter soi-même, avec ou sans motifs suffisants. De là il s'emploie souvent pour la vaine jactance. Le sens qu'il a ici est évident. Les Juifs pensaient qu'ils avaient dans les relations qu'ils soutenaient avec Dieu un motif suffisant de se féliciter et de se glorifier. Leur vanité et leur confiance reposaient sur ce qu'il était leur Dieu et qu'ils étaient son peuple.

18. *Tu connais sa volonté, tu discernes les choses qui diffèrent* entre elles, *étant instruit par la loi.* Le second motif de sécurité des Juifs était la supériorité de leurs connaissances. Non seulement ils pensaient soutenir avec Dieu des relations plus favorables que les Gentils, mais ils se regardaient comme leur étant personnellement bien supérieurs ; ayant une plus ample connaissance des choses divines, etc. ; en raison de cette supériorité ils s'attendaient à être traités avec une faveur spéciale lorsqu'ils paraîtraient devant Dieu. C'est ce nouveau motif de confiance que l'apôtre prend maintenant à partie. *Tu connais sa volonté,* « tu possèdes une révélation divine » ; ou bien : « Tu connais ce qui est agréable à Dieu ». L'incise suivante peut se traduire de deux manières : *Tu approuves les choses qui sont les plus excellentes* ; ou bien : *Tu discernes les choses qui diffèrent entre elles.* Le sens grammatical des mots admet également l'une ou l'autre version. Le contexte est en faveur de la dernière ; car il s'agit de la connaissance supérieure des Juifs, par laquelle ils étaient en état de prononcer sur des questions de devoirs que les Gentils ne pouvaient résoudre, et en raison de laquelle ils se croyaient propres à leur servir de guides et de docteurs. Cette locution se retrouve Ph 1.10, où elle peut être rendue de même. Paul y demande à Dieu que les chrétiens abondent en connaissance et en intelligence, et qu'ils soient rendus capables de décider ce qu'il faut faire et ce qu'il ne faut pas faire. C'est dans ce sens que Calvin, Bèze, Elsner et d'autres, expliquent le passage qui nous occupe. Elsner cite l'explication de Théodoret : « les choses opposées entre elles, la justice ou l'injustice » ; et celle de Théophylacte, « ce qu'il faut faire et ce qu'il ne faut pas faire. » L'autre interprétation est celle de la Vulgate, de Grotius et de la version anglaise, dans les deux passages ; c'est peut-être la plus généralement adoptée. La source de cette connaissance supérieure était la parole de Dieu ; de là Paul ajoute, *étant instruit par la loi.*

19,20. *Et tu te flattes d'être le conducteur des aveugles, la lumière de ceux qui sont dans les ténèbres, le docteur des ignorants, le maître des simples, ayant la forme de la connaissance et de la vérité dans la loi...* Le second de ces deux versets dit en termes propres ce que le premier exprime en termes figurés. Parmi les traits du caractère juif il n'en est point de plus saillant que cette disposition à se croire supérieurs aux autres. De là leur désir de faire des prosélytes, leurs efforts infatigables pour inculquer des commandements d'homme comme enseignements divins, leur mépris pour les Gentils, etc. etc. Leurs rabbins étaient dans l'usage de s'appeler « la lumière du monde ». *Ayant la forme de la connaissance et de la vérité dans la loi.* Le mot grec qui répond à *forme,* désigne souvent l'apparence extérieure d'une chose ; ex. 2 Ti 3.5, « ayant la *forme* ou l'apparence de la piété ». Mais il signifie aussi une exacte représentation, et par suite une règle. L'idée est ici : « Ils ont dans la loi une parfaite représentation de ce qu'est la vérité et le devoir », ou : « Une règle parfaite de la vérité morale ».

21,22. *Toi donc qui enseignes les autres, tu ne t'enseignes pas toi-même ! Toi qui prêches qu'il ne faut pas dérober, tu dérobes ! Toi qui dis qu'il ne faut pas commettre adultère, tu commets adultère ! Toi qui a en abomination les idoles, tu commets des sacrilèges !* Pour la manière rattacher ces versets au dix-septième, voyez la note sur ce dernier. Nous trouvons ici l'application du raisonnement qui précède aux espérances des Juifs. Puisque les hommes seront jugés *selon leurs œuvres,* ceux dont les œuvres sont mauvaises, qui dérobent, qui commettent l'adultère et le sacrilège, peu importe qu'ils soient Juifs, qu'ils se glorifient en Dieu et soient instruits par la loi, ou qu'ils ne possèdent pas ces avantages, ceux-là seront infailliblement condamnés. Il est évident que les crimes du vol, de l'adultère et du sacrilège sont cités ici simplement comme exemples, non comme étant des crimes que tous les Juifs commissent réellement. « Si vous, tout Juif que vous êtes, vous faites ce que vous condamnez chez autrui, vous n'échapperez pas au juste jugement de Dieu. Bien loin de là, les avantages supérieurs dont vous jouissez augmenteront le poids de votre condamnation ». Paul veut ici affirmer avec force que les Juifs étaient coupables de ces crimes et d'autres semblables, et il importe peu au sens qu'on adopte en traduisant la forme affirmative, ou la forme interrogative : « Dérobes-tu » ? « Commets-tu adultère » ? etc. On a demandé si l'apôtre, en accusant les Juifs de sacrilège, avait en vue le crime spécial du vol des objets sacrés, ou plus généralement l'abus de ces objets, leur usage profane et pervers ? La seconde supposition est la plus vraisemblable, car il n'y a point de preuve historique que les Juifs aient réellement volé des objets sacrés ; et d'un autre côté, les prophètes représentent l'acte de refuser à Dieu ce qui lui est dû, et l'emploi des choses sacrées à des usages profanes, comme un vol fait à Dieu. Mal 3.8. « L'homme volera-t-il Dieu ? que vous me voliez. Et vous dites, en quoi l'avons-nous volé ? Vous l'avez fait dans les dîmes et les offrandes ». Ainsi les Juifs, tout en abhorrant les idoles, qui n'étaient qu'une manière entre bien d'autres de montrer du mépris pour Dieu, témoignaient sans remords de leur manque de respect pour ce grand Être, sous des formes différentes, mais non moins offensantes. On sait assez que cette horreur des Juifs pour l'idolâtrie fut un de leurs traits caractéristiques depuis le retour de la captivité ; et cette disposition est encore aujourd'hui aussi prononcée qu'elle fut jamais. Comme exemple frappant de leur zèle sur ce point, Tholuck cite le trait suivant raconté par Josèphe, Ant. L. 18. chap. 3 ; et De Bell. Jud. L. 2. chap. 9. Lorsque Pilate voulut introduire à Jérusalem l'image de l'empereur peinte sur les étendards des soldats, les Juifs se précipitèrent en foule à sa rencontre à Césarée pour lui faire des remontrances à cet égard. Trois jours se passèrent sans qu'ils reçussent de réponse. Puis Pilate parut en personne, et les menaça de la mort s'ils ne s'éloignaient. Mais ils se jetèrent par terre, criant qu'ils périraient tous plutôt que d'accorder aux images l'entrée de leur ville. Et pourtant ce même peuple, qui abhorrait à ce point la seule apparence de l'idolâtrie, ne craignait pas de voler Dieu, en détournant à leur usage particulier ce qui appartenait au temple, et en offrant en sacrifice du bétail dérobé, boiteux et malade, Mal 1.13.

23,24. *Toi qui te glorifies en la loi, tu déshonores Dieu par la transgression de la loi ! car le nom de Dieu est blasphémé à cause de vous parmi les Gentils, comme il est écrit.* Nouvel exemple frappant qui prouvait qu'ils n'agissaient pas d'une manière conforme aux avantages dont ils jouissaient : tout en se glorifiant de la loi et de la relation qu'ils soutenaient avec Dieu comme étant proprement leur Dieu, au lieu de se conduire d'une manière digne de cette relation, ils agissaient de telle manière, que le nom de Dieu était chaque jour blasphémé, c'est-à-dire que les Gentils étaient conduits à penser et à parler mal d'un Dieu dont les adorateurs se montraient aussi pervers. L'apôtre appuie cette assertion des déclarations de leurs propres prophètes ; voyez. Éz 36.20,23.

25. *Car il est vrai que la circoncision est profitable, si tu gardes la loi ; mais si tu es transgresseur de la loi, ta circoncision devient incirconcision.* Le raisonnement qui précède impliquait évidemment que les Juifs, étant coupables des péchés nommés ci-dessus, ne pouvaient échapper au juste jugement de Dieu : *car* la circoncision ne sert de rien, sinon qu'on obéisse à la loi ; si la loi est violée, la circoncision équivaut à l'incirconcision. Ainsi le texte est facile entre ce verset et les précédents. Le but du passage que nous abordons, v. 25-29, est donc de faire voir que la circoncision ne pouvait pas être pour les Juifs un motif de sécurité. Ce rite était envisagé par les Hébreux, et l'est ici par l'apôtre, sous deux points de vue différents. D'abord, comme un *opus operatum,* comme un rite ayant un mérite propre, une efficace inhérente ; secondement, comme un sceau ou un signe de l'alliance divine. Sous le premier rapport, Paul déclare, ici comme ailleurs (voyez Ga 6.15), que « la circoncision n'est rien, ni l'incirconcision ». Sous le second, elle avait sa valeur légitime et importante. Elle était un sceau apposé, en premier lieu, à l'alliance nationale entre Dieu et les Israélites. Elle était un signe de l'existence de cette alliance, et un gage de la part de Dieu qu'il accomplirait ses promesses. Si un Israélite accomplissait sa part de l'alliance et gardait la loi dans ce sens, la circoncision lui était profitable : elle lui assurait la jouissance de toutes les bénédictions attachées au judaïsme. Mais ce même sceau était, en second lieu, apposé à l'alliance spirituelle traitée avec Abraham. La circoncision était pour lui un sceau de la justice qui s'obtient par la foi, c'est-à-dire qu'elle était un gage qu'il était considéré comme juste à cause de sa foi, et qu'il serait traité en conséquence. La circoncision était profitable de la même manière à tous les Juifs qui avaient la foi d'Abraham, et qui ainsi gardaient l'alliance ou la loi de la justification. Elle était le signe visible et le gage de la faveur divine. D'un autre côté, si l'alliance ou nationale ou spirituelle était violée, la circoncision devenait aussi inutile que le sceau d'un contrat dont toutes les clauses sont annulées. En d'autres termes, la validité d'une alliance ou d'un contrat dépend de l'accomplissement des conditions, non de la simple possession du sceau de ce contrat. C'est pourquoi Paul dit aux Juifs qu'il n'y avait point d'efficace inhérente à la circoncision, qu'elle ne pouvait leur servir de rien à moins qu'ils n'obéissent à la loi ; que, s'ils étaient transgresseurs de la loi, comme il vient de les en accuser, leur circoncision devenait incirconcision. C'est-à-dire qu'elle ne leur serait bonne à rien ; et que, tout en étant membres du peuple de Dieu, ils seraient traités comme s'ils n'en faisaient point partie.

26. *Si donc l'incirconcision garde les ordonnances de la loi, son incirconcision ne lui sera-t-elle pas réputée pour incirconcision ?* Pour montrer la nature de ce rite dans son vrai sens, l'apôtre renverse la déclaration du verset précédent. La circoncision ne peut servir de rien où la loi est violée ; à l'inverse, l'absence de la circoncision ne saurait invalider la promesse lorsqu'on observe la loi. En d'autres termes, la circoncision n'est rien, et l'incirconcision n'est rien : ce qui importe, c'est l'observation des commandements de Dieu. Le rite considéré en soi n'est d'aucune utilité. Si un homme remplissait fidèlement toutes les clauses d'un contrat, l'absence du sceau n'invaliderait pas ses droits aux yeux de l'équité ; comme la possession de ce sceau ne lui donnerait nul droit à la récompense promise, s'il n'avait pas rempli les conditions.

Le mot *incirconcision,* au commencement du verset, est employé par métonymie pour un *incirconcis,* tandis qu'à la fin du verset il reprend son sens propre. Paul ne dit pas ici qu'il y ait réellement des païens qui satisfassent pleinement aux exigences de la loi : il pose un cas purement hypothétique pour montrer le peu d'importance de la circoncision. La dernière incise, *son incirconcision lui sera réputée* pour *circoncision,* offre un exemple d'un idiotisme hébraïque très fréquent, qui consiste à placer la préposition *pour,* après les verbes *être, devenir,* ou, *être estimé,* lorsqu'en bon grec on emploierait le nominatif. « Les deux seront *pour une seule chair* », au lieu de « une seule chair », comme il y a dans nos versions, Ma 19.5 ; comp. Lu 13.19 ; 1 S 1.13, « Éli l'estima *pour* une personne ivre », etc., etc. Le sens de l'apôtre ici est évident : « Celui-ci sera considéré et traité comme s'il était celui-là. »

27. *Et l'incirconcision qui est* telle *par nature, ne te jugera-t-elle pas si elle accomplit la loi, toi qui avec la lettre et la circoncision es transgresseur de la loi ?* Calvin et d'autres font rentrer ce verset dans l'interrogation qui commence au précédent, au lieu d'en faire une question distincte. Les deux interprétations sont admissibles. Avec la ponctuation que nous avons adoptée, ce verset exprimerait plus que le précédent. Le Gentil obéissant ne serait pas seulement accepté malgré son incirconcision, mais il s'élèverait contre le Juif favorisé pour le condamner. *Qui est telle par nature,* c'est-à-dire qui est naturelle. L'explication que Grotius et Koppe après lui donnent de ce passage, ne peut se défendre. Il rattache les mots *par nature* à ce qui suit : « Si elle accomplit par nature (par l'effet de la raison et du sentiment moral) la loi, etc. » ; construction que les règles de la grammaire ne supportent pas. *Elle te jugera,* c'est-à-dire *te condamnera,* sens que le mot grec a souvent ; voy.. v. 1. Elle rendra plus éclatantes ta condamnation et sa justice. C'est ainsi que les habitants de Ninive et la reine du Midi doivent s'élever en jugement contre ceux qui auront négligé Christ, et les condamner, Mt 12.41,42. Le Juif est ici appelé « celui qui avec la lettre et la circoncision est transgresseur de la loi ». Le mot grec rendu par *lettre* ne désigne pas seulement un caractère de l'alphabet, mais toute espèce d'écrit ; Jn 5.7, « Si vous ne croyez pas à ses écrits » (grec, *lettres*) ; 2 Ti 3.15, « Tu as la connaissance des saintes *lettres* ». Ici le mot veut dire *la loi écrite,* voyez v. 29 et ch. 7.6, « *non point selon la lettre qui a vieilli* », c'est-à-dire l'ancienne loi écrite ; 2 Co 3.6, « il nous a faits ministres, non de la *lettre,* mais de l'esprit », c'est-à-dire « non de la loi écrite, mais de la dispensation spirituelle ». – « *Avec* la lettre et la circoncision », c'est-à-dire quoique possédant la lettre, ou la loi écrite, et la circoncision » ; pour cet emploi de la préposition que nous traduisons, *avec*, voy. 4.11, Hé 9.14, « qui *avec* un esprit éternel, c'est-à-dire possédant un esprit éternel, s'est offert à Dieu » ; 1 Co 14.9 ; 2 Co 2.4, « *avec* beaucoup de larmes ». Cette préposition s'emploie donc souvent pour indiquer l'état, la condition, les circonstances où se trouve une personne ou une chose ; comme encore 2 Co 3.11, « ce qui devait prendre fin a été *avec gloire* », c'est-à-dire glorieux ; 2 Co 6.7,8. Voy. Wahl, lexic. Les mots « lettre et circoncision » pourraient être mis ici, d'après une figure connue, pour *circoncision littérale* ; mais rien n'oblige à cette interprétation qui d'ailleurs ne va pas bien au contexte, puisqu'il n'est rien dit ici de la circoncision spirituelle ; et de plus *la loi* était un article trop important dans les avantages dont les Juifs se glorifiaient, pour qu'il soit permis de fondre ainsi dans une simple épithète le terme qui l'exprime.

28,29. *Car celui-là n'est point Juif qui ne l'est qu'au dehors, et celle-là n'est point la circoncision qui a lieu extérieurement dans la chair ; mais celui-là est Juif qui l'est au-dedans, et la circoncision est celle du cœur, dans l'esprit, non dans la lettre ; et sa louange n'est pas des hommes, mais de Dieu.* L'apôtre assigne ici la raison pour laquelle le rite extérieur de la circoncision est de si peu d'utilité. Dieu regarde au cœur, non aux circonstances extérieures. Cette déclaration est faite d'abord sous forme négative, v. 28 ; puis sous forme positive, v. 29. Le mot *Juif* est pris ici, comme v. 17, dans son sens religieux. Celui-là n'est point Juif ou enfant de Dieu, qui ne l'est que par la profession ou par l'apparence extérieure. De même, la circoncision qui a lieu extérieurement dans la chair, n'est pas celle à laquelle l'Écriture attache tant d'importance, lorsqu'elle dit par exemple : « L'Éternel ton Dieu circoncira ton cœur et le cœur de ta postérité, afin que tu aimes l'Éternel ton Dieu », De 30.6. Le signe n'est rien sans la bénédiction spirituelle qu'il représente. *Mais celui-là est Juif qui l'est au dedans.* Celui-là est réellement un membre du peuple de Dieu, qui l'est dans son cœur ; voy. 1 Pi 3.4, où le mot que nous rendons par *caché,* d'après son sens propre, peut aussi se traduire *intérieur, interne. Et la circoncision est celle du cœur, dans l'esprit, non dans la lettre ;* voy. De 10.16. Les mots *dans l'esprit, non dans la lettre,* sont évidemment une explication de cette circoncision *du cœur* dont parle l'apôtre ; mais on peut les entendre diversement. *Dans l'esprit* peut vouloir dire *spirituelle,* comme ayant trait à l'esprit et non au corps ; *dans la lettre* alors voudrait dire *littérale* : « La circoncision du cœur, qui est spirituelle et non littérale ». Ou bien, *dans l'esprit* pourrait signifier *par l'Esprit,* ce qui donnerait un sens plus satisfaisant : « La circoncision du cœur qui est opérée *par l'Esprit,* et non *d'après la règle de la loi écrite* » ; comp Col 2.11. Alors le mot lettre conserverait le sens qu'il a dans les versets précédents. Quelque interprétation qu'on adopte, l'idée est la même au fond.

Sa louange n'est pas des hommes, mais de Dieu. Le pronom possessif se rapporte évidemment au Juif véritable qui vient d'être dépeint. Son excellence est intérieure, vue et reconnue de Dieu ; elle n'est pas du domaine de l'observation des hommes [1].

---

[1] On pourrait citer un grand nombre de déclarations tirées des auteurs juifs pour montrer que du moins quelques-uns d'entre eux sentaient que le rite purement extérieur de la circoncision a peu de valeur. Il y a un passage du rabbin Lipmann, in libro Nizzachon, n.21, p. 19, qu'il semble presque avoir emprunté à notre apôtre, comme le remarque Shoettgen : « Les chrétiens nous raillent en disant : les femmes, qui ne peuvent pas être circoncises, ne doivent donc pas être considérées comme juives. Mais ils ignorent que la foi ne dépend pas de la circoncision, mais du cœur. La circoncision ne rend pas juif celui qui ne croit

Chapitre 2

DOCTRINES.

1. La qualité de membre de la véritable église, considérée comme société visible, ne nous assure pas la faveur de Dieu. Les Juifs, avant la venue de Christ, étaient membres de la véritable et unique église ; et pourtant Paul déclare qu'ils n'étaient pas pour cela plus agréables à Dieu. Un grand nombre de Juifs convertis étaient membres de l'église apostolique, qui néanmoins, parce qu'ils conservaient leurs anciennes doctrines et leur premier esprit, étaient dans un fiel très amer, v. 17.

2. La simple connaissance n'est pas un titre de recommandation auprès de Dieu. Par elle-même elle ne peut ni sanctifier le cœur, ni rendre les hommes plus utiles. Lorsqu'on en fait un motif de sécurité, ou un aliment de l'orgueil, elle devient abusive et fatale, v. 18-20.

3. La supériorité de la connaissance augmente le crime du péché, aussi bien que la certitude, la nécessité et la sévérité du châtiment, sans augmenter par elle-même le pouvoir de résister au péché. C'est donc une fatale erreur de faire de la seule connaissance la base du développement moral des hommes v. 18-20.

4. Les péchés de ceux qui professent faire partie du peuple de Dieu sont tout particulièrement coupables à ses yeux, et nuisibles à nos frères, v. 22-24.

5. Ici, comme dans la première partie du chapitre, l'idée capitale c'est que Dieu est juste. Il ne demande pas si un homme est Juif ou Gentil, Grec ou Barbare, libre ou esclave, mais, quel est son caractère ? que fait-il, le bien ou le mal ? v. 17-24.

---

pas réellement ; et celui qui croit réellement est juif, fût-il incirconcis ». Et dans le Talmud (Tract. Nidda, fol. 20, 2) il est dit : « Le Juif est caché dans les profondeurs du cœur ». Voyez – Shoettgen, Horæ hebraïcæ, p. 500.

6. Selon l'apôtre, la véritable idée qu'on doit se faire d'un sacrement n'est pas celle d'une cérémonie mystique douée d'une efficace inhérente, inoculant la grâce comme un *opus operatum* ; mais bien celle d'un sceau et d'un signe, destiné d'un côté à affermir notre foi à la validité de l'alliance qui en est revêtue ; de l'autre, à représenter par son caractère emblématique, quelque grande vérité spirituelle, v. 25.

7. Vaines sont toutes les espérances qui se fondent sur la participation aux sacrements de l'église, alors même qu'ils sont d'institution divine, comme la circoncision, le baptême et la sainte-cène ; à plus forte raison, quand ils sont d'invention humaine, comme la pénitence ou l'extrême-onction, v. 26,27.

8. La religion et les services religieux, pour être agréables à Dieu, doivent procéder du cœur ; le simple hommage extérieur n'est d'aucun prix, v. 28,29.

RÉFLEXIONS.

1. Les péchés des hommes et leurs faux motifs de sécurité sont les mêmes dans tous les temps. Le Juif comptait sur le salut parce qu'il était Juif, comme fait le catholique parce qu'il est catholique, le Grec parce qu'il est Grec, et ainsi des autres. Quelque certains que nous puissions être que l'église dont nous faisons partie est l'église véritable, apostolique, universelle, il n'en demeure pas moins certain que sans la sanctification personne ne verra Dieu, v. 17, etc.

2. La supériorité des connaissances religieuses doit nous inspirer le désir, d'abord de marcher nous-mêmes dans la bonne voie, puis d'y conduire les autres ; prêcher contre le mal que nous commettons nous-mêmes, c'est aggraver notre culpabilité sans faire du bien à autrui, v. 18, etc.

3. Les chrétiens doivent se rappeler qu'ils sont des épîtres de Jésus-Christ connues et lues de tous les hommes ; que Dieu est honoré par la sainteté de leur vie, et que son nom est blasphémé quand ils font le mal, v. 23,24.

4. Partout où la vraie religion déchoit, on voit croître la disposition à mettre une importance exagérée aux cérémonies extérieures. Quand les Juifs eurent perdu leur spiritualité, ils supposèrent que la circoncision avait le pouvoir de les sauver. « Grande est la vertu de la circoncision », s'écriaient-ils, « pas un circoncis ne va en enfer ». Quand l'église chrétienne eut perdu sa spiritualité, elle enseigna que l'eau du baptême lavait les péchés. Combien est grande la masse des chrétiens de nom, dont toutes les espérances reposent sur l'idée qu'il y a une efficace inhérente aux cérémonies extérieures ! v. 25, etc.

5. Si c'est un extrême dangereux de faire consister la religion dans les cérémonies extérieures, c'en est une autre de les déprécier lorsqu'elles sont d'institution divine. Paul ne dit pas que la circoncision fût inutile : il en reconnaît expressément la valeur. Semblablement, les sacrements chrétiens, le baptême et la sainte-cène, sont de la plus haute importance, et c'est un grand péché de les rejeter ou de les négliger, v. 26, etc.

6. Si notre cœur est droit devant Dieu, il importe peu quel jugement les hommes peuvent porter sur nous ; à l'inverse, l'approbation des hommes est un bien pauvre supplément là où manque la faveur de Dieu, v. 29.

CHAPITRE 3

SOMMAIRE.

Ce chapitre peut se diviser en trois sections. La première contient l'exposé et la réfutation, en peu de mots, des objections judaïques contre le raisonnement de l'apôtre, v. 1-8. La seconde, la confirmation de sa doctrine par le témoignage de l'Écriture ; puis l'énoncé formel de la conclusion qui résulte des prémisses qu'il a posées, savoir que « nulle chair ne peut être justifiée devant Dieu par les œuvres de la loi, v. 9-20. La troisième expose le moyen de salut qu'offre l'évangile, v. 21-31.

CHAPITRE 3.1-8.

ANALYSE.

La première objection que Paul suppose contre son raisonnement, c'est que, d'après sa doctrine, le Juif n'aurait nul avantage sur le Gentil, v. 1. L'apôtre nie la légitimité de cette prétendue conséquence de ce qu'il a dit, et reconnaît que les Juifs avaient de grands avantages sur tout autre peuple, v. 2. Seconde objection : Dieu ayant promis d'être le Dieu des

Juifs, leur infidélité, fût-elle reconnue, ne le relève pas de ses engagements et ne détruit pas l'effet de sa promesse, v. 3. Paul dans sa réponse, reconnaît qu'on ne saurait mettre en question la fidélité de Dieu, quoiqu'il arrive, v. 4,5 ; mais il montre que le principe en vertu duquel les Juifs s'attendaient à être exemptés du châtiment, savoir que leur injustice faisait ressortir la justice de Dieu, que ce principe était faux. C'est ce qu'il prouve en montrant, d'abord, que si le principe était vrai, Dieu ne pourrait punir personne, ni Juif ni Gentil, versets 5,6,7 ; ensuite, qu'il conduirait à cette conséquence absurde, qu'on a raison de faire du mal pour qu'il en résulte du bien, v. 8.

COMMENTAIRE.

1. *Quel est donc l'avantage du Juif ? ou quelle est l'utilité de la circoncision ?* La conclusion à laquelle l'apôtre était arrivé à la fin du chapitre précédent, c'est que les Juifs aussi bien que les Gentils, doivent être jugés selon leurs œuvres, et d'après la connaissance qu'ils ont de la volonté divine ; et que, jugés sur cette règle, ils sont exposés à la condamnation malgré la circoncision et tous leurs autres avantages. L'objection qui devait se présenter le plus naturellement à l'esprit d'un Juif à l'ouïe de cette conclusion, c'est qu'elle ne pouvait se concilier avec la supériorité et les privilèges reconnus de sa nation. C'est cette objection que l'apôtre suppose ici. Il pose lui-même l'obstacle devant lui pour avoir l'occasion de l'écarté. Le mot grec traduit par *avantage,* signifie proprement *ce qui dépasse, l'excès,* et de là *prééminence, supériorité.* C'est le sens qu'il a dans cet endroit : « Quelle est donc la prééminence du Juif sur le Gentil ? Votre raisonnement détruit toute supériorité de ce genre » ; comp. sur l'usage de ce mot, Ma 5.47 ; 11.9. Le second membre du verset est à peu près synonyme du premier ; la circoncision pouvant être prise pour le signe du Judaïsme, on pourrait l'entendre ainsi : « Quel profit y a-t-il à être Juif » ? Néanmoins, comme Paul, dans le chapitre précédent, a fait de la circoncision un motif distinct de sécurité, et vu l'extrême importance que les Juifs y attachaient, il est probable qu'il est question ici du rite lui-même.

2. *Cet avantage est grand à tous égards : principalement en ce que les oracles de Dieu leur ont été confiés.* C'est ici la réponse à l'objection du v. 1, réponse qui consiste à nier la justesse de la conclusion qu'on prétendait tirer du raisonnement de l'apôtre. De ce que les Juifs doivent être jugés selon leurs œuvres, il ne s'ensuit pas qu'il n'y ait aucun avantage à être le peuple de Dieu , à posséder une révélation divine, etc. Paul reconnaît donc pleinement que les avantages des Juifs étaient grands sous tous les rapports. Le mot que nous traduisons *principalement* peut être expliqué diversement. En suppléant le verbe *être,* on pourrait traduire : « *Le principal* (de ces avantages) *est* » ; ainsi Bèze, Morus et d'autres ; voyez Lu 15.22 ; 19.47. Ac 25.2. Ou bien on peut rendre le mot par un adverbe, soit comme ont fait nos versions, *principalement, surtout* ; Ma 6.33 ; 2 Pi 1.20 ; soit encore, ce qui est peut-être plus naturel, *premièrement, en premier lieu.* Vainement objecterait-on qu'il n'y a point d'énumération subséquente, point de *secondement* ; car il n'est pas rare de voir Paul abandonner une construction commencée ; voyez 1.8. *Leur ont été confiés.* La tournure qui dans l'original répond à ces quatre mots est une de celles qui reviennent fréquemment dans les épîtres de Paul ; voyez 1 Co 9.17 ; Ga 2.7 ; 1 Th 2.4. Tit 1.3. *Les oracles de Dieu.* Le mot grec rendu par *oracles* s'emploie ordinairement chez les profanes dans le sens restreint de *déclarations prophétiques* ; mais dans la Bible il est pris dans un sens étendu, pour *paroles,* *discours* en général. No 24.4 ; Ps 19.15, « que les *propos* de ma bouche, etc. » De là il sert à désigner les révélations divines de toute espèce ; Ac 7.38 ; Hé 5.12 ; 1 Pi 4.11. Rien donc n'oblige à restreindre ici cette expression aux prophéties ou aux promesses de Dieu : il faut l'entendre de toutes ses révélations, c'est-à-dire des Écritures.

3. *Mais quoi ? si quelques-uns n'ont point cru, leur infidélité anéantira-t-elle la fidélité de Dieu ?* Ce verset présente de grandes difficultés. Le raisonnement de l'apôtre est souvent si concis, ses transitions si subites et ses énoncés si elliptiques, qu'il arrive fréquemment que sa pensée est douteuse, et que le lecteur est obligé de choisir entre deux interprétations ou plus. Ici, par exemple, le verset qui nous occupe peut exprimer ou la pensée de l'apôtre ou celle d'un adversaire. Dans la première supposition, le passage peut s'expliquer de diverses manières. On pourrait voir ici une continuation de la réponse à l'objection du v. 1. « Les avantages du Juif sont très grands, et quand même, comme j'ai prouvé que c'était le cas en effet, un grand nombre d'entre eux ont été infidèles, cela n'invalide pas les promesses de Dieu, et ne rend pas moins éclatantes les faveurs qu'ils ont reçues de sa main. Du milieu d'eux est sorti le Messie ; par leur moyen, la vraie religion doit se répandre dans le monde, et ils doivent finalement être rétablis en corps de nation, etc. » Mais cette interprétation ne va pas bien au contexte, ni à l'objet du raisonnement de l'apôtre. Il n'avait pas prouvé que quelques-uns d'entre eux seulement étaient infidèles et seraient rejetés : il n'en est pas à traiter le sujet du rejet des Juifs, qu'il développera si amplement ch. 11 ; il avait prouvé que *tous* ils étaient sous la condamnation ; que leurs avantages particuliers ne pouvaient leur être d'aucun secours ; qu'à l'égard de la justification, eux et les Gentils se trouvaient sur le même terrain. Le but de Paul n'est donc pas ici de montrer que leur rejet comme peuple de Dieu était compatible avec les promesses et la fidélité divines : c'est ce qu'il fera plus tard. C'est le sujet de la justification qu'il a en vue présentement.

Il semble donc plus naturel de voir dans ce verset l'objection d'un adversaire, et dans ce qui suit la réponse de l'apôtre. L'objection serait, que la doctrine de Paul sur la condamnation qui pesait sur les Juifs était incompatible avec les promesses de Dieu. « Quoi donc ? eussions-nous été infidèles, fussions-nous aussi désobéissants, aussi pervers que vous le prétendez cela pourrait-il invalider les promesses de Dieu ? Sera-t-il infidèle de son côté ? N'a-t-il pas promis d'être notre Dieu, et que nous serions son peuple ? Ce sont là des promesses dont notre conduite bonne ou mauvaise ne saurait suspendre l'effet ». On peut faire observer à l'appui de cette interprétation, que le fait qu'ils étaient le peuple élu de Dieu, était un des principaux motifs de sécurité des Juifs. Leur grande objection contre l'application que Paul prétendait faire des principes généraux de justice à leur cas particulier, c'est que Dieu ne devait pas en agir avec eux comme avec les autres hommes. « Dieu nous a choisis en Abraham pour être son peuple. Si nous conservons par la circoncision et l'observance de la loi la relation que nous soutenons avec lui, nous ne serons jamais traités comme les Gentils et condamnés avec eux. » Le Nouveau Testament nous offre des traces de cette opinion, que des auteurs juifs professent ouvertement. Mt 3.9, « ne présumez pas de dire en vous-mêmes, nous avons Abraham pour père ». Jn 8.33, « nous sommes la postérité d'Abraham ». Voyez Ro 2.17 ; 9.6, et autres passages, où Paul a en vue de prouver que la qualité de descendant naturel d'Abraham ne suffit pas pour assurer la faveur de Dieu. On peut se convaincre que telle était en effet la doctrine des Juifs, par de nombreux passages de leurs écrits cités par Eisenmenger, dans son Entdecktes Judenthum, (*Judaïsme dévoilé*). Abarbanall, par exemple dans son livre *Rosch Amanah,* dit qu'un Juif eût-il commis toute espèce de péchés, « il était à la vérité du nombre des Israélites pécheurs, et serait puni selon ses fautes ; mais il avait néanmoins sa part à la vie éternelle ». La même opinion se trouve énoncée presque dans les mêmes termes dans le livre *Torath Adam,* et la raison en est assignée : « c'est que tout Israël a part à la vie éternelle. » C'est là un adage favori des Juifs, et qui revient sans cesse dans leurs écrits. Justin Martyr, cité par Grotius à l'occasion de ch. 2.13, leur attribue cette doctrine dans les termes les plus exprès : « Ils supposent que le royaume éternel sera donné à tous les descendants d'Abraham sans exception, quelque pécheurs et désobéissants qu'ils puissent être ». L'interprétation que nous examinons attribue donc à notre verset l'objection que les Juifs devaient naturellement élever. Il est une autre considération en sa faveur, c'est qu'elle rend bien plus naturel et plus facile le texte entre ce verset et les suivants, 4,5,6, comme on le verra par la suite. Les mots que nous avons traduits *n'ont pas cru* et *incrédulité*, peuvent très bien se traduire, sans qu'on s'écarte du sens qu'ils ont ailleurs, *ont été infidèles,* et *infidélité.* Cette version est nécessaire pour mettre de l'harmonie entre les différentes parties du verset, et bien exprimer la pensée de l'apôtre. « Quoi ? si quelques-uns ont été infidèles, leur infidélité anéantiratelle la fidélité de Dieu » ? Par cette *infidélité* des Juifs il faut entendre, n'ont pas qu'ils n'aient pas conservé intact le dépôt des Écritures qui leur avait été confié, mais qu'ils n'ont pas agi d'une manière conforme aux relations qu'ils soutenaient avec Dieu, qu'ils n'ont pas été fidèles à leurs devoirs ou à leurs privilèges. Cette expression comprend tout ce dont l'apôtre avait déclaré les Juifs coupables, et sur quoi il avait motivé leur condamnation. Ils étaient infidèles à leur part de l'alliance que Dieu avait traitée avec eux.

4. *À Dieu ne plaise ! mais que Dieu soit véritable, et tout homme menteur ; selon qu'il est écrit : afin que tu sois trouvé juste dans tes paroles, et que tu triomphes quand tu es jugé.* Il a été objecté dans le verset précédent que la doctrine de l'apôtre sur la condamnation des Juifs était incompatible avec la fidélité de Dieu. « La fidélité de Dieu est-elle donc anéantie » ? demande l'adversaire. « Non sans doute, répond l'apôtre, ce n'est pas là une conséquence légitime de ma doctrine : que Dieu soit juste, et tout homme menteur. La condamnation des Juifs infidèles n'implique pas la violation des promesses de Dieu. Les promesses sont faites à la postérité spirituelle d'Abraham, non à sa postérité naturelle ; elles s'accompliront à la lettre, et par conséquent ne sont pas incompatibles avec la condamnation des Juifs incrédules ». Voilà ce qui est compris dans cette forte négation de l'apôtre, qu'il développera tout au long chap. 9-11.

À Dieu ne plaise. C'est là une traduction bien fautive d'une locution qui revient fréquemment dans l'original, et qui veut dire littéralement, *qu'ainsi n'advienne* [1] ; elle équivaut par conséquent à *nullement, loin de là.* L'Écriture n'autorise pas un semblable usage du nom de Dieu. *Véritable* veut dire ici *fidèle,* comme l'indique le contexte ; c'est aussi le sens de ce mot Jn 3.33 et ailleurs ; *menteur* représente l'idée opposée, celle d'*infidèle.* L'idée est celle-ci : « Que Dieu soit, c'est-à-dire soit reconnu fidèle, quelles qu'en puissent être les conséquences. Il faut que cela soit vrai, et tout ce qui s'y oppose est faux ». Cette disposition à justifier Dieu dans tous les cas et à tous prix, est illustrée par l'exemple de David, qui reconnaît la justice de Dieu dans sa propre condamnation, en disant : « C'est contre toi proprement que j'ai péché ; afin que tu sois trouvé juste en tes paroles, et que tu

[1] Dorénavant nous la traduirons ainsi.

triomphes quand tu es jugé », c'est-à-dire, afin qu'on reconnaisse en toute occasion ta parfaite droiture. Paul suit dans cette citation de Ps 51.6 la version des Septante. Il y a dans l'hébreu : « Afin que tu sois connu juste quand tu parles, et trouvé pur quand tu juges ». L'idée fondamentale est la même dans les deux cas. Dieu est juste, et sera toujours trouvé tel. On a essayé de faire concorder strictement la citation avec l'original, en donnant ici à *paroles* le sens de *jugements,* et prenant le verbe passif, *être jugé,* dans le sens actif, *quand tu juges.* Mais les règles de la grammaire ne permettent pas cette accommodation, et de plus l'expression *triompher* ne peut pas s'employer en parlant d'un juge, bien que, selon la remarque de Wettstein, elle se dise fréquemment de celui qui gagne sa cause en jugement. D'ailleurs il est inutile de chercher à produire cet accord littéral entre les deux passages. Les écrivains sacrés du Nouveau Testament citent souvent l'Ancien en s'attachant seulement à donner le sens de l'original, et sans reproduire exactement les mots [1]. Si l'on admettait l'autre interprétation de ce passage, celle qui voit dans le v. 3 la pensée de l'apôtre lui-même, il faudrait entendre un peu différemment celui-ci. Les Juifs, comme Paul le reconnaît, ont de grands avantages v. 2. Et même l'infidélité d'une grande partie de la nation n'annulera pas l'effet des promesses de Dieu v. 3. Ces promesses ne peuvent pas manquer leur effet. Loin de là, il faut que Dieu soit fidèle, quelles qu'en puissent être les conséquences v. 4. Bien qu'à s'en tenir à cette vue générale, ces versets puissent paraître s'enchaîner naturellement, cependant si on les prend dans la forme sous laquelle les présente l'apôtre, l'autre interprétation paraîtra s'accorder mieux avec le contexte, et avec la relation

[1] Scimus apostolos in recitandis scripturæ verbis sæpe esse liberiores : quia satis habebant si ad rem apposite citarent ; quare non tanta illis fuit verborum religio. – Calvin.

naturelle des différentes parties du passage. « Votre doctrine n'est-elle pas incompatible avec les privilèges des Juifs ? dirait l'adversaire. Non, répond Paul, je reconnais que ces privilèges sont importants et variés. – Mais n'est-elle pas incompatible avec les promesses de Dieu ? reprend le Juif. Nullement, réplique l'apôtre : ces promesses s'accompliront pleinement ». Ici se termine sa réponse ; *comment* les promesses de Dieu sont-elles compatibles avec la condamnation du peuple juif jugé d'après les mêmes principes généraux que les Gentils, c'est ce qu'il montrera tout au long en temps et lieu, vers la fin de l'épître, ch. 9-11.

5. *Mais si notre injustice recommande la justice de Dieu, que dirons-nous ? Dieu est-il injuste quand il punit ? Je parle comme les hommes.* Voici une autre objection imaginée par l'esprit artificieux du Juif. « Non seulement la fidélité de Dieu est intéressée à notre salut, mais le fait même de notre injustice ne peut que rendre sa propre justice plus éclatante. Conséquemment il serait injuste à lui de nous punir pour ce qui le glorifie ». Ce passage présente quelque obscurité, résultant de sa forme interrogative, et de ce que le langage se trouve dans la bouche de l'apôtre, tout en exprimant la pensée d'un adversaire ; mais le fond de l'objection est évidemment que Dieu ne sautait légitimement punir ceux dont l'injustice lui sert déployer sa propre droiture. Il est facile de voir que ces objections supposent toutes que le Juif se croyait en sécurité derrière l'alliance que Dieu avait traitée avec ses pères. La fidélité de Dieu rendait certaine la réalisation de toutes les bénédictions promises, et l'indignité des Juifs n'était point pour eux un motif de condamnation, puisqu'elle faisait éclater davantage la bonté et la fidélité de Dieu. Les mots *justice* et *injustice* sont ici des termes génériques, dont le premier comprend toute espèce d'excellence morale, et le second représente l'idée opposée. Ainsi les mêmes idées qui avant et après ce verset sont exprimées en termes plus définis, *fidélité* et *infidélité, vérité* et *mensonge,* sont exprimées ici d'une manière plus générale. Le mot grec rendu ici par *recommander,* outre le sens propre de *recommander,* qu'il a par exemple 16.1, signifie aussi *manifester, faire ressortir, mettre dans tout son jour* ; ex. 5.8, Dieu *signale* son amour envers nous ». 2 Co 7.11, « vous avez *montré* (clairement manifesté) que vous étiez purs dans cette affaire ». Ga 2.18, « je me *déclare* moi-même transgresseur ». Telle est évidemment le sens du mot dans notre passage. « Si notre injustice fait ressortir avec plus d'éclat la justice de Dieu, que dirons-nous ? que faudra-t-il conclure de ce fait ? sera-ce, que Dieu est injuste de punir ? Loin de nous cette pensée ». *Quand il punit,* littéralement, « quand il inflige la *colère* », même mot que 1.18 ; 2.5 ; *colère* est ici par métonymie pour l'effet de la colère, le châtiment. Pour montrer qu'il n'exprimait pas dans ce verset sa propre pensée, Paul ajoute, « je parle *comme les hommes* ». Cette locution, qui veut dire, en général, « comme les hommes ont coutume de parler ou d'agir », revient souvent dans les écrits de Paul, et avec des sens différents suivant le contexte. Quelquefois elle veut dire « d'une manière appropriée à l'intelligence humaine », 6.19 ; comme lorsqu'il est dit de Dieu qu'il parle ou agit à la manière des hommes ; ailleurs, cette locution veut dire : « Comme les hommes parlent ou agissent ordinairement », c'est-à-dire d'une manière mauvaise, 1 Co 3.3. Ailleurs encore elle sert à introduire un exemple tiré de la vie ordinaire, 1 Co 9.8 ; Ga 3.15. Enfin elle s'emploie aussi, comme c'est le cas ici, pour déclarer que l'écrivain n'exprime pas ses propres sentiments : « Je parle comme les autres, j'emploie leur langage et non le mien ». C'était le Juif et non pas l'apôtre qui objectait que Dieu ne pouvait nous punir puisque notre perversité donnait à sa bonté plus d'éclat. Voici du reste comment il répond à ce raisonnement et à la question qu'il s'était faite à lui-même.

6. *Qu'ainsi n'advienne ! autrement, comment Dieu jugera-t-il le monde ?* Il nie qu'il y ait le moindre fondement à cette objection, et montre que, si elle était fondée, Dieu ne pourrait pas juger le monde du tout. Le monde ici ne désigne pas exclusivement une certaine classe d'hommes, mais les hommes en général, bien que l'apôtre puisse avoir en vue d'une manière plus spéciale les Gentils. Il est clair que tous les hommes devraient échapper au châtiment, si l'on admettait une fois que Dieu ne saurait punir ceux dont la perversité peut lui fournir l'occasion d'exalter quelqu'une de ses perfections. Les Juifs admettaient sans difficulté que les Gentils devaient avoir part au châtiment, et par conséquent ils ne pouvaient nier la fausseté d'un principe qui les en exempterait.

Le mot traduit par *juger* peut s'entendre dans le sens général: « Comment remplira-t-il les fonctions de juge du monde » ? ou bien dans le sens restreint de *condamner* : « Comment pourra-t-il condamner le monde » ? Dans ce dernier cas, le monde désignerait spécialement les païens, par opposition aux Juifs, le peuple de Dieu. Ce terme s'emploie souvent par opposition à l'église ou aux disciples de Jésus-Christ ; ex. Jn 5.18,19 : « Si le *monde* vous hait » ; « si vous eussiez été du *monde* », etc. Toutefois, la première interprétation est plus naturelle.

7. *Car si la vérité de Dieu est par mon mensonge plus abondante pour sa gloire, pourquoi suis-je encore jugé comme pécheur ?* C'est ici une répétition, sous une forme plus précise, de l'objection du v. 5. Les termes généraux de *justice* et *d'injustice* sont remplacés par des expressions plus précises, la *vérité* et le *mensonge*. Paul reprend le rôle d'un adversaire, et demande : « Puis-je être avec justice traité comme pécheur, quand par mon mensonge ou mon infidélité à l'alliance, la vérité ou la fidélité de Dieu se déploie d'une manière plus éclatante, à sa gloire » ? La *vérité* de Dieu peut s'entendre dans le sens général d'excellence morale, voyez 2.8, où *vérité* fait opposition avec *injustice* ; ou bien dans le sens de *véracité*, fidélité aux promesses ; comp. 15.8. Le *mensonge* ici représente évidemment l'idée opposée, la *perfidie*, le manque de fidélité. Il y a dans le grec un terme particulier qui ne se trouve qu'en ce seul endroit du Nouveau Testament.

Est plus abondante, c'est-à-dire « paraît plus abondante » ; ou bien on pourrait prendre le mot dans le sens de *valoir mieux, surpasser,* comme Mt 5.20 : « Si votre justice ne surpasse celle des scribes », etc. 1 Co 8.8 : « Si nous mangeons nous n'en avons rien davantage » , etc. « Si la vérité de Dieu devient plus grande, plus éclatante », etc. *Pour sa gloire*, ou *à sa gloire,* c'est-à-dire en sorte qu'il soit glorifié. *Pourquoi suis-je encore jugé comme pécheur ?* c'est-à-dire condamné, ou puni comme tel.

8. *Et pourquoi pas plutôt (selon qu'on nous en accuse faussement, et comme quelques-uns affirment que nous disons) ne faisons-nous le mal qu'il en arrive du bien ? Gens dont la condamnation est juste.* Le sens de ce verset est clair, bien que la construction grammaticale soit irrégulière dans l'original. Une des manières les plus simples de résoudre cette construction, c'est de suppléer le verbe *dire.* « Pourquoi ne disons-nous pas (comme quelques-uns nous accusent faussement de le dire), faisons du mal pour qu'il en arrive du bien »[1]. D'autres résolvent la phrase ainsi : « Pourquoi ne faisons-nous pas du

[1] « C'est une sentence qui n'est pas entière, et en laquelle il faut suppléer quelque chose. Elle sera pleine quand nous la résoudrons ainsi : Et pourquoi ne dit-on plutôt (comme on nous reproche, etc.) qu'il faut faire des maux afin que biens en adviennent » ? – Calvin.

mal afin qu'il en arrive du bien, comme quelques-uns nous accusent faussement de l'enseigner » ? [1]. Il paraît donc qu'ici Paul, comme cela lui arrive souvent, abandonne la construction qu'il a commencée ; voyez Ga 2.3-5. Il avait d'abord l'intention de dire : « Pourquoi ne faisons-nous pas du mal, etc. » Mais s'étant interrompu par une parenthèse, il fait dépendre la fin du verset, sous le rapport grammatical, du mot *dire* qui se trouve dans la parenthèse, au de la rattacher au commencement de la phrase. Voyez Winer, grammaire.

Gens dont la condamnation est juste ; savoir ceux qui adoptaient le principe de faire du mal pour qu'il en résulte du bien ; non ceux qui calomniaient l'apôtre. Ce verset contient la réponse de Paul au principe en vertu duquel les Juifs infidèles s'attendaient à être exemptés du châtiment. « Notre infidélité sert à faire briller la fidélité de Dieu ; nous ne devons donc pas être punis ». « Si ce raisonnement était juste, répond l'apôtre, il en résulterait que plus nous sommes pervers mieux cela vaut. Car plus nous sommes pervers, plus brillera la bonté divine dans notre pardon ; nous pouvons donc faire le mal pour qu'il en résulte du bien ». Paul reconnaît souvent, comme il le fait ici, l'autorité souveraine des sentiments moraux naturels à l'humanité. Il a réduit le raisonnement des Juifs à une conclusion qui choque le sens moral, et l'a réfuté par là même. Ayant ainsi démontré que les Juifs ne pouvaient fonder sur ce qu'ils étaient le peuple de Dieu l'espérance d'être exemptés du châtiment, si ce n'est en vertu de principes incompatibles avec le gouvernement du monde, comme avec les plus simples vérités morales, il énonce, dans le verset suivant, sa conclusion, que le Juif, à l'égard de la justification, n'avait aucun avantage sur le Gentil.

---

[1] Cur non agemus mala, ut inde tantum bonum, Dei scilicet gloria, proveniat ? Est transpositio quales multæ apud Hebræos : *mè ito* pro *oti mè* cur non. – Grotius.

DOCTRINES.

1. Il y a de grands et nombreux avantages à être membre de l'église même extérieure, et à participer à ses institutions, v. 1,2.

2. Le grand avantage du monde chrétien sur le monde païen, et des membres du corps ecclésiastique visible sur ceux dont la position est différente , c'est la somme plus grande de vérité divine qui est présentée à leur intelligence et à leur cœur, v. 2.

3. Tous les écrits que les Juifs, à l'époque de Christ et des apôtres, regardaient comme inspirés, sont effectivement la parole de Dieu, v. 2.

4. On ne peut jamais légitimement alléguer une promesse ou une alliance de Dieu pour assurer l'impunité à ceux qui vivent dans le péché. Dieu est fidèle à ses promesses, mais il ne promet jamais de pardonner aux pécheurs impénitents, v. 3,4.

5. Dieu tirera sa louange de la colère des hommes, leur injustice fera briller sa justice avec plus d'éclat, sans que leur condamnation soit pour cela moins certaine ou moins sévère, v. 5,6.

6. Toute doctrine incompatible avec les premiers principes de morale est nécessairement fausse, quelque plausibles que puissent être les arguments métaphysiques en sa faveur. Et c'est raisonner d'une manière légitime, que de réfuter de telles doctrines en montrant leur incompatibilité avec la vérité morale, v. 8.

RÉFLEXIONS.

1. Nous devrions sentir vivement la responsabilité particulière qui pèse sur nous comme habitants d'un pays chrétien, membres de l'église chrétienne, et possédant la parole de Dieu : à tous ces titres, nous possédons des avantages dont nous aurons à rendre un compte exact, v. 1,2.

2. C'est une marque de la vraie piété, d'être toujours disposé à justifier Dieu et à nous condamner nous-mêmes. Au contraire, la disposition à nous justifier nous-mêmes et à atténuer nos péchés, fût-elle secrète, indique l'absence d'un sentiment convenable de notre propre indignité et de l'excellence divine, v. 4,5.

3. Gardez-vous de tout refuge contre la crainte d'un châtiment à venir, qui serait fondé sur l'espérance que Dieu tiendra le coupable pour innocent, ou qu'il ne jugera pas le monde et laissera nos péchés sans punition, v. 6,7.

4. On ne saurait alléguer de preuve plus forte contre une doctrine, que de faire voir qu'elle a une tendance immorale. Et il ne saurait y avoir de preuve plus forte qu'un homme est pervers et mérite la condamnation, que le fait qu'il fait du mal pour qu'il en résulte du bien. Dans des cas pareils, au mal de l'action commise se joint ordinairement celui de l'hypocrisie et de la duplicité, v. 8.

5. Les vérités spéculatives et morales, qui s'imposent d'elles-mêmes à la croyance, aussitôt qu'elles sont présentées à l'esprit, devraient être considérées comme des points établis et faisant autorité dans tous les raisonnements. Lorsque les homme nient ces principes primitifs, ou qu'ils essaient de les dépasser pour chercher à la vérité une base plus reculée, il n'y a plus de fin à l'obscurité, à l'incertitude et à l'absurdité de leurs systèmes. Quand il s'agit de vérités que Dieu nous oblige à croire par la constitution même de notre nature, comme, par exemple, l'existence du monde extérieur, notre identité personnelle, la différence entre le bien et le mal, etc., c'est enfreindre à la fois la volonté divine et les lois de la raison que de les nier ou de les mettre en question. L'apôtre

Paul pose comme un fait axiomatique, qu'il n'est pas permis de faire du mal pour qu'il en résulte du bien, v. 8.

CHAPITRE 3.9-20.

ANALYSE.

Après avoir répondu aux objections élevées contre sa thèse que les Juifs, étant pécheurs devant Dieu, étaient comme tels exposés à la condamnation, l'apôtre tire, v. 9, la conclusion qui ressortait naturellement de ce qui précède, savoir qu'ils n'ont, à l'égard de la justification, aucun avantage sur les Gentils. Il confirme ensuite sa doctrine sur la corruption générale des hommes, par de nombreuses citations de l'Ancien Testament. Ces citations sont relatives, d'abord à la dépravation humaine en général, v. 10-12 ; puis à ses manifestations spéciales, soit par les péchés de la langue, v. 13,14 ; soit par ceux de la conduite, v. 15-18. La conclusion de toute cette argumentation, conclusion fournie par la conscience, l'expérience et l'Écriture, c'est que « le monde entier est coupable devant Dieu », v. 19 ; et la conséquence nécessaire, c'est que « nulle chair ne peut être justifiée par les œuvres de la loi », v. 20.

COMMENTAIRE

9. *« Quoi donc ? avons-nous* sur eux *la prééminence ? Nullement.* Quelle est donc, demande l'apôtre, la conclusion de tout ce raisonnement, quant à l'état moral et au caractère des Juifs et des Gentils ? Nous Juifs sommes-nous dans une situation plus favorable ? Nullement ». *Avons-nous la prééminence.* Si l'on adopte cette version, qui est la version ordinaire, il s'agit, comme le montre le contexte, de la prééminence à l'égard de l'objet en discussion : « Sommes-nous placés plus favorablement pour obtenir la faveur divine » ?

Paul avait reconnu sans difficulté que sur d'autres points les Juifs avaient la prééminence, ou qu'ils possédaient beaucoup d'avantages ; mais à l'égard de la justification devant Dieu, eux et les Gentils se trouvaient exactement sur la même ligne. Mais on peut contester cette interprétation du verbe grec employé dans cet endroit. Ce verbe ne se trouve pas ailleurs dans le Nouveau Testament, et dans la forme particulière sous laquelle il apparaît ici , il peut être traduit par l'actif, le passif ou le moyen. À la forme active, ce verbe, qui veut dire littéralement *avoir devant* ou *tenir devant,* signifie très souvent *avoir la prééminence* ; mais on n'a point d'exemple qu'il ait ce sens avec la forme moyenne, qui est employée ici. À cette forme il veut, dire *avoir* ou *tenir devant soi,* comme par exemple un bouclier, ou au figuré, *un prétexte, une excuse.* D'après cela plusieurs interprètes traduisent : « Avons-nous quelque excuse à présenter ? pouvons-nous nous défendre » ? Wettstein voit ici le passif : *Ont-ils sur nous la prééminence ?* ce qui ne convient pas au contexte. L'interprétation ordinaire, qui, donne au moyen le sens de l'actif, a pour elle l'accord qu'elle présente avec le contexte, et le témoignage uniforme de toutes les anciennes versions, comme des interprètes grecs et latins.

La réponse que fait Paul à la question qu'il pose lui-même, peut se traduire, ou bien, *pas entièrement,* pas à tous égards, auquel cas l'adverbe limiterait la négation, comparez 1 Co 5.10 ; ou bien *nullement,* l'adverbe alors renforçant la négation. Cette dernière version est celle qui va le mieux ici. Car les Juifs, d'après la doctrine de Paul, n'avaient aucun avantage sur les Gentils quant à la justification devant Dieu.

L'apôtre allègue ensuite la raison pour laquelle il a pu dire que les Juifs n'ont point d'avantage sur les Gentils , en tant qu'il s'agit de la justification. *Car nous avons prouvé ci-dessus, que tous, tant Juifs que Gentils, sont sous le péché.* Le mot rendu par *prouver,* signifie proprement *porter une accusation contre quelqu'un,* et ici, *prouver la vérité d'une accusation.* L'apôtre n'avait pas seulement accusé, il avait prouvé son accusation. Sont *sous le péché,* c'est-à-dire *sous la puissance du péché,* soumis à ses conséquences funestes , 1 Co 15.17. Jn 15.22 ; ou bien, *sous la coulpe du péché,* car le mot *péché* désigne la *coulpe* du péché, Ro 7.14,25 ; 6.14, etc. etc. Il est probable qu'il faut réunir ici les deux idées : Paul avait prouvé que tous étaient *pécheurs*, c'est-à-dire à la fois corrompus et soumis à la condamnation.

Le fait de la corruption universelle de l'humanité est confirmé par le témoignage de l'Écriture, dans les versets 10-18. Ces passages ne forment pas une suite dans l'Ancien Testament ; ils y sont glanés çà et là. Les ***versets 10-12*** sont pris des Ps 14 et 53 ; ***v. 13,*** de Ps 5.10 ; ***v. 14,*** de Ps 10.7 ; ***v. 15-17,*** d'Ésaïe 59.7,8 ; et ***v. 18,*** de Ps 36.2. Ces passages, comme on le verra, sont de deux classes différentes ; l'une générale, et relative à l'état de péché de l'humanité entière ; l'autre spéciale, et relative à des péchés déterminés et prédominants allégués comme preuves de la corruption générale des hommes, d'après ce principe, « vous les connaîtrez à leurs fruits ». Cette manière d'argumenter est aussi légitime qu'elle est commune. On prouve le caractère national d'un peuple en allégant les actes spéciaux qui le manifestent. Il n'est pas nécessaire, par exemple, que chacun des habitants de la France manifeste sa gaîté en se livrant à la danse, pour que l'usage général de cet amusement soit une preuve légitime que la gaîté est un trait national du caractère français. De même il n'est pas nécessaire de prouver que chaque homme manifeste sa perversité en répandant le sang, pour que le retour fréquent de ce crime et d'autres crimes analogues soit une preuve que les hommes, pris en masse, sont corrompus.

10. *Selon qu'il est écrit : il n'y a point de juste, non pas même un seul.* C'est ici une déclaration générale de la corruption universelle de l'humanité. Cette proposition générale comprend deux idées, qui sont distinguées dans les deux versets suivants. Tous sont dépourvus de piété, v. 11 ; et tous conséquemment sont immoraux, v. 12.

11. *Il n'y a personne qui ait de l'intelligence,* c'est-à-dire qui voie les choses dans leur vraie nature ; qui ait des notions saines de Dieu. Des vues saines de la vérité sont nécessairement et invariablement accompagnées de l'affection pour la vérité. Quand l'esprit est éclairé d'en haut, les sentiments sont en harmonie avec les jugements de l'intelligence. Comparez 1 Co 2.14. C'est pour cela que dans l'Écriture, *intelligence* est si souvent synonyme de *piété,* voyez 1.21 ; et c'est pour cela qu'à cette première déclaration, « il n'y a personne qui ait de l'intelligence », Paul ajoute celle-ci qui en est le développement : « Il n'y a personne qui cherche Dieu ». Cette expression, *chercher Dieu,* comprend tous les actes du culte intérieur et extérieur qui sont le résultat de la connaissance que l'âme acquiert de l'excellence divine.

12. *Ils se sont tous égarés.* Aveuglés par le péché sur la beauté morale et les perfections de Dieu et de la vérité, ils se sont détournés du chemin qu'il a prescrit, et qui aboutit à lui-même; ils en ont choisi un autre qui conduit à une autre fin. *Ils sont tous ensemble devenus inutiles,* c'est-à-dire indignes, corrompus. Ce dernier adjectif exprime le sens littéral du mot hébreu, Ps 14.3. *Il n'y en a aucun qui fasse le bien, pas même un seul.* L'immoralité universelle est la conséquence de l'égarement universel loin de Dieu, voyez 1.24,26,28.

13,14. *Leur gosier est un sépulcre ouvert ; ils ont employé leurs langues à tromper, il y a du venin d'aspic sous leurs lèvres, leur bouche est pleine de malédiction et d'amertume.* Ces versets nous présentent une preuve spéciale de la corruption de l'humanité, celle qui résulte de la prédominance universelle, sous une forme ou sous une autre, d'un mauvais emploi de la parole. *Leur gosier est un sépulcre ouvert,* c'est-à-dire : « de leur gosier sortent des paroles non moins funestes et empestées que les exhalaisons fétides d'une tombe ouverte » ; ou bien, ce qui paraît plus probable d'après le trait suivant : « Leur gosier est toujours ouvert et prêt à dévorer comme le sépulcre insatiable et insidieux ». Ils blessent par la tromperie et la calomnie, qui sont comme un venin de vipère. *Leur bouche est pleine de malédiction et d'amertume*, c'est-à-dire d'imprécations amères, empreintes à la fois de malignité envers les hommes et d'impiété envers Dieu.

15,16,17. Nouvelle preuve fournie à l'apôtre en faveur de sa doctrine, par l'apparition fréquente des péchés de violence. *Leurs pieds sont légers pour répandre le sang,* c'est-à-dire ils se livrent fréquemment et sans remords au meurtre et à la violence. *La destruction et la misère sont dans leurs voies,* c'est-à-dire marquent le sentier qu'ils ont suivi. *Ils n'ont point connu le chemin de la paix.* Le chemin *de la paix* est celui qui conduit à la paix ou au bonheur. C'est surtout du bonheur des autres qu'il s'agit ici. « Ils ne suivent pas un train de vie propre à conduire au bonheur ». Ce dernier verset comprend donc toutes les manifestations de la méchanceté du cœur, qui se font voir dans les moyens innombrables employés par les hommes pour nuire à leurs semblables.

18. C'est encore ici la déclaration générale d'une perversité qui ne connaît point de frein. *Il n'y a point de crainte de Dieu devant leurs yeux.* Ils ne sont influencés par aucun égard pour la volonté ou le déplaisir de Dieu. Les considérations religieuses n'entrent pour rien dans la direction de leur conduite.

19. *Or, nous savons que tout ce que la loi dit, elle le dit à ceux qui sont sous la loi ; afin que toute bouche soit fermée devant Dieu.* Le mot hébreu qu'on traduit ordinairement par *loi,* veut dire *instruction, enseignement,* et s'emploie pour toute espèce de déclaration de la volonté de Dieu ayant pour but de diriger la conduite des hommes ; Jos. 1.8 ; És 8.16 ; Pr 1.8, etc. etc. C'est le contexte qui décide s'il s'agit de la règle générale de devoir qu'il a prescrite, ou d'une partie de cette règle seulement plus ou moins étendue. Semblablement, l'apôtre emploie le terme grec correspondant presque toujours dans le sens de règle du devoir ; que cette règle soit écrite dans le cœur, ou qu'elle soit contenue dans les Écritures de l'Ancien Testament ; soit dans tout le corps de ces Écritures, soit dans une partie seulement. En général, il est facile de déterminer, d'après le contexte, quelle loi, ou plutôt qu'elle partie de la loi ou de la règle du devoir il a particulièrement en vue. Ici évidemment cette expression, *la loi,* représente l'ensemble des Écritures qui contiennent la volonté de Dieu révélée pour que nous y obéissions. Les passages cités ci-dessus ne sont pas tirés du Pentateuque, de la loi au sens restreint, mais des psaumes et des prophètes ; voyez Jn 10.34 ; 1 Co 14.21, etc. *Ceux qui sont sous la loi,* littér. *dans la loi,* voyez 2.12 ; 1 Co 9.20. « Ce que disent les Écritures du caractère des hommes doit être appliqué à ceux auxquels ces Écritures sont spécialement adressées ». Les Juifs ne peuvent pas prétende que les passages cités sont relatifs aux Gentils ; se trouvant dans leur propre loi et leur étant adressés, ces passages doivent être considérés comme indiquant sous quel jour leur caractère et leur conduite paraissent devant Dieu.

Afin que toute bouche soit fermée, c'est-à-dire afin que les hommes soient privés de toute excuse, absolument réduits au silence. *Et que tout le monde soit coupable devant Dieu.* Le mot rendu par *coupable* se dit de quelqu'un qui a perdu sa cause, qui a été convaincu de culpabilité, *trouvé coupable.* Tel est donc le résultat auquel arrive l'apôtre, la conclusion de son raisonnement, fournie à la fois par la conscience, par l'expérience et par l'Écriture, c'est que le monde entier est coupable *devant Dieu,* c'est-à-dire à son jugement. *Le monde* ici comprend les Juifs et les Gentils, puisque l'argumentation qui précède est relative aux deux catégories, et qu'il est encore question de toutes deux dans ce qui suit.

20. *C'est pourquoi nulle chair ne sera justifiée devant lui par les œuvres de la loi ; car, par la loi* est donnée *la connaissance du péché.* Comparez Ps 143.2 : « N'entre point en jugement avec ton serviteur (n'appelle point sa cause devant toi) ; car nul homme vivant ne sera justifié devant toi (à ton tribunal) », c'est-à-dire acquitté ; non pas simplement pardonné, mais déclaré juste, déclaré être tel que la loi le demande. Tel est en effet l'idée renfermée dans le mot *juste,* ce qui est conforme à la règle de jugement[1]. De là des *œuvres justes,* 1 Jn 3.12, sont des œuvres conformes à la loi. *Justifier quelqu'un,* c'est donc le déclarer juste, prononcer que son caractère est conforme à la règle de la loi. C'est à quoi nul homme vivant ne peut atteindre, selon le Psalmiste, s'il est appelé en jugement au tribunal de Dieu ; et ce que nulle chair ne peut espérer, selon saint Paul, en vertu des œuvres de la loi. Le verbe *justifier,* dans l'Ancien Testament, lorsqu'il est employé à la forme simple, ne signifie pas tant *être pur,* ou *moralement bon,* que, *avoir le droit de son côté* ; Ge 38.26 ; Job 9.15 ; 13.18, « je sais que *je serai justifié* », que la loi est de mon côté. Dans ses autres formes (le pihel et l'hiphil) le verbe signifie déclarer de quelqu'un qu'il a le droit de son côté, ou que son caractère est conforme à la règle. Job 33.32, « si tu as de quoi parler, parle, car je désire *te justifier* », c'est-à-dire prononcer que tu es tel que la loi le demande ; És 5.23, « qui justifient le méchant pour des présents », c'est-à-dire qui prononcent que le méchant a le droit

[1] Voici la définition que donne Wahl du mot *dikaios* : *Omnibus numeris absolutus ; – qui talis est, qualis esse debet.*

de son côté ; « et qui ôtent à chacun des justes sa justice », c'est-à-dire qui privent ceux qui ont le droit de leur coté, des avantages attachés à ce caractère ; Pr 17.15, « celui qui *justifie* (déclare juste) le méchant, et celui qui *condamne* (déclare méchant) le juste, sont tous deux en abomination à l'Éternel. » Tous ces termes, juste, justice, justifier, condamner, sont des termes du barreau et s'expliquent mutuellement. Le premier est l'attribut d'un homme qui est tel que la loi le demande, ou qui a le droit pour lui ; Ex 9.27, « l'Éternel est juste, mais moi et mon peuple nous sommes méchants (nous avons tort) » ; 23.8, « le présent aveugle les sages, et pervertit les paroles du juste », c'est-à-dire fait qu'on n'a point d'égard à la cause de celui qui a le droit de son côté. Un juge juste, un jugement juste, un homme juste, un acte juste, sont tels en tant qu'ils sont conformes à la loi ; 2 Ti 4.8 ; Jn 7.24 ; Luc 12.57 ; Ro 2.13. – Le mot *justice* représente donc à la fois le caractère et la condition de celui qui est juste ; il désigne tantôt l'une, tantôt l'autre idée, suivant le contexte. C'est en général ce que demande la loi ; lorsqu'il est question des hommes, c'est la disposition ou le *caractère* qui les rend tels qu'ils doivent être [1], et qui leur donne droit aux avantages dévolus à ceux qui ont accompli la loi ; voyez 1.17. De là ce terme est souvent employé pour désigner la *condition* de ceux qui sont justes de cette manière ; És 5.23 ; Ga 3.21, etc. *Justifier,* c'est déclarer juste dans le sens qui vient d'être dit ; c'est prononcer à l'égard de quelqu'un qu'il est tel que la loi le demande, et qu'il a droit par conséquent aux avantages

[1] Indoles ejus, qui est qualis esse debet (Wahl). – « Il faut entendre par le mot *dikaiosunè* (justice) dans l'Ancien Testament, cette perfection de caractère et de conduite dans le sens théocratique, à laquelle était attaché, outre la bourgeoisie complète dans le sens théocratique, et la participation à tous les avantages qui appartenaient aux membres de la théocratie, le droit de prétendre à la félicité parfaite » (Néander).

promis à ceux qui sont justes dans ce sens [1] ; voyez les passages cités ci-dessus. De là, *« être juste* devant Dieu », et « *être justifié* devant lui », sont des locutions exactement synonymes, 2.13. Et « attribuer ou imputer la justice », ou assigner à quelqu'un l'excellence que demande la loi, et reconnaître le droit qu'il a d'être traité en conséquence, c'est là précisément l'idée de la justification ; aussi cette locution s'échange-t-elle avec le terme *justifier.* Ro 4.6, « David célèbre le bonheur de l'homme à qui Dieu impute (attribue) la justice sans les œuvres » ; v. 11, « afin que la justice leur fût aussi imputée, etc. etc. » Ainsi encore, « rendre juste », Ro 5.19, c'est justifier ; c'est considérer et traiter comme ayant la justice au sens qui vient d'être dit. À l'inverse, *condamner,* c'est déclarer coupable, et traiter en conséquence ; c'est prononcer à l'égard d'un homme qu'il est tel que la loi défend d'être, et qu'il mérite le châtiment qu'elle dénonce, Ex 22.9 ; De 25.1. Le mot hébreu signifie littéralement *rendre* ou *déclarer méchant*. Ps 94.21, « qui condamnent le sang innocent », qui prononcent sur l'innocent et le traitent comme s'il était coupable ; comp. Ps 109.7, « quand il sera jugé, fais qu'il soit *déclaré méchant*, litt. *qu'il sorte méchant* ». Job. 27.7, « qu'il en soit de mon ennemi comme du méchant », c'est-à-dire comme d'un homme convaincu de culpabilité, considéré et traité comme méchant. Voyez le commentaire du professeur Bush sur les psaumes, Ps 1.1.

Paul déclare donc ici que nul homme ne peut, au jugement de Dieu, être considéré comme juste et acquérir le droit d'être traité comme tel, en vertu de son obéissance à la loi. Cette assertion, en tant qu'elle est une conséquence de l'argumentation qui précède, suppose l'admission préliminaires de deux principes, qu'emporte nécessairement la nature même

[1] Talem aliquem agnosco, declaro et tracto, qualem esse debet. – WAHL.

de la loi. Le premier est que la loi demande une obéissance parfaite ; le second, que la pénalité qu'elle dénonce doit nécessairement être infligée. Il faut admettre le premier, parce qu'autrement le simple fait que tous les hommes ont transgressé la loi ne prouverait pas que la loi ne puisse pas les absoudre, puisque dans cette supposition une certaine somme de transgression serait nécessaire pour amener la condamnation. Il faut aussi admettre le second, car s'il n'y a point de conséquences pénibles attachées à la transgression, que signifie la condamnation ? Il n'y a point de différence pratique entre être justifié et être condamné, si la première de ces expressions n'emporte pas la communication du bien-être, et la seconde l'imposition de la souffrance. En prouvant que tous les hommes sont pécheurs, Paul a prétendu prouver qu'ils étaient tous exposés au châtiment, ce qui suppose nécessairement que le châtiment est inséparable du péché ; en d'autres termes, que la colère de Dieu se révèle contre toute impiété et toute injustice ». C'est ce principe qui est la base de toute l'argumentation de l'apôtre. C'est là-dessus qu'est fondé l'argument qu'il tire de l'universalité du péché pour prouver l'universalité de la condamnation, v. 9, comme aussi le raisonnement par lequel il va conclure, de la corruption universelle des hommes à la nécessité du sauveur et de son sacrifice. « C'est pourquoi, dit-il, puisque tous les hommes sont pécheurs, et comme pécheurs exposés à la colère de Dieu, il est impossible qu'ils soient déclarés justes par cette même loi qui déclare contraire leur injustice. Prouver qu'un homme est pécheur, c'est prouver que la loi le condamne pour ses œuvres : il s'ensuit naturellement qu'elle ne saurait le justifier pour ses œuvres. Dire qu'un homme est pécheur, c'est dire par conséquent qu'il ne peut pas être justifié par les œuvres de la loi. Les *œuvres de la loi* sont évidemment les œuvres que la loi prescrit. La loi dont parle ici l'apôtre, est la volonté de Dieu révélée à l'homme pour qu'il y obéisse, la règle universelle du devoir, voyez v. 19. Il est évident qu'il ne faut pas restreindre cette expression à la loi mosaïque, comme si Paul n'avait en vue que les œuvres cérémonielles, et cela pour plusieurs raisons. **1.** Parce qu'il parle ici de « tout le monde », de « toute chair », des Gentils comme des Juifs. Les premiers n'avaient rien à faire avec la loi de Moïse. Pourquoi l'apôtre affirmerait-il qu'ils ne pouvaient pas être justifiés par une loi qui ne fut jamais obligatoire pour eux ? **2.** Il vient d'employer ce terme de loi en parlant, non des institutions mosaïques, mais des Écritures de l'Ancien Testament, qui contiennent toute la vérité révélée de Dieu. Les œuvres dont il parle sont des œuvres prescrites par *cette* loi, et comprennent par conséquent tous les devoirs moraux. **3.** Les Juifs ne firent jamais entre le moral et le cérémoniel de la loi cette distinction que suppose l'autre interprétation. Pour eux l'obéissance au rituel mosaïque était un devoir moral aussi bien que tel autre devoir que ce fût. Ils devaient donc entendre l'expression de l'apôtre dans le sens d'œuvres d'obéissance à Dieu en général ; c'est là par conséquent son vrai sens. **4.** Il n'y a point de fondement réel à cette distinction des deux lois sous le rapport dont il s'agit ; car l'obéissance à un commandement divin est toujours un acte moral, que ce commandement soit, comme on dit, positif, ou qu'il ait sa raison dans la nature des choses. **5.** Tout le contexte, l'ensemble et le but de l'épître requièrent cette interprétation. Les œuvres des Juifs et des Gentils, dont l'apôtre a parlé, sont des œuvres morales ; la loi qu'ils avaient transgressée est la loi morale ; c'est de la loi morale qu'il prouve qu'elle ne peut ni justifier ni sanctifier, c'est elle qui produit la conviction du péché ; qui dit, « tu ne convoiteras point », qui est « sainte, juste, bonne », et qui est infiniment étendue. **6.** Si l'on admettait l'autre explication, il y aurait manque de logique et de conséquence dans l'argumentation de l'apôtre. Comment la corruption universelle des hommes prouverait-elle que les observances rituelles ne peuvent pas les sauver ? Elle prouve qu'ils ne peuvent pas être justifiés en vertu de leur caractère et de leur conduite propres, non que telle ou telle classe d'œuvres est insuffisante. Serait-ce là la doctrine du Nouveau Testament, que les œuvres purement cérémonielles ne peuvent pas nous sauver, mais bien l'obéissance morale ? La délivrance que Christ a opérée, serait-elle une simple libération du joug de l'économie mosaïque ? Est-ce pour nous racheter de la loi de Moïse seulement que Christ est mort ? La réponse à ces questions ne peut qu'être négative pour quiconque a une connaissance même superficielle du sens des Écritures et de la nature de la religion. **7.** Les objections élevées contre la doctrine de Paul supposent toutes qu'il s'agit ici de la loi morale. Au chapitre 6, par exemple, l'objection à laquelle il répond n'est pas que l'abandon de la loi de Moïse devait conduire au relâchement, mais que si les bonnes œuvres ne sont pas nécessaires au salut en tant qu'elles soient le fondement de notre justification, on ne craindra pas de vivre dans le péché. **8.** Ce qui est dit ici des œuvres de la loi, est dit ailleurs des œuvres en général ; 2 Ti 1.9, « qui nous a sauvés non pas selon (ou en vertu de) nos œuvres » ; Tit 3.5, « il nous a sauvés non par des œuvres de justice que nous eussions faites, mais selon sa miséricorde » ; Ép 2.9, « vous êtes sauvés par grâce par la foi, non par les œuvres » ; voyez Ro 4.2, etc. etc. – Nous avons dû nous arrêter un peu longuement sur ce point , par ce que c'est un des points fondamentaux de l'épître et du système entier de l'évangile. Si, comme le prétendent Pélasge, Erasme, Grotius et bien d'autres, il s'agit ici et dans les passages parallèles, des œuvres cérémonielles seulement, il faudra se faire de l'évangile une certaine idée ; mais si c'est aux œuvres morales aussi bien qu'aux cérémonielles que l'apôtre dénie la puissance de justifier, l'idée qu'on doit s'en faire est totalement différente. – La plupart des arguments par lesquels nous avons combattu la première supposition, militent également contre la doctrine des catholiques, d'après laquelle Paul n'aurait en vue que les œuvres faites avant la régénération, non celles qui sont le produit d'un cœur renouvelé. De telles œuvres sont pourtant bien sans doute des « œuvres de justice », lesquelles, selon l'apôtre, ne peuvent pas être le fondement de notre justification. D'ailleurs cette distinction est absolument arbitraire, et Paul ne la fait nulle part. Par les « œuvres de la loi », il entend celles que prescrit la loi de Dieu, ou la règle générale du devoir. Ces œuvres sont tous les devoirs moraux de tous les genres. Il ne faudrait pas non plus s'imaginer que l'apôtre veut enseigner ici que la loi morale, en tant qu'elle est une promulgation extérieure, objective et impérative de la volonté divine, ne saurait produire des actes moraux véritablement saints et agréables à Dieu : ce serait confondre la doctrine de la justification et celle de la sanctification. C'est sans doute une vérité que Paul enseigne expressément dans les chap. 6 et 7 ; mais c'est faire violence à toutes les règles d'une saine interprétation que d'attribuer un tel sens aux expressions de notre verset. Les cinq premiers chapitres sont consacrés en entier à exposer, illustrer et défendre cette grande vérité, que le fondement du salut du pécheur ne se trouve pas en lui-même : ce n'est pas quelque chose de subjectif, un certain état d'esprit, des œuvres morales ou cérémonielles, rien qui soit produit en lui ou par lui ; c'est quelque chose qui est fait pour lui et qu'il doit accepter, sur quoi il doit faire reposer sa confiance. Paul ne fait point de distinction entre les *œuvres de la loi* et les *bonnes œuvres.* C'est à tort qu'on allègue à l'appui de cette assertion, Ép 2.9,10 : « Vous êtes sauvés par grâce par le moyen de la foi, non par les œuvres, afin que personne ne se glorifie. Car nous sommes son ouvrage, ayant été créés en Jésus-Christ pour les bonnes œuvres ». Il n'y a point ici de distinctions entre *œuvres* et *bonnes œuvres* ; ces deux expressions désignent évidemment une seule et même chose. « Nous ne sommes pas sauvés à cause de nos bonnes œuvres, bien que ce soit la volonté de Dieu que nous marchions dans les bonnes œuvres, et qu'il nous ait créés de nouveau en Jésus-Christ dans ce but exprès ». D'ailleurs Paul exclut expressément toute espèce d'œuvres, sans distinction, et nommément les œuvres de justice, de toute participation à notre justification (voyez les passages cités ci-dessus). Et pourtant le terme de *justice* est pour l'apôtre, suivant l'observation de Néander, l'expression la plus relevée pour désigner l'excellence morale. Ainsi des « œuvres de justice » sont des bonnes œuvres dans le sens le plus élevé. L'écrivain distingué que nous venons de nommer paraît croire que Paul enseigne ici que la loi, en tant qu'elle est une loi extérieure du devoir, est incapable de produire chez l'homme déchu une justice qui ait quelque prix devant Dieu ; toutes les œuvres faites sous son influence sont défectueuses dans l'intention : elles sont dépourvues du principe vivant de la sainteté. S'il y avait une loi capable de produire dans l'âme la vie divine, la justice aurait été par la loi, Ga 3.21 ; mais comme cela n'était pas en la puissance de cette dernière, Dieu y a pourvu par l'évangile de son Fils [1]. Mais, comme nous l'avons remarqué, cette interprétation transporte ce que Paul enseignera ch. 6 et 7 sur la doctrine de la sanctification, à ce qu'il dit de la justification. Que Paul enseigne l'impuissance de la loi pour produire la vie spirituelle, c'est ce que nous admettons volontiers ; mais cette idée est étrangère à toute la première partie de l'épître, et jamais il ne la présente liée à la doctrine de la justification.

---

[1] Geschicht der Pflanzung der Kirche, etc.

Ce serait se mettre en contradiction avec ses nombreuses déclarations sur l'insuffisance des œuvres de tous les genres pour nous rendre agréables à Dieu, et sur l'absolue nécessité des œuvres et de la mort de Christ pour nous assurer la faveur divine, du sein de laquelle jaillit la source de la vie spirituelle. Notre sainteté découle de notre réconciliation, non celle-ci de celle-là [1]. Telle est donc la conclusion à laquelle arrive l'apôtre : « Il est impossible que les hommes soient justifiés devant Dieu par aucune espèce d'obéissance rendue par eux à la loi ».

Car par la loi est donnée *la connaissance du péché.* Après avoir dit que la loi n'avait point pour objet la justification des pécheurs, Paul indique en peu de mots quel est son vrai but et son usage légitime. La loi produit la connaissance du péché dans sa nature et dans ses conséquences. Elle conduit à la conviction de sa turpitude et de sa culpabilité. Quand la loi a produit ce résultat, elle nous a préparés à recevoir l'évangile.

---

[1] « Or, je sais que saint Augustin expose ceci autrement ; car il prend la justice de Dieu pour la grâce de régénération, et confesse qu'elle est gratuite, d'autant que le Seigneur nous renouvelle par son Esprit, sans qu'il y ait aucune dignité ou mérite de notre côté. Il exclut d'icelles les œuvres de la loi, c'est-à-dire les œuvres par lesquelles les hommes s'efforcent d'acquérir la grâce de Dieu d'eux-mêmes, sans être renouvelés. Je sais fort bien aussi qu'il y a quelques nouveaux spéculateurs, lesquels d'une grande gravité magistrale mettent en avant cette doctrine, comme s'ils l'avaient toute de nouveau reçue par révélation. Mais on connaîtra évidemment par la déduction du texte, que l'apôtre comprend sans aucune exception toutes œuvres, même celles que le Seigneur œuvre ès siens. Car certes Abraham était déjà régénéré, et l'Esprit de Dieu le conduisait, au temps que saint Paul nie qu'il ait été justifié par les œuvres. Il s'ensuit donc qu'il exclut de la justification de l'homme non seulement les œuvres qui sont moralement bonnes (comme ils disent) et qui sont faites par un instinct naturel ; mais aussi toutes celles que les fidèles peuvent avoir. Davantage, si la définition de la justice de la foi est comprise en ces mots : « Bienheureux sont

Chapitre 3

DOCTRINES.

1. Quelques différences qu'il puisse y avoir entre les hommes à l'égard du caractère naturel ou des circonstances extérieures, soit religieuses soit sociales, mis en présence du tribunal de Dieu ils se trouvent tous sur la même ligne. Tous sont pécheurs, et comme pécheurs exposés à la condamnation, v. 9.

2. Les déclarations générales des Écritures, relatives au caractère des hommes avant la venue de Christ, sont vraies à l'égard des hommes de tous les temps, parce qu'elles sont puisées dans la nature humaine. Elle disent ce qu'est l'homme déchu. De même que les descriptions du cœur humain, tracées par des écrivains il y a des siècles, s'appliquent au caractère qu'il présente de nos jours, de même la description inspirée s'applique à nous, aussi bien qu'à ceux pour lesquels elle fut faite dans l'origine, v. 10-18.

3. On ne peut pas séparer la piété de la moralité. Quand les hommes n'ont point d'intelligence, quand la crainte de Dieu n'est point devant leurs yeux, ils deviennent tous ensemble corrompus, il n'y a personne qui fasse le bien , v. 10-12.

---

ceux desquels les iniquités sont pardonnées », Ps 32.1, il n'est point question de mettre différence entre une sorte d'œuvres et autre ; mais tout mérite d'œuvres aboli, il n'y a que la seule rémission des péchés qui soit établie cause de justice. Il semble à telles gens que ces deux choses peuvent très bien accorder ensemble, à savoir : Que l'homme est justifié par la foi par la grâce de Jésus-Christ ; et : Que toutefois il est justifié par les œuvres qui procèdent de la régénération spirituelle, d'autant que Dieu nous renouvelle gratuitement, et nous recevons ce don de lui par foi. Mais saint Paul prend bien un autre principe, à savoir : Que les consciences ne seront jamais tranquilles et en repos, jusqu'à ce qu'elles soient appuyées sur la seule miséricorde ; et c'est pourquoi en un autre passage, après avoir montré que Dieu était en Christ, afin de justifier les hommes, il exprime quant et quant le moyen : ne leur imputant point leurs forfaits ». 2 Co 5.19. – CALVIN.

4. La fonction de la loi n'est ni de justifier, ni de sanctifier, mais bien de convaincre et de condamner. Ainsi tous les efforts pour acquérir la faveur de Dieu par l'obéissance légale, sont nécessairement vains, v. 20.

RÉFLEXIONS.

1. Puisque c'est au caractère moral que Dieu regarde, et que nous sommes tous pécheurs, nul n'est fondé à s'élever au-dessus d'autrui. La main sur la bouche et la bouche dans la poudre, il nous faut tous comparaître devant Dieu comme des coupables, v. 9.

2. Les Écritures sont un message de Dieu adressé à tous ceux auprès de qui elles parviennent. Elles renferment des vérités générales destinées à tous ceux à qui ces vérités sont applicables. Ce qu'elles disent des pécheurs en tant que pécheurs, elles le disent de tous les pécheurs ; ce qu'elles promettent aux croyants, elles le promettent à tous les croyants. Il faut donc les lire toujours avec la disposition à nous en faire nous-mêmes l'application, v. 10-18.

3. Pour être préparés à recevoir l'évangile, il faut que nous soyons convaincus de péchés, humiliés dans le sentiment de sa turpitude, réduits au silence par la conviction de ses suites funestes, et prosternés au marche-pied de la miséricorde, sentant que nous ne pouvons pas satisfaire aux exigences de la loi ; que si jamais nous sommes sauvés, ce ne pourra être que par un mérite et un pouvoir qui nous soient étrangers, v. 20.

CHAPITRE 3.21-31.

ANALYSE.

Après avoir prouvé que la justification, en vertu de l'obéissance légale ou du mérite personnel, est impossible pour tous les hommes, Paul expose le moyen de salut proposé par l'évangile. Il enseigne ici, **1.** la nature de ce moyen de salut ; **2.** le fondement sur lequel il repose ; **3.** son but ; **4.** ses résultats.

1. Quant à sa nature, il enseigne : **1.** Que la justice proposée par ce moyen de salut ne s'acquiert point par les œuvres, mais par la foi, versets 21,22. **2.** Qu'il est approprié à tous les hommes, tant Juifs que Gentils, parce qu'il n'y a point de différence entre eux quant à leur état moral, v. 22,23. **3.** Qu'il est absolument gratuit, v. 24.

2. Son fondement, c'est la rédemption qui est en Christ, ou Christ en tant que victime propitiatoire, v. 24,25.

3. Il a pour but de manifester les perfections divines, et de réconcilier la justice de Dieu avec la miséricorde qu'il témoigne au pécheur, v. 26.

4. Quant à ses résultats, **1.** il humilie l'homme en excluant tout sujet de se glorifier, v. 27,28; **2.** il montre Dieu dans son vrai caractère, comme Dieu et Père de tous les hommes, aussi bien du Gentil que du Juif, v. 29,30 ; **3.** il affermit la loi, v. 31.

COMMENTAIRE.

21. *Mais maintenant la justice de Dieu sans la loi est manifestée, la loi et les prophètes lui rendant témoignage.* Après avoir établi que nulle chair ne peut être justifiée devant Dieu par les œuvres de la loi, l'apôtre va montrer par quelle voie l'homme pécheur peut être justifié. À cet égard il enseigne dans ce verset : **1.** Que la justice qui a cours devant Dieu n'est pas une justice légale ; **2.** Qu'il est déjà parlé de cette justice dans l'Ancien Testament. Les mots *mais maintenant* peuvent être, ou une simple transition d'une section à l'autre, ou une désignation d'époque : *maintenant,* c'est-à-dire sous la dispensation évangélique. Cette dernière explication serait appuyée par la comparaison avec le v. 25 : « Pour montrer sa justice *dans le temps présent* ; comp. encore 1.17. *Est manifestée,* c'est-à-dire clairement enseignée ; cette expression équivaut à celle de 1.17, *est révélée.* Les mots *justice de Dieu* ont évidemment le même sens ici que 1.17. Là il est dit que la justice de Dieu est *révélée,* ici qu'elle est *manifestée.* Comme les pécheurs ne pouvaient acquérir *par la loi* une justice qui fût recevable devant Dieu, cette justice nous a été révélée dans l'évangile. Le texte entre ce verset et le précédent rend ici parfaitement clair le sens de cette expression, *justice de Dieu.* Dans le v. 20, l'apôtre nie que nous puissions être justes devant Dieu par le moyen de nos œuvres ; ici il déclare que nous pouvons acquérir cette justice par la foi en Christ. Il faut donc que la justice de Dieu soit celle qui nous rend justes à ses yeux. Elle est appelée ainsi non seulement parce qu'elle vient de Dieu, mais aussi parce qu'elle est recevable devant lui. Voyez 1.17. Les mots *sans la loi* signifient, sans l'aide de la loi. Comme la loi ne pouvait pas procurer la justice, une autre justice a été révélée, avec laquelle la loi n'a rien à faire. C'est-à-dire qu'elle a été procurée sans la coopération de la loi. *La loi et les prophètes lui rendant témoignage,* c'est-à-dire *enseignée* par la loi et les prophètes, parce que l'enseignement des auteurs sacrés revêtait la forme d'un témoignage : cet enseignement ne consistait pas à communiquer aux autres ce qu'ils avaient eux-mêmes découvert, mais à déclarer ce que Dieu leur avait révélé. Les Juifs divisaient l'Écriture en deux parties, *la loi* et *les prophètes,* chaque division respective comprenant ce qui n'était pas dans l'autre. De là cette expression est souvent employée pour dire *les Écritures* ; Ma 5.17 ; 7.12 ; Lu 16.16 ; Ac 13.15 etc. etc. Quant à ce que les Écritures de l'Ancien Testament enseignaient la doctrine d'une justification gratuite, l'apôtre le prouve dans le chapitre suivant par l'exemple d'Abraham et le témoignage de David.

22. *La justice, dis-je, de Dieu,* qui est *par la foi de Jésus-Christ, pour tous ceux et sur tous ceux qui croient ; car il n'y a point de différence.* Après la déclaration négative du verset précédent, que la justice qui seule est valable devant Dieu ne s'acquiert point par les œuvres de la loi, l'apôtre enseigne ici, **1.** Qu'elle s'acquiert par la foi en Jésus-Christ ; **2.** Qu'elle est applicable à tous les hommes, aux Gentils comme aux Juifs. *Qui est par la loi de Jésus-Christ,* c'est-à-dire qui s'obtient par le moyen de la foi dont Christ est l'objet. Nous ne sommes pas justifiés en vertu de notre foi, en sorte qu'elle soit le fondement de notre justification : ce fondement sera indiqué ci-après ; nous le sommes par le moyen, par le canal de la foi. Tel est, à peu près sans exception, le sens de la préposition grecque lorsqu'elle est suivie du génitif. La *foi de Christ* revient évidemment à la *foi en Christ* ; comp. Mc 11.22, « ayez la foi en Dieu », litt. *de Dieu* ; Ac. 3.16, « par la foi en son nom », litt. *de son nom* ; Gal. 2.20 ; etc.

Pour tous ceux et sur tous ceux qui croient [1]. Les deux prépositions grecques que nous traduisons *pour* et *sur,*

---

[1] Les mots *kai épi pantas* manquent dans les manuscrits A.C. 26,31,47,66,67, dans la version copte et l'éthiopienne, et chez plusieurs Pères. Griesbach les rejette, ainsi que Lachmann. Mais le plus grand nombre des éditeurs les conservent, attendu que même les arguments externes sont en leur faveur ; et il est bien plus probable que quelque copiste les aura laissés de côté comme inutiles, qu'il ne l'est qu'ils aient été insérés arbitrairement. Les répétitions de ce genre sont d'ailleurs dans le style de Paul ; comp. v. 30 et Ga 1.1.

n'expriment pas ici des idées différentes, non plus que celles qui au v. 29 sont rendues par le même mot, *par,* bien qu'elles diffèrent dans l'original. La répétition ici n'est que pour exprimer l'intensité. « Cette justice s'applique à tous, absolument tous, sans distinction de peuple ou de nom ». La seule limitation est celle que détermine l'existence ou l'absence de la foi. Cette justice est pour tous les croyants. Nous trouvons ici le second attribut de la justice révélée dans l'évangile, à savoir l'universalité de son application. Elle n'est pas restreinte à telle ou telle classe d'hommes, elle s'applique au Gentil comme au Juif, à l'esclave comme à l'homme libre, au sage comme à l'ignorant, au pauvre comme au riche. Et la raison pour laquelle cette justice est applicable à tous les hommes également, c'est *qu'il n'y a point de différence* quant à leur état moral ou aux relations qu'ils soutiennent avec Dieu.

23. *Car tous ont péché et sont privés de la gloire de Dieu.* Les deux incises de ce verset expriment des idées très voisines l'une de l'autre. La première se rapporte essentiellement au caractère moral des hommes ; la seconde aux conséquences de ce caractère. Ils sont pécheurs, et par suite privés de la faveur divine. Ici encore le fait que les hommes sont pécheurs est allégué comme preuve que la justification ne saurait avoir lieu que par la foi. Le mot *gloire* a été entendu de plusieurs manières différentes. Il peut signifier approbation, comme dans Jn 12.43, passage dont le sens est : « Ils aiment mieux l'approbation des hommes que celle de Dieu » ; ainsi l'entend Grotius. Ce mot peut aussi désigner la récompense que Dieu donne au juste ; elle est souvent appelée gloire dans l'Écriture ; voyez 2.7. D'autres font ce terme équivalent de celui du v. 26, et paraphrasent ainsi : « Qui ne sont point parvenus à acquérir aucun sujet de se glorifier devant Dieu ». Cette interprétation est visiblement forcée, aussi bien que celle qui voit ici l'*image divine.* On peut choisir entre les deux premières, qui paraissent également bonnes. Comme le verbe que nous traduisons *être privé* s'emploie souvent en parlant de ceux qui perdent le prix à la course, il se peut qu'il ait ici allusion à ce genre de jeux. La gloire de Dieu serait le terme ou le prix vers lequel tendent les efforts des hommes, et que tous ont manqué [1].

24. *Étant justifiés gratuitement par sa grâce, par la rédemption qui est en Jésus-Christ.* L'apôtre, continuant d'exposer le moyen évangélique de salut, fait usage du participe, « étant justifiés », au lieu du verbe fini, « nous sommes justifiés », et cela d'après un mode de construction qui n'est pas rare en grec, quoique bien plus fréquent en hébreu. Il dit que nous sommes justifiés *gratuitement, par grâce,* c'est-à-dire d'une manière absolument gratuite. Nous n'avons pas le plus petit degré de mérite à faire valoir comme fondement de notre justification. C'est ici le troisième trait caractéristique du moyen de justification qui est par la justice de Dieu. Bien que cette justification soit entièrement gratuite à l'égard du pécheur, elle a lieu par une voie parfaitement compatible avec la justice de Dieu. Elle est fondée sur « la rédemption qui est en Jésus-Christ », c'est-à-dire dont il est l'auteur.

Le mot *rédemption* a deux sens dans le Nouveau Testament. **1.** Il signifie proprement une « délivrance opérée en payant une rançon ». C'est là son acception primitive et étymologique. **2.** Il veut dire simplement délivrance, sans allusion au moyen par lequel elle s'opère, que ce moyen soit la force ou la sagesse. Lu 21.28, « la rédemption (c'est-à-dire la délivrance) approche » ; Hé 11.35, et peut-être Ro 8.23 ; comp. És 50.2, « ma main est-elle raccourcie, en sorte que je ne puisse pas *racheter* »; etc. Quand il est question de l'œuvre

[1] *Doxa* est meta, ad quam contendimus, id est vita æterna, quæ in gloriæ Dei participatione consistit. – Bèze.

de Christ en tant qu'il nous délivre du péché, le mot est toujours pris dans son sens propre, « délivrance opérée en payant une rançon ». C'est ce que prouvent les considérations suivantes : **1.** Dans aucun des cas de ce genre où le mot est employé, il n'est rien dit des préceptes, de la doctrine, ou de la puissance de Christ, comme étant le moyen par lequel la délivrance est opérée ; c'est toujours à ses souffrances que cette délivrance est attribuée. Ép 1.7, « en qui nous avons la rédemption par son sang ». Hé 9.15, « la mort intervenant pour la rançon (rédemption) des transgressions ». Co 1.14. **2.** Dans notre passage, la nature de la rédemption dont il s'agit est expliquée par le verset suivant : ce n'est point par la vérité que Christ a enseignée, ni par l'exemple de sa perfection morale, mais par Christ comme « victime expiatoire, par la foi en son sang ». **3.** Le sens de l'expression qui nous occupe se trouve fixé par d'autres expressions équivalentes, de manière à ne laisser aucun doute à cet égard. 1 Ti 2.6, qui s'est donné lui-même en rançon pour tous ». Mt 20.28, « le fils de l'homme est venu afin de donner sa vie en rançon pour plusieurs ». 1 Pi 1.18, « vous avez été rachetés, non par des choses corruptibles, comme l'argent ou l'or, mais par le précieux sang de Christ », etc. etc. Il est donc vrai que selon la doctrine du Nouveau Testament, Christ est rédempteur, non pas en qualité de docteur ou de témoin, mais bien de prêtre, de sacrificateur, de victime propitiatoire, etc. [1]

---

[1] Salus à Christo hominibus parta, aptâ et cui scriptores s. multum insistant translatione *redemptio soluto pretio a Christo facta* vocatur. Quemadmodum enim bello capti ex hostium servitute olim redimebantur pecuniâ, itâ Christus homines peccatis inquinatos à Deo redemit morte voluntariâ, 1 Co 6.20 ; Ap 5.9. Homines, inquam Christus à Deo redemit, qui sancti numinis vindictâ (Ro 1.18 ; Ép 2.3 ; 5.6) utique redimendi erant, quia peccaverant. Fritzsche. De tels écrivains ne sauraient être suspectés d'être influencés par les préjugés théologiques, lorsqu'ils exposent ainsi la doctrine de l'Écriture.

Qui est en Jésus-Christ, c'est-à-dire qui s'opère par lui ; c'est le sens qu'a la préposition grecque dans une foule de passages ; ex. Ac 13.39, « quiconque croit est justifié *par* lui », etc. Ac 17.31, « *par* l'homme qu'il a ordonné pour cela », etc. ; voyez Wahl,

25. *Que Dieu a présenté pour être une propitiation par la foi en son sang.* Cette incise, qui indique le fondement sur lequel repose notre délivrance à l'égard de la malédiction de la loi et notre justification devant Dieu, constitue le second pas que fait l'apôtre dans son exposition du plan de salut. Il a déjà enseigné que la justification ne s'opère point par les œuvres mais par la foi, et qu'elle est entièrement gratuite ; il va montrer à présent comment ce déploiement de miséricorde envers le pécheur peut être concilié avec la justice de Dieu et les exigences de la loi. Le mot que nous avons traduit *présenter* signifie aussi *se proposer, former le dessein, résoudre d'avance*, voyez 1.13, comp. 8.28. En adoptant cette version on traduirait : « Que Dieu avait résolu d'avance *devoir être* une propitiation ».

On a présenté trois interprétations principales du mot *propitiation.* Beaucoup de commentateurs pensent que ce mot désigne le *propitiatoire,* ou couvercle de l'arche, sur lequel le souverain sacrificateur, au grand jour des expiations, répandait le sang des sacrifices. C'était là que Dieu acceptait la propitiation, et qu'il se manifestait comme étant réconcilié avec son peuple. Cette interprétation est fondée sur ce que le mot de l'original est souvent employé par les Septante pour désigner le propitiatoire ; Ex 25.18,19,20 ; etc. etc. L'apôtre voudrait dire alors, que « Dieu a présenté Jésus-Christ comme un propitiatoire, comme le lieu dans lequel, ou la personne en qui il était réconcilié avec le pécheur, prêt à lui pardonner et à le sauver ». Mais cette interprétation soulève des objections sérieuses. **1.** L'usage que les traducteurs grecs de l'Ancien Testament ont fait de ce mot provenait vraisemblablement d'une méprise sur le vrai sens du terme hébreu. Ce dernier veut dire simplement *couverture,* mais comme le verbe d'où il dérive signifie littéralement *couvrir,* et métaphoriquement *expier, faire propitiation,* les Septante ont rendu à tort le substantif par *ilastèrion,* les traducteurs latins par *propitiatorium,* et nos versions par *propitiatoire.* Cet usage du terme grec est donc fautif en soi. **2.** Cette interprétation a contre elle l'analogie des Écritures. Les écrivains sacrés ne sont pas dans l'usage de comparer le Sauveur ou son œuvre au couvercle de l'arche. Notre passage, ainsi entendu, serait le seul de son espèce. **3.** Il y aurait dans la figure une incohérence évidente, si l'on adoptait cette interprétation. Il est bien ordinaire de parler du sang d'un sacrifice, mais non du sang du couvercle de l'arche. Voyez Deylingii observationes, P. II, sect. 41, et l'ouvrage de Krebs sur le Nouveau Testament, expliqué par des citations de Josèphe.

La seconde interprétation supplée ici le mot *sacrifice.* Le mot qui se trouve dans le texte est proprement adjectif, et se dit de tout ce qui sert à rendre Dieu propice. Il revient souvent, par exemple, dans les locutions suivantes, « monument propitiatoire », « mort propitiatoire », « sacrifice propitiatoire ». (Josèphe, Ant. XVI. 7, I Lib. de Maccab. sect. 17 ; voyez aussi Krebs sur ce verset). Cette explication est de beaucoup préférable à la première, comme s'accordant mieux avec le contexte et avec l'analogie de l'Écriture, outre qu'elle est parfaitement conforme à l'usage ordinaire du mot. Les locutions abrégées et elliptiques sont particulièrement fréquentes parmi les termes relatifs aux sacrifices et aux offrandes (voyez Koppe et Tholuck) [1]. L'interprétation qui consiste à prendre l'adjectif neutre comme substantif, et qui traduit, avec la Vulgate et la version anglaise, *propitiation* ou

[1] Exemples, *ilastèria, éxilastèria, ta kharistèria, ta sôtèria,* etc.

expiation, n'est qu'une modification de celle que nous venons d'indiquer.

La troisième interprétation fait du mot un substantif masculin, et traduit *expiateur* : « que Dieu a présenté comme expiateur ». Cette version donne un sens plausible, mais moins en rapport avec le contexte, et avec la figure ici employée. Le sens de ce passage important est donc que Christ a été présenté à la vue de tout l'univers intelligent comme un sacrifice propitiatoire, et qu'en cette qualité il est le fondement de la justification de quiconque croit.

Par la foi en son sang. Ces mots peuvent être rattachés, soit à ceux qui précèdent immédiatement, soit au commencement du v. 23. Le sens serait dans le premier cas : « Christ est un sacrifice propitiatoire par la foi en son sang », c'est-à-dire que ce sacrifice n'a de valeur que pour ceux qui ont une telle foi, et à condition de cette foi. Et dans le second : « Nous sommes justifiés par la rédemption qui est en Jésus-Christ, à savoir par la foi en son sang. » En sorte que l'incise qui nous occupe serait coordonnée à la dernière du v. 24, et en serait une explication. La première construction semble plus simple et plus naturelle [1].

Tout ce passage est de la plus grande importance, en ce qu'il expose clairement la nature de la justification. Paul enseigne que nous sommes justifiés par une voie qui est toute gratuite, sans nul mérite de notre part, par l'intermédiaire de la foi et en vertu du sacrifice propitiatoire de Jésus-Christ. Il résulte évidemment de là qu'il prétendait exclure de toute

[1] On a mis en doute si les mots *én tô aimati* doivent être rattachés à *dikaiouménoi*, ou bien à *pistéws*. Cette dernière construction est évidemment la plus naturelle. Puisque le verbe *pisteuô* se construit avec *én,* la même construction peut s'appliquer au substantif *pistis* ; Ga 3.26 ; Col 1.4 ; Ép 1.15 ; 1 Ti 3.12. Si l'on préférait la première construction, le sens serait alors : « étant justifiés par la foi (justifiés disons-nous), par son sang, » comparez 5.9.

participation au mérite de notre justification, non seulement les œuvres faites pour obéir à la loi, et dans un esprit légal, mais celles aussi qui découlent de la foi et d'un cœur renouvelé. Le rôle assigné à la foi dans l'œuvre de notre réconciliation avec Dieu, est celui d'un instrument ; elle saisit et nous approprie le mérite étranger qui devient le fondement de notre justification, à savoir l'œuvre ou la justice de Christ. Elle n'est pas en elle-même ce fondement, ni le moyen d'acquérir une justice inhérente que Dieu puisse reconnaître comme valable. Cela est évident, **1.** Parce qu'autrement notre justification ne serait pas gratuite, ou sans les œuvres. Paul enseignerait alors précisément l'opposé de la doctrine qu'il s'est efforcé d'établir, savoir que ce n'est pas en vertu d'œuvres de justice, c'est-à-dire d'œuvres morales de l'ordre le plus élevé, que nous sommes justifiés, puisque ces œuvres deviendraient le véritable fondement de notre justification. **2.** Parce qu'il est dit que nous sommes justifiés par la foi dont Christ est l'objet, par la foi en son sang, la foi en son sacrifice expiatoire. Ces expressions ne peuvent absolument pas signifier que la foi en Christ est, ou produit un état d'âme qui justifie devant Dieu. La foi en un sacrifice ne peut être autre chose que l'acte de mettre sa confiance en ce sacrifice. Ce serait s'inscrire en faux contre la pensée de toute l'antiquité, païenne ou juive, que d'assigner pour but à un sacrifice la production d'un état d'âme agréable à l'Être adoré, lequel état moral deviendrait le fondement de la justification. On ne saurait nier d'une manière plus décisive que nous soyons justifiés en vertu de l'état de nos cœurs ou du caractère de nos actes, qu'on ne le fait en disant que nous sommes justifiés par un sacrifice propitiatoire. Cette dernière assertion place, de toute nécessité, le fondement de notre justification en dehors de nous-mêmes : ce fondement est dès lors quelque chose qu'un autre fait pour nous, non quelque chose que nous ayons accompli nous-mêmes, ou éprouvé en nous.

Chapitre 3

S'il est une règle d'interprétation irrécusable et importante, c'est sans doute celle qui nous astreint à entendre les expressions d'un écrivain dans le sens auquel il savait que devaient les entendre ceux à qui il s'adressait. En conséquence, expliquer le langage de l'apôtre touchant le sacrifice de Christ et le mode de notre justification devant Dieu, d'une manière qui ne s'accorde pas avec les idées universellement reçues sur la nature des sacrifices, c'est substituer notre philosophie religieuse aux enseignements inspirés des auteurs sacrés.

Pour manifester sa justice à cause de la rémission des péchés commis auparavant, pendant la patience de Dieu. Après avoir déclaré la nature et le fondement du moyen évangélique de justification, l'apôtre indique ici quel en est le but. « Dieu a présenté Christ, comme sacrifice propitiatoire, pour démontrer sa justice. » Il faut observer que le but de la mort de Christ étant très vaste, est présenté dans la parole de Dieu sous des aspects très divers. En d'autres termes, la mort de Christ répond à un grand nombre de vues infiniment importantes dans le gouvernement de Dieu. Elle sert à déployer « sa sagesse infiniment diverse », Ép 3.10,11 ; elle a pour but de « purifier pour lui appartenir en propre un peuple qui soit zélé pour les bonnes œuvres », Tit 2.14 ; de renverser le mur de séparation entre les Juifs et les Gentils Ép 2.15 ; d'opérer la réconciliation des uns et des autres avec Dieu, Ép 2.16 ; de « nous retirer du présent siècle mauvais, Ga 1.4 ; de procurer le pardon des péchés, Ép 1.7 ; de justifier les voies de Dieu aux yeux des hommes en tant qu'il a si longtemps laissé passer leurs péchés sans les punir, Ro 3.25 ; de concilier les témoignages de sa miséricorde avec les exigences de sa justice, v. 26 ; etc. etc. Tous ces buts différents, loin d'être incompatibles, sont entre eux dans un accord parfait. Celui qui est indiqué ici d'une manière spéciale, c'est de *manifester la justice de Dieu*. Ici encore ces derniers mots sont expliqués diversement. **1.** Quelques-uns entendent par là un des attributs moraux de Dieu, comme par exemple sa véracité (Locke), ou sa miséricorde (Grotius, Koppe et plusieurs interprètes modernes). Ces interprétations sont forcées, en ce qu'elles assignent au mot justice un sens inusité, et d'ailleurs peu approprié au contexte. **2.** La plupart de ceux qui entendent par la *justice de Dieu,* 1.17 ; 3.21, « le moyen de justification que Dieu emploie », adoptent le même sens dans cet endroit. L'apôtre dirait alors : « Dieu a présenté Christ comme une propitiation, pour manifester son moyen de justifier les pécheurs, et cela à l'égard des péchés commis tant sous l'ancienne économie que sous la nouvelle ». **3.** La grande majorité des commentateurs pensent qu'il s'agit ici de la droiture de Dieu en général. Plusieurs considérations appuient cette interprétation. Elle donne au mot justice son sens ordinaire ; il faut nécessairement entendre la locution de cette manière chap. 2.5, où il est dit que « l'injustice des hommes recommande la justice de Dieu » ; enfin, ce qui est plus décisif, Paul, au verset suivant, ajoute cette explication, « afin qu'il soit juste et justifiant celui qui croit en Jésus ». C'est là comme l'observe Calvin, une définition que Paul donne lui-même de la *justice de Dieu* qu'il a ici en vue. Le sens est donc que Dieu a présenté Christ comme une propitiation, pour rendre évident qu'il est juste, ou qu'il agit d'une manière conforme au droit en pardonnant les péchés ». La miséricorde qui pardonne est par là justifiée de toute apparence d'empiétement sur les exigences de la justice.

À cause de la rémission des péchés. La préposition grecque que nous traduisons *à cause de,* peut être rendue de diverses manières. **1.** Quelquefois lorsqu'elle est suivie de l'accusatif, comme c'est le cas ici, elle a le même sens que lui donne plus particulièrement le génitif, *par* ; ex. Jn 6.57, « je vis par le Père ». Ainsi l'entendent Grotius, Bèze et d'autres.

Cette version pourrait convenir au contexte, si le mot *justice* voulait dire ici *miséricorde* : « Pour manifester sa miséricorde au moyen de la rémission des péchés ». Mais nous avons montré que cette explication du mot justice est fautive. **2.** La préposition peut se traduire *quant à, à l'égard de.* Cette version donnerait un sens plausible. « Pour démontrer sa justice *en ce qui concerne* la rémission des péchés ». Ainsi Raphelius (Observationes, etc.), qui cite Polybe, L. 5, ch. 24, à l'appui de cette interprétation. Mais la préposition a très rarement ce sens, si elle l'a jamais. **3.** On peut, comme nous l'avons fait, conserver à la préposition son sens ordinaire, *en raison de, à cause de.* Alors cette incise contiendrait la raison pour laquelle Dieu a manifesté ou démontré sa justice. Cette démonstration est devenue nécessaire, parce que Dieu avait laissé le péché sans punition depuis le commencement. C'est l'explication la plus naturelle et la plus satisfaisante qu'on ait donnée de ce passage. C'est celle de Bengel , de Wahl et de beaucoup d'autres. **4.** D'autres pensent que la préposition exprime ici la cause finale ou le but : « Pour manifester sa justice en vue de la rémission des péchés », c'est-à-dire pour que les péchés fussent remis. Ainsi Calvin [1] et Elsner. Mais c'est assigner à la préposition une valeur sujette à contestation ; voyez Winer, grammaire. L'interprétation précédente est donc à préférer. Le mot rendu par *rémission,* veut dire littéralement *l'acte de laisser passer* ou *de négliger.* Paul se sert plus d'une fois du terme qui répond exactement à l'idée de rémission, Ép 1.7 ; Hé 9.22, etc. ; mais celui qu'il emploie ici ne se trouve pas ailleurs dans le Nouveau Testament. Aussi plusieurs interprètes ont ils pensé que l'apôtre a choisi ici cette expression particulière pour représenter cette idée, qu'à l'égard des péchés commis avant

[1] Tantumdem valet præpositio causalis acsi dixisset, remissionis ergo, vel in hunc finem ut peccata deleret. – Calvin.

la venue de Christ, il fallait plutôt dire qu'ils avaient été négligés que réellement pardonnés, tant que le sacrifice du rédempteur n'était pas consommé ; voyez Wolf, Curæ. On cite à l'appui de cette vue Ac 17.30, où il est dit que Dieu a laissé passer les temps d'ignorance.

Les mots *commis auparavant,* paraissent désigner d'une manière distincte les temps qui ont précédé la venue de Christ. Cela résulte évidemment de l'opposition qu'ils présentent avec l'expression *dans le temps présent,* qui se trouve au verset suivant, et du rapprochement du passage parallèle Hé 9.15, « il est le médiateur pour la rançon des transgressions qui ont eu lieu sous le premier Testament ». Les mots que nous avons traduits *pendant la patience de Dieu,* peuvent être expliqués diversement. **1.** On peut, en adoptant notre version, les rattacher à ce qui précède immédiatement : « Les péchés qui ont été commis durant le temps de la patience de Dieu » ; voyez Ac 17.30, où les temps qui ont précédé la venue de Christ sont désignés de la même manière. **2.** Ou bien en traduisant *par la patience de Dieu,* (il y a litt. *dans la patience de Dieu*) on peut voir dans ce trait l'indication de la cause qui a porté Dieu à pardonner : « Ils ont été pardonnés par une suite de la patience ou de la miséricorde divine ». Voici donc quel est le sens du verset entier : « Dieu a présenté Jésus-Christ comme sacrifice propitiatoire, pour rendre évidente sa justice ou la légitimité de sa conduite, à l'égard de la rémission des péchés commis sous la première économie » ; et non pas de ces péchés là seulement, mais aussi de ceux qui sont commis dans le temps présent, comme l'apôtre l'ajoute aussitôt.

26. *Pour manifester, dis-je, sa justice dans le temps présent, en sorte qu'il soit juste et justifiant celui qui croit en Jésus.* Ce verset est un développement et une explication du précédent. *Pour manifester,* litt. *pour la manifestation.* Paul ici change la préposition (*pros* au lieu de *eis*) sans altérer le sens, car l'une et l'autre prépositions s'emploient habituellement pour exprimer le but en vue duquel ont fait une chose ; voyez Winer. La première incise de ce verset est évidemment coordonnée au second membre du précédent. « Christ a été offert en sacrifice pour mettre en évidence, la justice de Dieu à cause de la rémission des péchés, *et aussi* pour mettre en évidence sa justice au temps présent, etc. » Ce sacrifice répond à deux buts à la fois : il est la justification du caractère de Dieu en tant qu'il a remis les péchés antérieurs, et en tant qu'il les remet à présent. Cette expression, *dans le temps présent,* qui fait opposition avec le temps où Dieu laissait passer les péchés, désigne donc l'économie de l'évangile.

En sorte qu'il soit juste et justifiant celui qui croit en Jésus. C'est ici, comme nous l'avons déjà fait observer, l'explication et la définition de cette justice de Dieu dont l'apôtre vient de parler. La phrase se rattache, quant au sens, au premier membre du v. 25 : « Que Dieu a présenté comme sacrifice propitiatoire, en sorte qu'il soit juste en justifiant ceux qui croient ». Ainsi les paroles qui nous occupent expriment d'une manière plus précise l'idée renfermée dans celles qui précèdent, « pour démontrer sa justice ». Christ a été offert en sacrifice pour la manifestation de la justice de Dieu, c'est-à-dire pour qu'il fût trouvé juste, quoique justifiant le pécheur. Le mot *juste* représente en général l'idée de droiture, l'idée de faire ou d'être ce que demande la nature du cas. Mais lorsqu'il s'applique à la conduite d'un juge et à la manière dont il traite le péché, il désigne plus spécialement cette nuance de la droiture en général, qui demande que le péché soit traité conformément à sa vraie nature, que les exigences de la loi ou de la justice ne soient point méconnues. Un juge est injuste quand il souffre qu'un criminel soit déclaré juste et traité en conséquence. Il est juste au contraire quand il déclare l'offenseur coupable et qu'il lui fait infliger la peine dénoncée par la loi. Or, l'apôtre déclare que les exigences de la justice n'ont point été ainsi méconnues dans la justification du pécheur qui croit en Christ. C'est ce qui devient évident, lorsqu'on sait qu'il est justifié non point en vertu de ses actes ou de son caractère propres, ni par une dispense arbitraire de satisfaire aux exigences de la loi, mais bien en vertu d'une satisfaction complète fournie par celui qui a pris sa place, à savoir en vertu de l'obéissance et de la mort de Christ. La nature gratuite de cette justification n'est en rien compromise par la circonstance qu'elle s'opère en vertu de cette satisfaction parfaite. Elle n'en est pas moins, à l'égard du pécheur, la plus imméritée de toutes les faveurs, à laquelle non seulement il n'a pas l'ombre d'un droit personnel, mais dont il a mérité abondamment tout l'opposé. C'est ainsi que la justice et la miséricorde s'unissent harmonieusement dans la justification du pécheur. La justice n'en est pas moins justice, quoique la miséricorde ait son œuvre parfaite, ni la miséricorde moins miséricorde, quoique la justice soit complètement satisfaite.

« Juste *et* justifiant, etc. » Dans le langage simple de l'Ancien Testament, on trouve souvent la conjonction copulative employée là où la relation logique des énoncés serait exprimée dans les langues plus précises par des particules différentes ; ex. Mal 2.14, « contre laquelle tu agis avec perversité, *et* elle était ta compagne » ; c'est-à-dire *quoiqu'elle fût* ta compagne. « Ils ont parlé en mon nom, *et* (quoique) je ne les avais pas envoyés » ; voyez le dictionnaire de Gesenius. De même dans le grec du Nouveau Testament, la particule copulative correspondante est employée avec une grande latitude d'acceptions. Mt 12.5, « les sacrificateurs violent le sabbat dans le temple *et* (et toutefois) ils ne sont point coupables ». Ro 1.13 : « Je me suis proposé d'aller vers vous, *et* (mais) j'en été empêché jusqu'à présent » ; Hé 3.9, « ils m'ont tenté, *et* ils ont vu mes œuvres », c'est-à-dire quoiqu'ils les eussent vues ; voyez le dictionnaire de Wahl et la grammaire de Winer. Ainsi, dans l'exemple qui nous occupe, on pourrait traduire, « en sorte que Dieu soit juste *quoique justifiant,* ou, *tout en justifiant,* etc. *Celui qui croit en Jésus* ; litt. *celui qui est de la foi de Jésus* ; ainsi Ga 3.7, « ceux qui sont de la foi », pour « les croyants » ; Ga 2.12, « ceux qui étaient de la circoncision », c'est-à-dire « les circoncis » ; Ro 2.8 ; 4.12, etc. *La foi de Jésus,* c'est la foi dont Jésus est l'objet, voyez v. 22. Notre version rend donc le sens d'une manière exacte. Celui que Dieu peut justifier avec justice, c'est l'homme qui met sa confiance en Jésus comme victime expiatoire . [1]

---

[1] La doctrine de l'expiation, dans le sens d'une satisfaction proprement dite offerte pour nos péchés, est si clairement enseignée dans ce passage, que même des écrivains qui la rejettent quant à eux, conviennent que c'est bien la doctrine de l'apôtre. Ainsi, par exemple, Kœllner, l'un des plus récents et des meilleurs commentateurs allemands : « Il est clair, dit-il, que cette interprétation du passage est entièrement conforme à la doctrine de l'église sur la satisfaction pour le péché, telle que le développent les symboles de l'église luthérienne. Mais, bien qu'on ne puisse nier que Paul enseigne la doctrine de la satisfaction, et qu'il la présente, non comme une figure mais comme la réalité, il est facile de comprendre qu'il dut être nécessairement conduit à cette doctrine par le caractère de son siècle ». Puis il montre comment, d'après la doctrine juive qui portait que le péché devait être expié, et que la délivrance du péché et la faveur de Dieu ne pouvaient être procurées que par le transfert de la coulpe du pécheur sur une victime qui prît sa place, Paul a été inévitablement conduit à concevoir l'œuvre de Christ d'une manière analogue. Des théologiens de ce genre méritent qu'on rende justice à leur candeur. Mieux vaut mille fois avouer ouvertement qu'on ne croit pas l'Écriture, que de faire profession d'y croire, tout en niant le sens évident de cette Écriture. L'incrédulité est la même dans les deux cas ; mais dans le premier elle est avouée, tandis qu'elle est déguisée dans le second, peut-être même aux yeux de celui qui en est le malheureux sujet.

27. *Où donc est le sujet de vanité ? Il est exclus. Par quelle loi ? par celle des œuvres ? Non ; mais par la loi de la foi.* Dans ce verset et dans les suivants, l'apôtre présente la tendance et les résultats de ce glorieux plan de salut qu'il vient d'exposer. Ces résultats sont : d'exclure tout sujet de vanité, v. 27 ; de montrer Dieu dans son vrai caractère, comme étant le Dieu et le Père des Gentils aussi bien que des Juifs, versets 29,30 ; enfin d'affermir la loi, v. 31. Le mot grec rendu par *sujet de vanité* représente l'idée de se féliciter soi-même avec ou sans fondement. Dans le premier cas, il peut se traduire par *réjouissance, joie,* comme lorsque Paul dit aux Thessaloniciens qu'ils sont sa « couronne de *gloire (de réjouissance* dans la version anglaise). Dans le second cas, le terme de *vanité* rend bien le sens du mot. Ce mot qui signifie proprement *l'acte de se vanter* ou *de se réjouir,* s'emploie aussi, par métonymie, pour dire un *sujet de vanité* ou *de joie,* ex. Ro 15.17. Les deux sens vont également bien à notre passage. Il peut signifier que toute vanité est empêchée, ou que tout sujet de vanité est exclus. Paul veut dire que le résultat du plan de salut proposé par l'évangile est d'empêcher de la part du pécheur toute espèce d'approbation, de félicitation ou de vanité dont il serait lui-même l'objet. Il le représente comme dépouillé de tout mérite, et digne d'éprouver les effets du déplaisir divin. Il ne peut, à quelque degré que ce soit, s'attribuer à lui-même sa libération des effets de ce déplaisir, et il ne peut pas s'élever en présence de Dieu, ni en se comparant à ses compagnons de péché. Il importait, dans un système de salut fondé sur la miséricorde, que le pécheur fût profondément pénétré de cette conviction, et qu'il sentît qu'il ne pouvait rien y avoir de fait par lui ou pour lui, qui diminuât son démérite personnel en raison de ses transgressions ; or, ce résultat d'exclure la vanité ne pouvait évidemment s'ensuivre d'aucun système de justification qui eût placé le fondement du salut du pécheur dans le pécheur lui-même, ou bien dans les avantages particuliers de sa naissance ou de sa position ecclésiastique ; mais il est produit infailliblement par le système de l'évangile, qui non seulement place le fondement de la justification du pécheur entièrement hors de lui, mais exige encore, comme condition de cette justification, la foi, c'est-à-dire un acte qui emporte l'aveu repentant de notre démérite personnel et le recours exclusif à un mérite étranger pour fonder notre confiance.

Il faut noter les expression, *par quelle loi, la loi des œuvres, la loi de la foi,* surtout la dernière, parce que le mot *loi* n'a pas ici son sens ordinaire. Il conserve pourtant dans sa signification l'idée générale de *règle d'action.* « Par quelle règle ? par celle qui demande les œuvres ? Non ; par celle qui demande la foi ; voyez 9.31.

28. *Nous concluons donc* [1] *que l'homme est justifié par la foi sans les œuvres de la foi.* Le texte de ce verset avec le précédent dépend de la leçon qu'on adopte. Le texte reçu porte *donc,* qui donnerait ce sens : « Nous pensons *donc,* c'est-à-dire nous avons la conviction, que l'homme est justifié par la foi. » Ou bien en donnant au verbe grec le sens *de conclure* : « Nous concluons donc, etc. » Ce serait une conclusion tirée ou du verset précédent, ou de tout l'exposé antérieur relatif au moyen de salut. Mais les témoignages prépondérants sont en faveur de la leçon *car,* en sorte que l'interprétation la plus naturelle est celle-ci : « Tout sujet de se glorifier est exclus, car nous sommes convaincus que l'homme est justifié par la foi, sans les œuvres de la loi ». Telle est

---

[1] Au lieu de *oun* on trouve *gar* dans les manuscrits A. D. F. G. 5,9,33,38,47, la Vulgate, la version copte, et plusieurs Pères. C'est la leçon adoptée par Griesbach, Mill, Bengel, Knapp et Lachmann. Elle donnerait ce sens : « La vanité est exclue par la loi de la foi, car nous sommes convaincus que l'homme est justifié par la foi, etc. »

donc la grande vérité dont Paul déclare qu'il a la ferme conviction, c'est que l'homme est justifié par le moyen de la foi, et non pas en vertu d'obéissance à la loi [1].

29,30. *Est-il le Dieu des Juifs seulement ? Ne l'est-il pas aussi des Gentils ? Oui, il l'est aussi des Gentils. Puisqu'il n'y a qu'un seul Dieu, qui justifiera la circoncision par la foi et l'incirconcision par la foi.* C'est ici le second résultat du moyen de justification proposé par l'évangile, à savoir de présenter Dieu comme étant également le Dieu des Gentils et celui des Juifs. Il est tel, parce que « il y a un seul Dieu qui justifie la circoncision par la foi, et l'incirconcision par la foi ». Sa conduite à l'égard des deux classes d'hommes est réglée sur des principes exactement semblables : il suit à l'égard des uns et des autres le même plan, offre le salut aux uns et aux autres aux mêmes conditions. Cette doctrine renferme donc la base d'une religion universelle, qui peut être prêchée à toute créature sous le ciel ; qui ne veut pas, comme le système judaïque, être restreinte à telle secte ou telle nation. C'est la seule doctrine qui convienne au caractère de Dieu, et à la relation qu'il soutient avec toutes ses créatures intelligentes sur la terre. Il est un Dieu universel, non un Dieu national ; et le moyen de salut qu'il propose est d'une application universelle. Ces vérités sublimes sont

---

[1] Luther a traduit *pistei par la foi seule*, version sur laquelle se sont grandement récriés ses adversaires catholiques, quoique l'idée qu'elle exprime soit évidemment supposée ici, aussi bien que Ga 2.16, et partout ailleurs où Paul traite de la justification. Les versions catholiques publiées avant l'époque de Luther, insèrent elles-mêmes la détermination *seulement*. Ainsi la Bible de Nuremberg, 1483, « nur durch den Glauben ». Et les Bibles italiennes de Genève, 1476, et de Venise, 1538, *Per la sola fede*. Les Pères emploient souvent cette locution, « l'homme est justifié par la foi seule » ; ce qui fait dire à Erasme (De Ratione Concionandi, L. III), « Vox *sola,* tot clamoribus lapidata hoc sæculo in Luthero, reverenter in Patribus auditur ». Voyez Koppe sur ce verset.

devenues si familières à nos esprits qu'elles ont, jusqu'à un certain point, perdu leur force à notre égard ; mais à l'égard du Juif, emprisonné toute sa vie dans ses étroits préjugés nationaux et religieux, elles devaient ouvrir son âme entière à des émotions inconnues d'étonnement, de reconnaissance et de joie. Nous Gentils nous pouvons à présent lever les yeux au ciel, et dire avec assurance : « Tu es notre Père, encore qu'Abraham ne nous reconnût point et qu'Israël ne nous avouât point » (És 63.16).

Au verset 30, où l'expression *par la foi* se trouve deux fois, la préposition qui dans l'original répond au mot *par* n'est pas la même dans les deux cas, mais le sens de l'expression est évidemment le même. Paul emploie ces deux prépositions indifféremment, tantôt la première, 1.17 ; 3.20 ; 4.16, etc., tantôt la seconde, 3.22,25 ; Ga 2.16, etc. ; et l'une et l'autre servent également, dans la langue originale, à désigner le moyen par lequel on fait quelque chose.

31. *Est-ce donc que nous rendons la loi inutile par la foi ? Non sans doute ; mais au contraire, nous affermissons la loi.* Troisième résultat du moyen de salut proposé : il établit la loi, bien loin de l'invalider. Comme Paul emploie le mot loi dans plusieurs sens différents, on peut mettre en doute lequel il a en vue ici. Quoiqu'il en soit, la déclaration est vraie dans tous les sens. Si la loi désigne l'Ancien Testament en général, il est vrai de dire que le moyen de salut proposé par l'évangile ne contredit aucune de ses déclarations, n'est incompatible avec aucune de ses doctrines, n'infirme aucune de ses promesses, mais qu'il s'harmonise avec elle et les confirme dans leur ensemble. S'il s'agit des institutions mosaïques en particulier, ces institutions étaient des ombres dont Christ est le corps. La loi dans ce sens est abolie, non pas qu'elle soit déclarée mauvaise ou impuissante, mais parce qu'elle a dans l'évangile trouvé son accomplissement et atteint son but. Ce qu'elle enseignait ou promettait, l'évangile l'enseigne et le promet, seulement d'une manière plus claire et plus complète. Enfin s'il est question de la loi morale, et c'est sans doute celle que Paul avait principalement en vue, celle-là encore n'est pas invalidée, mais au contraire affermie. Nulle obligation morale n'est affaiblie, nulle sanction pénale méconnue. Les préceptes sont appuyés de motifs nouveaux et plus puissants ; et la pénalité se trouve sanctionnée dans celui qui a porté nos péchés en son corps sur le bois. À lui soit gloire dès maintenant et à jamais.

DOCTRINES.

1. La doctrine évangélique de la justification par la foi, n'est pas moins la doctrine de l'Ancien Testament que celle du Nouveau, v. 21.

2. La justification consiste à déclarer quelqu'un juste, et à le traiter, en conséquence, en vertu de ce que les exigences de la loi ont été satisfaites à son égard, v. 24,25,26.

3. Le fondement de la justification n'est pas notre mérite propre, ni la foi, ni l'obéissance évangélique ; ce n'est pas l'œuvre de Christ en nous, mais bien son œuvre pour nous, à savoir son obéissance jusqu'à la mort, v. 25.

4. Un acte peut être parfaitement gratuit quant à l'être qui en est l'objet, et s'accomplir néanmoins en vertu d'une satisfaction complète aux exigences de la loi. C'est ainsi que la justification est gratuite, non pas en ce que ces exigences ont été méconnues, mais en ce qu'elle est accordée à ceux qui n'avaient aucun titre personnel à l'obtenir, versets 24,26.

5. Dieu est le but final de tous ses propres actes. La manifestation de sa gloire est le but le plus élevé et le meilleur qu'il puisse proposer, soit à ses créatures soit à lui-même, v. 25.

6. L'expiation ne consiste pas dans une simple manifestation extérieure de la justice divine ; c'est bien là un de ses résultats et un de ses buts, mais elle n'est une telle manifestation que parce qu'elle est avant tout une satisfaction offerte à la justice de Dieu. Ce n'est pas un symbole ou une *illustration*, mais bien une satisfaction proprement dite, v. 26.

7. Toute doctrine vraie tend à humilier l'homme en relevant Dieu, et toute vraie religion a pour caractère l'humilité et la respectueuse adoration, v. 27.

8. Dieu est un père à l'égard de tous les hommes, et tous les hommes sont frères, v. 29,30.

9. La loi de Dieu est immuable. Les préceptes en sont toujours obligatoires, et la peine qu'elle dénonce doit nécessairement être infligée, soit au pécheur soit à son remplaçant. Toutefois, quand il est dit que la peine dénoncée par la loi a été infligée au rédempteur comme étant le remplaçant du pécheur, ou, comme s'exprime l'Écriture, qu'il a été fait malédiction pour nous, on ne saurait admettre qu'il ait souffert le même genre de maux (comme le remords, etc.) que le pécheur aurait soufferts. La loi ne spécifie aucun genre de mal dans la peine qu'elle dénonce. Le terme de *mort* dans l'Écriture désigne tous les genres de maux qui sont la peine du péché. Et la pénalité de la loi, il sa malédiction dans le langage de la Bible, désigne toute espèce de mal infligé judiciairement pour satisfaire aux exigences de la loi. Ainsi, dire que Christ a souffert pour satisfaire à la loi ; ou bien pour démontrer la justice de Dieu ; ou pour que Dieu fût juste en justifiant celui qui croit en Jésus ; ou enfin, qu'il a porté la peine dénoncée par la loi, – ce sont là autant d'expressions équivalentes, v. 31.

RÉFLEXIONS.

1. Comme la doctrine fondamentale de la Bible est la justification par la foi, de même le point capital, dans l'histoire de l'âme, l'acte qui sauve, c'est la réception de Jésus-Christ comme étant la propitiation pour nos péchés, v. 25.

2. Tout mode de prédication est nécessairement erroné, qui ne conduit pas les pécheurs à sentir que la grande chose à faire, et à faire avant tout, c'est de recevoir le Seigneur Jésus-Christ, et de se tourner par lui vers Dieu. Et toute expérience religieuse est nécessairement défectueuse, qui ne comprend pas un sentiment distinct de la justice de notre condamnation, avec la conviction de la suffisance de l'œuvre de Christ, et un recours exclusif à cette œuvre comme suffisante, v. 25

3. Comme Dieu a toujours sa propre gloire en vue dans toutes ses œuvres, nous aussi nous devons faire de cette gloire l'objet constant de nos efforts, et subordonner à ce but toute notre vie, v. 25.

4. La doctrine de l'expiation produit en nous l'effet qu'elle doit produire, lorsqu'elle nous amène à voir et à sentir que Dieu est juste ; qu'il est infiniment miséricordieux ; que nous sommes dépourvus de tout sujet de vanité ; que la voie de salut qui nous est ouverte, est ouverte à tous les hommes ; et que les motifs à tous les gens de devoirs, loin d'être affaiblis, sont fortifiés et multipliés par l'évangile, v. 25-31.

5. Tout s'harmonise dans l'évangile : à l'égard de Dieu, la justice avec la miséricorde ; à l'égard de l'homme, la libération du joug de la loi avec l'obligation la plus rigoureuse à l'obéissance, versets 25,31.

CHAPITRE 4

SOMMAIRE.

Ce chapitre est destiné à confirmer la doctrine de la justification par la foi. Il se divise en deux sections. La première, v. 1-17, comprend la partie d'argumentation. La seconde, v. 18-25, est une éloge de la foi d'Abraham.

CHAPITRE 4.1-17.

ANALYSE.

Depuis le v. 21 du chapitre précédent, l'apôtre a exposé le moyen de salut que nous propose l'évangile. Il va prouver à présent que ce moyen de salut est le véritable, et cela par les arguments suivants : **1.** Par le fait qu'Abraham a été justifié par la foi, v. 1-5. Et ce fait lui-même il le prouve, d'abord parce qu'autrement Abraham aurait sujet de se glorifier, même devant Dieu, v. 2 ; ensuite parce que l'Écriture déclare expressément qu'il a été justifié par la foi, v.3.

Les versets 4 et 5 ont pour but de montrer qu'être justifié par la foi, équivaut à être justifié gratuitement ; que par conséquent tous les passages qui parlent du pardon gratuit des péchés, peuvent être cités à bon droit en faveur de la doctrine de la justification par la foi.

2. Conformément à ce principe, Paul en appelle, pour second argument, au Ps 32, v. 1,2 ; car David parle dans cet endroit, non d'une récompense accordée à des justes à cause de leur justice, mais de la justification gratuite des indignes, versets 6-8.

3. Le troisième argument établit que la circoncision n'est pas une condition nécessaire de la justification, et cela par le fait qu'Abraham a été justifié avant qu'il fût circoncis ; en conséquence, il est le chef et le père de tous les croyants, qu'ils soient ou non circoncis, versets 9-12.

4. Le quatrième argument est tiré de la nature de l'alliance traitée avec Abraham, dans laquelle la promesse a été faite à la condition de la foi, non de l'obéissance légale, versets 13,14.

5. Le cinquième enfin est tiré de la nature de la loi, versets 15-17.

COMMENTAIRE.

1. *Que dirons-nous donc qu'Abraham notre père a obtenu selon la chair ?* On aperçoit aisément le lien entre ce verset et l'argumentation qui précède. Paul avait enseigné que nous sommes justifiés par la foi ; tant pour confirmer cette doctrine, que pour prévenir une objection de la part du Juif, il allègue l'exemple d'Abraham. « Comment les choses se sont elles passées à l'égard d'Abraham ? Comment a-t-il obtenu la justification » ? Il vaut mieux établir le texte de cette manière que de rattacher immédiatement ce verset au dernier du chapitre précédent, comme font plusieurs : « Nous établissons la loi ; puisque la loi elle-même enseigne qu'Abraham a été justifié par la foi ». C'est donner trop d'importance à la mention que l'apôtre fait en passant de la loi, v. 31. Souvent il se contente de repousser en quelques mois l'objection qui reprochait à sa doctrine de rendre la loi inutile, voyez 5.20 ; Ga 3.19. D'ailleurs c'était un des arguments capitaux en faveur de la doctrine de la justification par la foi, qu'Abraham avait été justifié de cette manière ; et ici nous le trouvons en tête d'une série d'arguments qui tous portent sur le même objet.

Selon la chair revient ici à, *par le moyen de la chair.* C'est à tort que quelques versions rattachent ces mots au mot *père*. L'original ne peut guère admettre cette construction.

Le mot *chair* dans cet endroit a donné lieu à des explications très diverses. « Quelques-uns paraphrasent ainsi : *Par les moyens naturels, par lui-même* (Calvin) ; Grotius traduit *par ses propres forces,* ce qui revient au même. Mais il faut convenir que cette interprétation donne au terme chair un sens inusité. D'autres pensent qu'il y ici allusion à la circoncision ; « par la chair », équivaudrait à, « par la circoncision qui se pratique dans la chair ». Mais rien dans le contexte n'indique cette allusion spéciale. Paul emploie souvent le mot chair avec une acception très générale pour dire tout ce qui est extérieur, ce qui est relatif aux cérémonies, aux observances légales, etc.; ex. Ga 6.12 : « tous ceux qui cherchent à se rendre agréables dans ce qui regarde la chair » ; Ga 3.3 : « êtes-vous si insensés, qu'ayant commencé par l'Esprit vous finissiez maintenant par la chair » ? Ph 3.3,4, Paul dit qu'il n'a point de confiance en la chair ; quoique, ajoute-t-il, si quelqu'un estime qu'il a de quoi se confier en la chair, j'en aie encore davantage ; puis il indique successivement sa généalogie hébraïque, sa qualité de pharisien, sa justice légale sans reproche, comme autant d'idées renfermées dans cette expression étendue, la chair. Dans notre passage, il faut entendre par ce mot tous les avantages extérieurs d'Abraham, et toutes ses œuvres, comme l'indique le contexte. *Selon la chair* pourrait encore signifier *more mortalium,* à la manière des hommes ; comparez 2 Co 1.17 ; Ga 4.23. Ce qui reviendrait à peu près à l'explication de Calvin : *Par les moyens naturels*, ou *par lui-même*. La question de l'apôtre revient à dire : « Abraham a-t-il obtenu la justification ou la faveur de Dieu, par la chair » ? À cette question il faut supposer une réponse négative qui est sous-entendue, et dont le verset suivant assigne la raison : « Car si Abraham a été justifié par les œuvres, etc. » Cette expression, *par les œuvres,* est donc substituée à la précédente, *par la chair,* comme en étant l'équivalent.

2. *Car si Abraham a été justifié par les œuvres, il a sujet de se glorifier ; mais* il n'a *point* sujet de sa glorifier *devant Dieu.* Ici, comme nous l'avons fait observer, il faut suppléer une réponse négative à la question du premier verset. Abraham n'a point obtenu la faveur de Dieu par la chair. On aperçoit alors la force du *car* qui commence le verset 2 ; cette particule sert à introduire la raison de cette réponse négative. Le verset est lui-même très concis, et la dernière incise donne lieu à des interprétations différentes. Quelques-uns paraphrasent ainsi : « Si Abraham avait été justifié par les œuvres, il pourrait, à la vérité, faire valoir ses droits à la confiance et à la faveur des hommes, mais il ne pourrait pas avoir un sujet fondé de se glorifier devant Dieu ». Mais cette explication introduit une idée entièrement étrangère au passage, et fournit une conclusion précisément opposée à celle que demandent les prémisses. Car s'il avait été justifié par les œuvres, il aurait effectivement sujet de se glorifier devant Dieu. L'interprétation de Calvin est à la fois la plus satisfaisante et la plus simple. Il y a ici selon lui, un *épichérème,* c'est-à-dire une argumentation imparfaite, à compléter ainsi : « Si Abraham a été justifié par les œuvres il a sujet de se glorifier ; mais il n'a point sujet de se glorifier devant Dieu ; donc il n'a pas été justifié par les œuvres » ; c'est là la conclusion que Paul avait pour but d'établir, et qu'il confirme aussitôt par le témoignage de l'Écriture. Jusqu'ici le raisonnement est fondé sur ce principe supposé reconnu, que nul homme ne peut ainsi paraître avec assurance devant Dieu, et se vanter d'avoir fait tout ce qui lui était demandé. Si la doctrine de la justification par les œuvres implique en effet, comme Paul le fait voir, cette prétention à l'obéissance parfaite, il en résulte nécessairement que cette doctrine est fausse. Et maintenant il va confirmer par l'Écriture qu'Abraham n'a pas été justifié de cette manière.

3. *Car, que dit l'Écriture ? Abraham crut à Dieu, et* cela *lui fut imputé à justice.* Abraham n'a point sujet de se glorifier devant Dieu comme ayant été justifié par les œuvres ; *car,* que dit l'Écriture ? est-ce dans les œuvres d'Abraham qu'elle place le fondement de sa justification ? Nullement. Elle déclare qu'il a été justifié par la foi ; ce qui équivaut à dire, comme Paul va le montrer, qu'il a été justifié gratuitement. Le passage que cite l'apôtre est Ge 15.6 « Abraham crut à l'Éternel, et cela lui fut imputé à justice ». Ce passage est important à considérer, parce que la locution « imputer la foi à justice », revient fréquemment dans les écrits de Paul. Le verbe rendu par *imputer* a plusieurs sens différents dans la langue originale. **1.** Sa signification primitive est *compter, nombrer* ; 2 Ch 5.6, « du bétail en si grand nombre, qu'on ne le pouvait compter » ; Mc 15.28, « il a été compté parmi les transgresseurs » ; És 53.12, etc. **2.** Il veut dire *estimer, regarder comme, tenir pour,* c'est-à-dire mettre au nombre des objets d'une certaine classe ; Ge 31.15 : « ne nous regarde-t-il pas comme des étrangères (version anglaise) ; És 40.17 ; Job 19.11 ; 33.10. **3.** Il s'emploie dans le sens plus général de *former le dessein, imaginer, considérer, penser,* etc. **4.** Dans une acception étroitement liée à la signification primitive, le mot veut dire *imputer, porter en compte* à quelqu'un, c'est-à-dire mettre au nombre des choses qui appartiennent à quelqu'un, ou dont on peut le rendre responsable. Ordinairement il comprend l'idée accessoire de « traiter celui dont il s'agit d'une manière conforme à la nature de la chose qu'on lui impute ». Par exemple dans cette locution fréquente, *imputer le péché* ; ainsi 2 S 19.19, « que mon Seigneur ne m'impute point mon iniquité », c'est-à-dire qu'il ne m'en demande pas compte, et ne me traite pas en conséquence ; comp. 1 S 22.15, dans l'hébreu et dans les Septante ; Ps 32.2, etc. etc. Et dans le Nouveau Testament, 2 Co 5.19, « n'imputant point aux hommes leurs péchés » ; 2 Ti 4.16, « que cela ne leur soit point imputé », etc. etc. Ces passages, et bien d'autres semblables, rendent parfaitement claire l'idée qu'on doit se faire de l'imputation d'après l'Écriture. C'est rendre quelqu'un responsable de quelque chose, et le traiter en conséquence. L'imputation ne produit aucun changement dans l'individu à qui elle est faite : elle change simplement sa relation à l'égard de la loi. Par conséquent toutes les objections qu'on a élevées contre la doctrine exprimée par ce terme, en se fondant sur ce que l'imputation change le caractère moral de l'homme, qu'elle implique une sorte d'infusion dans l'âme ou du péché ou de la sainteté, toutes ces objections proviennent de ce qu'on n'a pas compris la nature de l'imputation. Il est évident, à ne considérer que la portée du terme, que c'est là une circonstance parfaitement indifférente, si la chose imputée appartenait ou non auparavant à celui à qui est faite l'imputation. On peut, logiquement parlant, porter en compte à quelqu'un, aussi bien ce qui ne lui appartient pas, que ce qui lui appartient ; la première expression n'est pas moins correcte ni moins ordinaire que la seconde. Que cette imputation d'une chose à quelqu'un à qui elle n'appartient pas ne puisse avoir lieu que rarement *avec justice,* cela va sans dire. Mais c'est une étrange méprise de supposer que le mot en soi emporte que la chose imputée appartienne à la personne dont il s'agit. Du reste il est clair que ces observations portent simplement sur la valeur du mot. De savoir si la Bible enseigne effectivement qu'il y ait une imputation ou du péché ou de la justice à qui ne possède pas personnellement l'un ou l'autre, c'est une toute autre question. Or, que la Bible parle d'imputer à un homme ce qui ne lui appartient réellement pas, et aussi de ne pas lui imputer ce qui lui appartient, c'est ce qui résulte, entre autres passages, des suivants. Lé 17.4, « Quiconque aura égorgé un bœuf et ne l'aura point amené à l'entrée du tabernacle pour en faire une offrande à l'Éternel, le sang sera imputé à cet homme là » ; c'est-à-dire que le crime d'avoir répandu le sang, le meurtre, crime dont il ne s'était pas rendu coupable, devait être mis à sa charge, et qu'il devait être mis à mort [1]. À l'inverse, Lé 7.18, « si on mange de la chair du sacrifice le troisième jour, l'offrande ne sera point imputée à celui qui l'aura faite ». Paul parlant à Philémon de la dette d'Onésime, lui dit : « Porte la moi en compte », en d'autres termes, « impute la moi ». Le terme de l'original dans ce dernier cas est le même qu'on trouve Ro 5.13, « le péché n'est point *imputé* quand il n'y a point de loi » ; et ce terme est exactement synonyme, par sa racine comme par l'usage qu'on en fait, du mot employé dans le passage qui nous occupe, quand ce dernier sert à désigner l'imputation. Et sans sortir de notre chapitre, Paul y parle deux fois, versets 6 et 11, « d'imputer

---

[1] *Sanguis imputabitur viro illi. Sanguis* hic est *cædes* ; perinde Deo displicebit, ac si ille hominem occidisset, ac mortis reus judicabitur. ROSSENMULLER.

Als Blutschuld soll es angerechnet werden diesem Manne. – GESENIUS.

la justice », non pas certes à ceux qui la possèdent personnellement mais bien aux *impies,* v. 5, à ceux qui n'ont pas les œuvres, v. 6 [1].

L'idée de l'imputation est une de celles qui reviennent le plus fréquemment dans la Bible, et on la trouve exprimée dans un grand nombre de cas où le terme d'imputation n'est pas employé. Quant Étienne faisait cette prière, Ac 7.60 : « Seigneur, ne leur impute point ce péché », il exprimait exactement la même idée que S. Paul, 2 Ti 4.16, « que cela ne leur soit point imputé », quoique le terme grec qui signifie proprement *imputer* se trouve dans le second cas, et non dans le premier. Ainsi encore, les locutions si fréquentes, « son péché sera sur lui », « il portera son iniquité », sont exactement

---

[1] Voici ce que dit STORR, Opuscula, p. 224. De vario sensu vocis *dikaios*, etc. in N. T. « Puisque ce caractère d'innocence ou de probité, représenté par le mot *justice,* n'appartient pas à l'homme personnellement, il faut qu'elle lui soit attribuée ou imputée. C'est dans ce sens qu'il faut entendre la locution de Ph 3.9, « la justice qui est de Dieu » ; et les locutions suivantes qui sont plus simples : « Imputer la foi à justice », Ro 4.5, et : « Imputer la justice ». « Sans doute, dit-il, on peut bien dire de choses qui appartiennent réellement à quelqu'un qu'elles lui sont imputées, comme c'est le cas, par exemple, pour Phinée (Ps 106.31) ; mais il n'en est pas moins vrai que, tout comme on dit de quelqu'un qu'il n'impute point un acte réellement accompli (Lé 7.18 ; 2 S 19.19 ; etc.) lorsqu'il ne prend pas cet acte en considération pour en décréter ou la récompense ou le châtiment, – de même, à l'inverse, on peut imputer des choses (Lé 17:4) qui ne se trouvent pas effectivement chez celui dont il s'agit, mais qui lui sont attribuées, en tant qu'on le traite comme s'il les possédait. Ainsi on peut dire que la justice est imputée (Ro 4.6,11), non pas qu'on prétende attribuer au pécheur sa propre innocence que Dieu voudrait récompenser, mais pour dire que Dieu nous attribue et nous impute cette justice dont nous sommes dépourvus, dans ce sens qu'il nous traite comme si nous étions innocents et justes.

Verbum *logizésthai* monstrat gratiam, Ro 4.4 ; nam *dikaiosunèn nostram* esse negat. STORR, p. 233.

synonymes de celle-ci : « son péché lui sera imputé » ; et de même, « porter les péchés d'un autre », revient évidemment à dire que « que ces péchés sont imputés ». Par conséquent l'objection qu'on prétendrait tirer de ce que le mot *imputer* ne se trouve pas employé en parlant de l'imputation du péché ou de la justice d'un homme à un autre homme, cette objection fût-elle fondée en fait, ce qui n'est pas, n'aurait pas plus de force que les objections contre les doctrines de la Trinité, de la persévérance des saints, etc., fondées sur ce que ces mots ne se trouvent pas dans l'Écriture. Tout ce qui importe, c'est de savoir si les idées s'y trouvent. La doctrine de l'imputation de la justice n'est pas la doctrine de telle ou telle école de théologie. C'est l'héritage de l'église entière. C'est principalement cette doctrine qui a fait la gloire et la puissance de

---

[1] Le témoignage du savant rationaliste Bretschneider doit être moins suspect que ne le serait celui d'autres hommes plus sains de doctrine. Parlant des confessions de foi à l'époque de la Réformation, particulièrement de celles de l'église luthérienne, il dit : « Les livres symboliques, avant tout, s'inscrivent en faux contre l'idée scolastique de la justification, idée adoptée par l'église romaine, à savoir que la justification est un acte par lequel Dieu communique à l'homme une justice inhérente (justitia habitualis, infusa), c'est-à-dire le rend vertueux. Ces livres représentent la justification comme un acte judiciaire ou légal de la part de Dieu, c'est-à-dire un acte qui change simplement la relation morale de l'homme à Dieu, et non pas l'homme lui-même (du moins immédiatement) ». « En sorte, ajoute-t-il, que la justification se compose de trois parties : **1.** L'imputation du mérite de Christ. **2.** La rémission du châtiment. **3.** La restitution de la faveur et de la félicité dont le péché nous a privés ». – Il ajoute cette note. « L'imputation du mérite était regardée comme la base de la justification, et en conséquence mise sur le premier plan. »

« Par la *imputatio justitiœ* (sive *meriti*) Christi, les livres symboliques entendent ce jugement de Dieu, en vertu duquel il nous traite comme si nous n'avions pas péché, mais au contraire accompli la loi, ou comme si le mérite de Christ était nôtre ; voyez *Apol. Art.* 9 p. 226 : Merita propitiatoris ... aliis donantur imputatione divinâ, ut per ea,

la Réformation [1]. Ceux même qui divergeaient le plus à d'autres égards, s'accordaient parfaitement sur ce point. Et cette doctrine se trouve heureusement enseignée en propres termes dans nos livres saints.

Revenons à la locution qui nous occupe, « la foi est imputée à justice ». Il est très ordinaire d'admettre que la *foi* ici comprend l'objet de la foi, c'est-à-dire la justice de Christ, en sorte que ce n'est pas la foi considérée comme un acte de l'âme qui est imputée, mais la foi en tant qu'elle comprend le mérite qu'elle appréhende et nous approprie. C'est ainsi que l'espérance se prend souvent pour la chose espérée, Ro 8.24, « l'espérance qu'on voit n'est plus espérance », etc. ; et la foi pour la chose crue, Ga 1.23, « il prêche la foi. » ; etc. etc. Bien qu'il y ait des difficultés attachées à cette interprétation, ceux-là ne peuvent pas l'attaquer en restant conséquents avec eux-mêmes, qui font entrer dans l'idée de la foi l'œuvre entière du Saint-Esprit sur le cœur, et les fruits de la foi dans la vie, comme c'est le cas pour un grand nombre de ceux qui rejettent cette manière d'entendre le passage.

Outre cette interprétation on en a donné trois autres, fondées sur trois acceptions différentes du mot *justice*. **1.** Il peut signifier, comme c'est l'ordinaire dans les écrits de Paul, « tout ce que la loi demande, l'obéissance parfaite ». **2.** On peut le prendre dans un sens beaucoup plus restreint, comme lorsqu'on dit de telle ou telle action qu'elle est juste, c'est-à-dire conforme au devoir, digne d'approbation. **3.** Il peut vouloir dire justification, l'acte par lequel on confère à quelqu'un l'état et les prérogatives d'un homme juste. En adoptant la première acception, on aurait ce sens : « La foi est comptée

---

tanquam propriis meritis justi reputamur, ut si quis amicus pro amico solvit æs alienum, debitor alieno merito tanquam proprio liberatur ». – BRETSCHNEIDER, Entwickelung aller in der Dogm. vorkommenden Begriffe, p. 631, 632, etc.

ou imputée comme si elle était l'obéissance parfaite. Elle est prise à la place de la justice parfaite que demande la loi », C'est ainsi qu'il est dit que l'incirconcision est imputée à circoncision, c'est-à-dire que celle-là est considérée et traitée comme si elle était celle-ci. Ainsi encore, l'offrande élevée était imputée comme si elle eût été le froment de l'aire et l'abondance de la cuve, No 18.27 ; et autres exemples fréquents dans l'Écriture. D'après cette explication, la foi ne serait pas simplement l'instrument, mais bien le fondement de la justification, elle serait prise pour ce qu'elle n'est pas, et considérée comme obéissance parfaite. À ne considérer que la valeur des mots, on ne peut nier que cette interprétation soit naturelle et parfaitement conforme à l'usage de la langue. Mais d'un autre côté, bien que cette explication soit possible, à prendre le passage isolément, elle n'est nullement nécessaire, ni la seule que les expressions admettent naturellement ; et elle est d'ailleurs absolument incompatible avec la doctrine et le but de l'apôtre, comme avec un grand nombre d'autres passages de l'Écriture. **1.** Elle est en contradiction avec tous les autres passages où Paul et les autres écrivains sacrés nient que le fondement de la justification soit quelque chose existant en nous, ou fait par nous. Ces passages sont trop nombreux pour être cités ; voyez 3.20, où nous avons montré que les œuvres auxquelles Paul refuse le pouvoir de justifier ne sont pas seulement les œuvres cérémonielles, ni les œuvres faites dans un esprit légal, mais toute espèce d'œuvres, sans exception, les œuvres de justice (Tit 3.5), c'est-à-dire toutes les œuvres justes ou bonnes. Or, la foi considérée comme un acte de l'âme, est aussi bien une œuvre que la prière, la repentance, l'aumône, ou tout autre acte de ce genre. Et elle est aussi bien un acte d'obéissance à la loi, que l'accomplissement d'un autre devoir quelconque, car la loi nous prescrit de faire tout ce qui est bon en soi. **2.** Cette interprétation est en opposition avec tous les passages où le mérite de Christ, sous une forme ou sous une autre, est présenté comme étant le fondement de la justification. Ainsi, chapitre 3.25, c'est le sacrifice propitiatoire de Christ ; 5.18,19, c'est son obéissance ou sa justice ; ailleurs c'est sa mort, sa croix, son sang. Ou la foi est le fondement de notre justification, ou elle n'est que le moyen, l'instrument par lequel nous nous approprions le vrai fondement du salut, à savoir la justice de Christ. Elle ne peut pas être les deux choses à la fois dans notre justification. **3.** Cette interprétation ne peut se concilier avec le rôle qui est constamment assigné à la foi. Il est toujours dit que nous sommes sauvés par le moyen de la foi, jamais en vertu de la foi : toujours par la foi comme instrument, jamais par la loi comme fondement du salut (toujours *dia pistéôs* ou *ék pistéôs*, jamais *dia pistin*), Les locutions, « par la foi en son sang, 3.25 ; « par la foi en Jésus-Christ », etc., ne peuvent s'entendre autrement, sinon, « par le moyen de la foi au sang de Christ, ou en Christ lui-même comme fondement du salut ». Ainsi l'interprétation qui nous occupe est incompatible avec la nature même de la foi, qui suppose nécessairement l'acceptation de Christ et le recours à lui comme étant le fondement de notre justification devant Dieu ; ce qui emporte naturellement que la foi n'est pas elle-même ce fondement. **4.** Aussi ne voyons-nous jamais Paul, ni aucun autre des écrivains sacrés, renvoyer leurs lecteurs à leur foi, ni à rien qui soit en eux-mêmes pour en faire le fondement de leur confiance. Ceux mêmes qui sont les plus avancés dans la sanctification, il les renvoient toujours, en tant qu'il s'agit de la justification, à ce que Christ a fait pour eux, jamais à quelque chose qui ait été opéré en eux. [1] **5.** Paul, en échangeant cette

---

[1] Voyez là-dessus un beau passage dans les Gelegenheitschriften de NÉANDER, p. 23. Après avoir montré que le croyant ne peut jamais

locution douteuse, « la foi imputée à justice », contre les locutions plus précises, « être justifié par la foi » (c'est-à-dire, vu la valeur de la préposition grecque, *par le moyen* de la foi), être « justifié par la foi en son sang », fixe lui-même le sens dans lequel il faut entendre la première. Elle doit donc signifier que ce fut par le moyen de la foi qu'Abraham parvint à être traité comme juste, et non pas qu'à son égard la foi fut prise à la place de l'obéissance parfaite.

D'après la seconde explication, le mot *justice* aurait ici un sens beaucoup plus restreint, et la locution devrait s'entendre ainsi : « La foi d'Abraham fut regardée comme juste, ou bonne, elle fut approuvée ». Cette interprétation n'est pas moins conforme à l'usage de la langue que la précédente. C'est ainsi que, Ps 106.31, il est dit du zèle de Phinée que « cela lui fut imputé à justice ». Cela ne veut pas dire évidemment que ce zèle fut regardé comme obéissance parfaite à la loi, et pris la place de cette obéissance comme fondement de sa justification. Le Psalmiste veut dire simplement que son zèle fut approuvé de Dieu. « Cela fut regardé, dit le docteur Owen, comme une action juste et digne de récompense. » [1] C'est dans le même sens qu'il est dit, De 24.13, de l'acte de restituer un gage, « cela te sera imputé à justice devant

---

fonder sa justification sur sa vie spirituelle ou sur ses œuvres, il ajoute : « Assurément les choses iraient bien mal pour le chrétien, s'il avait à édifier sa justification sur une base aussi peu solide, s'il ne savait pas que « si nous confessons nos péchés, et que nous marchions dans la lumière, comme lui est dans la lumière, le sang de son fils Jésus-Christ nous purifie de tout péché. » Aussi Paul renvoie les rachetés eux-mêmes, troublés par les reproches de leur conscience au milieu des combats et des épreuves de la vie, non pas à l'œuvre de CHRIST EN EUX, mais à ce que l'amour de Dieu en Christ a fait POUR EUX, et qui demeure éternellement certain, malgré leurs propres péchés qui ce renouvellent ».

[1] Divinitus approbatum erat, tanquam justè factum. TUCKNEY, *Prœlectiones* p. 212.

l'Éternel ton Dieu ». Conformément à l'analogie de ces passages, le sens pourrait donc être ici : « La foi d'Abraham fut regardée comme juste, elle obtint l'approbation de Dieu » ; quant à la raison de ce fait, il faut la demander à d'autres passages.

La troisième interprétation suppose que le mot *justice* veut dire ici, comme souvent ailleurs, *justification.* Le sens serait alors : « Sa foi lui fut imputée à justification, ou pour justification », c'est-à-dire en sorte qu'il fut justifié, ou pour qu'il fût considéré et traité comme juste [1] ; comp. 10.4, « Christ est la fin de la loi, en justice (ou *à justice* ou *pour justice*) à quiconque croit » ; c'est-à-dire pour que quiconque croit soit traité comme juste. Rien n'est plus ordinaire que cet emploi de la préposition grecque qu'on trouve dans notre passage ; cette préposition sert à marquer le but dans lequel on fait une chose ; ex. Mt 3.11, « en repentance », pour qu'on se repente ; Ro 6.3, « en sa mort », pour que nous mourions comme lui ; Lu 24.20 ; Ro 10.1. Ou bien elle marque le résultat : Ro 10.10, « du cœur on croit *à justice* », en sorte qu'on est justifié, considéré et traité comme juste ; voyez Wahl Lexic. Cette explication du passage rend d'une manière exacte la pensée de l'apôtre. Ce n'est pas comme un homme « qui fait les œuvres », mais comme un croyant, qu'Abraham a été considéré dans sa justification. Ce ne sont pas ses œuvres, mais sa foi qui lui a été imputée, pour qu'il fût mis au nombre des justes et qu'il eût part à leurs prérogatives. La foi n'a donc pas été le fondement, mais le moyen de sa justification.

4,5. *Or à celui qui fait les œuvres, le salaire ne lui est pas imputé comme une grâce, mais comme une chose due ; mais à celui qui ne fait pas les œuvres, mais qui croit en*

[1] Hâc phrasi præcipuè spectatur *finis et effectum,* ut ex imputatione hâc justus habeatur, et absolvatur ; uti peccatum alicui imputari dicitur non ut illud habeat, sed propter illud puniatur. – Tuckney, p. 215.

celui qui justifie l'impie, sa foi lui est imputée à justice. Ces deux versets ont pour but, en premier lieu de prouver l'à propos de la citation faite au verset 3 ; et cela en montrant que cette déclaration, « la foi d'Abraham lui a été imputée à justice », revient à nier que les œuvres aient été le fondement de sa justification ; secondement, de prouver que justifier par la foi, c'est justifier gratuitement, et que par conséquent tous les passages qui parlent de justification gratuite, déposent en faveur de la doctrine de la justification par la foi.

À celui qui fait les œuvres ou *qui travaille.* On peut considérer ces mots comme l'énoncé d'une proposition générale : « à l'égard de celui qui obéit, c'est-à-dire qui accomplit un ouvrage convenu, la récompense n'est pas considérée comme un don gratuit, mais bien comme une chose due ». Ou bien on pourrait rattacher plus étroitement ce passage à l'idée principale qui préoccupe l'apôtre, en traduisant ainsi : « À l'égard de celui qui fait *de bonnes œuvres,* la récompense est une chose due ». Comme Paul emploie très fréquemment le mot *œuvres* dans le sens de bonnes œuvres, on peut supposer qu'il donne le même sens au verbe qui répond à ce substantif. Mais la première interprétation, qui est peut-être plus conforme à la valeur des mots, ne l'est pas moins au contexte ; car le but de Paul est de montrer que l'Écriture, en rapportant la justification d'Abraham à sa foi, enseigne par là qu'il n'a pas été justifié par les œuvres. Il résulte de la nature des choses qu'une justification par la foi est gratuite, tandis qu'au contraire une justification par les œuvres est nécessairement une chose due, puisque la récompense est due en bonne justice à celui qui fait un travail [1].

[1] Michaelis et Tholuck entendent ainsi ce verset : « À celui qui fait les œuvres, le salaire n'est pas *imputé,* c'est une chose due ». Cette interprétation suppose que de la seule valeur du mot *imputer*, dans le sens de Paul, il s'ensuit que la chose imputée à quelqu'un ne lui appartient proprement pas.

À celui qui ne fait pas les œuvres, c'est-à-dire qui ne prétend pas gagner ou mériter un salaire, qui renonçant à toute confiance en ses œuvres, « croit en celui qui justifie l'impie », à son égard, par la nature du cas, la justification est un don gratuit. Il est dans la nature même de la foi dont l'apôtre parle, que celui qui a cette foi sente et reconnaisse qu'il est impie, et conséquemment ne mérite pas la faveur de Dieu. Un tel homme, plaçant sa confiance dans la miséricorde de Dieu, ne peut que reconnaître que sa justification est une affaire de grâce et non une rétribution qui lui est due. La pensée de l'apôtre pourrait donc s'exprimer ainsi : « À l'égard de celui qui fait les œuvres, la récompense est une chose due, tandis qu'à l'égard de celui qui ne fait pas les œuvres, mais qui croit simplement, la récompense est une affaire de grâce ». Mais au lieu de dire, « c'est une affaire de grâce », il emploie une autre expression équivalente, « la foi lui est imputée à justice ». C'est-à-dire, « il est justifié par la foi ». Être justifié par la foi, c'est donc être justifié gratuitement et non par les œuvres. C'est ainsi que Paul prouve que le passage cité au v. 3, pouvait servir d'argument contre la justification par les œuvres. Son raisonnement nous montre en même temps que tous les passages qui parlent de justification gratuite, peuvent être cités en preuve de la doctrine de la justification par la foi. Il fraie ainsi la voie à son *second* argument, qui est pris du témoignage de David.

Il faut remarquer l'expression qu'il emploie en parlant de ceux que Dieu justifie, les *impies*. Ce ne peut pas être en vertu de leur caractère personnel, que des impies sont considérés et traités comme juste ; et il résulte encore de cette expression que la justification ne consiste pas à transmettre la justice ou la sainteté inhérente : car c'est comme *impies* que les croyants sont gratuitement justifiés en considération de Christ. La doctrine qui suppose que l'imputation de la justice affecte le caractère moral de ceux à qui elle est faite, cette doctrine ne fut jamais, nous l'avons montré, celle de la Réformation, ou des théologiens luthériens et calvinistes. Sans doute ceux que Dieu justifie il les sanctifie aussi, mais la justification n'est pas la sanctification, et l'imputation de la justice n'est pas l'infusion de la justice. « Ce sont là les premiers principes de la doctrine des Réformateurs », dit un ancien théologien. « La quatrième grande erreur des papistes sur l'article de la justification, est relative à ce que nous appelons la forme de cette justification. Car eux, reniant et tournant en dérision la justice de Christ (sans laquelle pourtant nul homme ne peut être sauvé), maintiennent que nous sommes sauvés par l'infusion de la justice, et non par imputation ; tandis que nous au contraire nous maintenons, conformément aux Écritures, que nous sommes justifiés devant Dieu uniquement par l'imputation de la justice de Christ, et non par infusion. Et quand nous disons que Dieu nous impute la justice de Christ, voici à quoi revient notre pensée : c'est qu'il accepte par grâce, pour nous et à notre égard, la justice de Christ, à savoir, active dans son obéissance, qu'il a accomplie pour nous aux jours de sa chair ; et passive dans ses souffrances, qu'il a endurées à notre place ; en sorte que Dieu nous traite comme si nous avions personnellement accompli l'une et souffert les autres. Néanmoins, nous confessons que le Seigneur *infuse* la justice dans les fidèles ; mais c'est en tant qu'il les sanctifie, non en tant qu'il les justifie ; etc. » Ces observations sont de l'évêque Downame ; voyez son ouvrage sur la justification, p. 261. Tuckney, l'un des membres les plus influents de l'assemblée de Westminster, et principal rédacteur du Petit-Catéchisme, s'exprime ainsi dans ses Prælectiones, p. 213 : « Encore que Dieu justifie l'impie, Ro 4.5, c'est-à-dire celui qui était auparavant impie, et qui, jusqu'à un certain point, demeure, quant à son caractère inhérent, *injuste* après la justification, cette justification a son fondement légitime dans la satisfaction offerte par Christ ». Et plus loin : « Les papistes entendent par justification l'infusion d'une justice inhérente, et confondent ainsi la justification avec la sanctification ; mais si telle était la vraie nature de la justification, ils devraient donc nier que l'imputation de la justice de Christ soit la cause ou la raison formelle de cette justification là, qui revient à la sanctification. Car il y aurait folie ou blasphème à dire et même à penser, que la justice de Christ à nous imputée, puisse nous rendre justes d'une justice formelle et inhérente, de telle sorte que nous soyons justes de cette manière-là avec la seule justice de Christ. En effet, la justice de Christ lui est propre et personnelle, elle est aussi inséparable de lui-même et aussi incommunicable à autrui, qu'un attribut quelconque d'un objet, ou que l'essence même de cet objet ».

6,7,8. *Comme aussi David exprime la béatitude de l'homme à qui Dieu impute la justice sans les œuvres : « Bienheureux ceux dont les iniquités sont pardonnées, et dont les péchés sont couverts ! Bienheureux est l'homme à qui le Seigneur n'aura point imputé son péché » !* Le premier argument de l'apôtre en faveur de la justification gratuite était pris de l'exemple d'Abraham ; le second est pris du témoignage de David. Ce verset se rattache immédiatement au précédent. Il était dit à la fin de ce dernier, qu'à celui qui n'a pas les œuvres la foi est imputée pour le justifier, c'est-à-dire qu'il est justifié gratuitement, selon ce que David dit du bonheur de celui que Dieu considère et traite comme juste, quoiqu'il soit dépourvu de mérite. *Exprime la béatitude*, c'est-à-dire déclare bienheureux [1]. *À qui Dieu impute*

---

[1] *Makarismos* signifie proprement *déclaration de bonheur*, en sorte que la locution dont Paul fait usage, *légein ton makarismon*, revient au même que *makarizein*.

la justice sans les œuvres, c'est-à-dire que Dieu considère et traite comme juste, quoiqu'il soit injuste en lui-même. On ne saurait se méprendre sur le sens de cette incise. « Imputer le péché », c'est mettre le péché à la charge de quelqu'un, et le traiter en conséquence, tout le monde est d'accord là-dessus ; semblablement, « imputer la justice », c'est mettre la justice sur le compte de quelqu'un et le traiter en conséquence. Il est clair que cette justice n'appartient pas antérieurement à ceux à qui elle est imputée, puisqu'ils sont impies et dépourvus de bonnes œuvres. Nous avons donc ici une imputation faite à certains hommes de ce qui ne leur appartient pas, et à quoi il n'ont par eux-mêmes nul droit. Imputer la justice est la définition que l'apôtre donne lui-même du terme *justifier*. Ce n'est pas rendre les hommes justes d'une justice inhérente, ou leur donner la pureté morale, mais bien les considérer et les traiter comme justes. C'est ce qui a lieu, non pas en vertu de leur caractère personnel ou de leurs œuvres, mais en vertu de la justice de Christ. Comme c'est là se comporter à l'égard des hommes, non d'après le mérite, mais par grâce, le passage cité (Ps 32.1,2) est ici exactement applicable : « Heureux ceux dont les iniquités sont pardonnées, et dont les péchés sont couverts, » c'est-à-dire, heureux l'homme qui, quoique pécheur, est considéré et traité comme juste. Comme à la rémission des péchés se lie nécessairement le retour de la faveur de Dieu, l'apôtre parle de la première comme si elle était à elle seule toute la justification ; non pas que l'idée de la rémission des péchés épuise l'idée entière de la justification ; mais parce qu'elle emporte nécessairement le reste. Ainsi encore, Ép 1.7, il est dit : « En qui nous avons la rédemption, savoir la rémission des péchés » ; ce qui ne veut pas dire que le pardon soit le tout de la rédemption, ou qu'il en faille exclure le don du Saint-Esprit, la glorification du corps, et la vie éternelle, qui sont constamment présentés comme étant des fruits de l'œuvre de Christ, comme faisant partie de « la possession qu'il nous a acquise », Ép 1.14.

9. *Or, cette béatitude est-elle seulement pour la circoncision, ou aussi pour l'incirconcision ? Car nous disons que la foi fut imputée à justice à Abraham.* Le troisième argument de l'apôtre, qui commence à ce verset et s'étend jusqu'au douzième, est spécialement relatif à la circoncision. Il avait prouvé qu'Abraham n'a pas été justifié en vertu de ses œuvres en général, il prouve maintenant que la circoncision n'a pas été le fondement ni la condition de sa justification. L'argumentation est à la fois brève et concluante. Il est supposé reconnu qu'Abraham a été justifié. La seule question à résoudre est celle-ci : « Fut-ce avant, fut-ce après sa circoncision » ? Si ce fut après, ce ne fut certainement pas en vertu de ce rite, et la circoncision doit avoir eu quelque autre but.

Cette béatitude, c'est-à-dire cette déclaration de félicité concerne-t-elle [1] la circoncision seulement » ? littér. est-elle *sur* la circoncision seulement ? La préposition de l'original marque souvent la direction d'une action, ou indique l'objet à l'égard duquel on déclare quelque chose. La question de l'apôtre ne se rapporte pas directement aux personnes à qui s'adresse l'offre de la justification, en sorte qu'on puisse la traduire ainsi : « Cette béatitude est-elle restreinte aux Juifs, ou peut-on l'étendre aussi aux Gentils » ? Car ce n'est pas ce sujet là que traite naturellement l'apôtre. C'est du fondement ou de la condition de la justification qu'il est question présentement, non des personnes à qui l'offre en est faite. Voici donc à quoi se réduit en substance la question : « Cette déclaration de félicité est-elle relative aux circoncis comme circoncis » ? en d'autres termes : « La circoncision est-elle nécessaire à la justification » ? car c'est de cette félicité là qu'il s'agit.

---

[1] On peut sous-entendre, pour compléter la phrase, le verbe *légétai*, emprunté à ce qui précède.

Car nous disons que la foi fut imputée à justice à Abraham. Le texte que la préposition *car* établit entre ce verset et le précédent, n'est pas très clair. Quelques-uns considèrent cette particule comme équivalente à *nempè*, ou *quùm*, *puisque* : « Puisque nous disons, etc. » D'autres pensent qu'elle suppose une réponse implicite à la question qui précède : « Cette béatitude est-elle seulement pour la circoncision, ou aussi pour l'incirconcision ? *elle est aussi pour l'incirconcision, car* nous disons, etc. » Il est reconnu ou prouvé qu'Abraham a été justifié par la foi ; pour décider si la circoncision est nécessaire, il suffit d'examiner dans quelles circonstances il a été ainsi justifié, si ce fut avant ou après la circoncision.

10. *Dans quelles circonstances donc lui fut-elle imputée ? lorsqu'il était dans la circoncision, ou dans l'incirconcision ?* Ce ne fut *pas* lorsqu'il était *dans la circoncision, mais dans l'incirconcision.* Évidemment la circoncision, qui fut de beaucoup postérieure à sa justification, n'a pas pu être le fondement ou la condition indispensable de cette justification.

11. *Puis il reçut le signe de la circoncision, comme un sceau de la justice de la foi qu'il a eue étant incirconcis ; pour qu'il fût le Père de tous ceux qui croient, étant incirconcis, pour que la justice leur fût aussi imputée.* Paul ayant montré que la circoncision n'était pas la condition de la justification, il devenait nécessaire de déclarer la vraie nature et le véritable but de ce rite. *Le signe de la circoncision*, c'est-à-dire « la circoncision qui était un signe » (génitif d'*apposition*), comp. 2 Co 1.22, « les arrhes de l'Esprit » pour « l'Esprit qui est des arrhes ». *Comme un sceau de la justice de la foi. La justice de la foi* est une expression concise pour « la justice qui s'obtient par la foi » ; ou, plus complètement, Ph 3.9, « la justice de Dieu, qui est par la foi ». Le mot *justice*, dans cet ordre d'idées, comprend, outre l'idée d'excellence morale ou d'obéissance, celle de la félicité qui en est la suite. C'est « l'état de justification devant Dieu ». La circoncision d'Abraham avait pour but de lui confirmer ce fait, qu'il obtint que Dieu le considérât et le traitât comme juste, par sa foi, qui fut le moyen par lequel il eut part aux bénéfices de la promesse de la rédemption. *Qu'il a eue*. On rapporte ordinairement le pronom *que* au mot *foi* : *Laquelle foi* il a eue ». Mais on peut aussi le rattacher au mot *justice*, comme exprimant l'idée principale, *laquelle justice* il a eue, etc.

Pour qu'il fût, etc. La tournure de l'original peut représenter ou le but, ou simplement le résultat. Dans le premier cas, on aurait ce sens, adopté par notre version : « La déclaration qui a eu lieu de la justification d'Abraham avant sa circoncision, avait pour but qu'il fût le père des croyants incirconcis ». Dans la seconde supposition, l'apôtre dirait : « Il a été justifié étant incirconcis, *en sorte qu'il est* le père, etc. » Les deux explications vont bien au contexte ; cependant la dernière paraît plus naturelle. Le mot *père* s'emploie souvent pour exprimer l'idée générale de dépendance ; il se dit par exemple des rapports d'un maître avec son disciple (de là ce mot a été appliqué aux docteurs religieux, *Abbas*, Papa, Pape, Pater, les Pères, etc.; voyez Gesenius lexic.), d'un guide avec celui qu'il conduit, etc. De là encore l'auteur ou l'inventeur de quelque chose est appelé père, Ge 4.20,21, « il fut le père de tous ceux qui touchent les orgues ». Abraham est appelé « père des croyants », comme étant leur chef en ce qu'il a présenté le premier exemple remarquable de foi mentionné dans l'Écriture, et en ce qu'il est la souche de la famille de Dieu, c'est-à-dire de son peuple particulier. Il est encore le père des croyants, en tant qu'il est le dépositaire de la promesse ou de la bénédiction dont ils sont héritiers. Aussi ces locutions, « afin qu'il fût notre père », « afin que nous fussions ses enfants », « afin que sa bénédiction nous fût conférée » (Ga 3.14), sont-elles à peu près équivalentes. Abraham a été justifié avant sa circoncision, afin que (ou en sorte que) la bénédiction à lui promise fût conférée aux incirconcis, c'est-à-dire afin qu'il fût leur père. Cette relation, que l'église soutenait avec Abraham sous l'Ancien Testament, n'a pas été désavouée par ceux qui sont entrés quand le mur de séparation entre les Juifs et les Gentils est tombé. Être enfant d'Abraham, c'est être comme lui, avoir la même foi qu'il avait, Ga 3.7 ; Abraham est donc le père de tous ceux qui croient, comme étant leur tête, leur chef et leur modèle ; les Juifs parlaient habituellement d'Abraham dans le même sens ; ainsi Michlal Jophi sur Malachie 2.15 : « Par cet *un* dont il est parlé dans ce passage, le prophète avait en vue Abrabam, car il fut le seul de son espèce, et père de tous ceux qui suivent et imitent sa foi ». Bechai, fol. 27, appelle Abraham « la racine de la foi, et le père de tous ceux qui croient à un seul Dieu ». Jalkut Chadasch, fol. 54.4 : « Si Abraham ne fut circoncis qu'à l'âge de quatre-vingt-dix-neuf ans, c'est pour qu'il ne fermât pas la porte aux prosélytes qui voudraient entrer » ; voyez Schoettgen.

De tous ceux qui croient étant incirconcis, littéralement, de tous ceux qui croient *avec* ou *dans l'incirconcision* ; voyez la même tournure, 2.27. *Pour que la justice leur fût aussi imputé*. Le texte et le but de cette incise ne sont pas très clairs. Il ne faut pas en faire une parenthèse ; elle se rattache immédiatement à la précédente, qu'elle explique. « Abraham a été justifié étant encore incirconcis, afin qu'il fût le père des croyants incirconcis, *c'est-à-dire*, afin que la justice leur fût aussi imputée ». Voyez Ga 3.13,14, un passage qui présente quelque analogie avec celui-ci, bien que dans le premier cas la construction qui répond à *afin que* soit différente : « Christ, y est-il dit, nous a rachetés de la malédiction de la loi, *afin que* la bénédiction d'Abraham s'étendît aux

Gentils, *afin que*, nous reçussions l'Esprit qui avait été promis ». La seconde de ces deux dernières incises est comme l'exégèse de la première.

12. *Et le père de la circoncision, savoir, de ceux* (litt. *à ceux*) *qui ne sont pas de la circoncision seulement, mais qui aussi marchent sur les traces de la foi de notre père Abraham, qu'il a eue étant incirconcis. – Et le père de la circoncision.* Ces mots se rattachent à *pour qu'il fût* du v. 11. « Pour qu'il fût le père des incirconcis, *et aussi* le père de la circoncision. Comme en hébreu on dit aussi bien père *à* quelqu'un que père *de* quelqu'un (2 S 7.14 ; Hé 1.5) l'apôtre réunit ici les deux tournures dans le même verset : *Père de la circoncision*, savoir *à ceux qui*, etc. Parallèlement au v.11, qui déclare qu'il est le père des Gentils croyants, le verset 12 déclare qu'il est le père des Juifs croyants, c'est-à-dire des Juifs qui tenaient à lui par une relation supérieure à celle de la simple circoncision.

L'interprétation qui expliquerait ce verset dans ce sens : « Il est le père de la circoncision, et non pas de la circoncision seulement, mais aussi de ceux, qui imitent sa foi », c'est-à-dire non seulement des Juifs, mais aussi des Gentils croyants ; cette interprétation ne peut se concilier ni avec la construction grammaticale, ni avec le contexte. Paul ne dit pas, *non seulement à ceux de la circoncision,* mais *à ceux qui ne sont pas de la circoncision seulement*, comme il est facile de s'en convaincre en consultant l'original. De plus, il avait déjà dit v. 11 qu'Abraham est le père des Gentils croyants ; ici il parle d'une classe d'hommes différente. Enfin il n'est pas vrai qu'Abraham fût le père des Juifs dans le sens où Paul emploie ici cette expression. Il a été justifié par la foi, non pour être le père des Juifs, mais bien le père des croyants.

Les versets 13-16 contiennent deux nouveaux arguments en faveur de la doctrine de l'apôtre. Le premier, versets 13,14, est le même qu'il développe davantage Ga 3.18 suiv. ; cet argument est fondé sur la nature d'un contrat. La promesse ayant été faite à Abraham (et à sa postérité) à la condition de la foi, elle ne saurait à présent, la fidélité de Dieu restant intacte, être rendue dépendante de l'obéissance à la loi. Le second argument, versets 15,16, est tiré de la nature de la loi elle-même.

13. *Car la promesse d'être héritier du monde, n'a pas été* faite *à Abraham, ou à sa postérité, par la foi, mais par la justice de la foi.* Ce verset a pour but d'établir, non pas l'insuffisance de la circoncision, mais bien la doctrine de la justification par la foi. L'apôtre avait enseigné au verset précédent qu'Abraham est le père des croyants, c'est-à-dire que c'est *par la foi* que nous devenons héritiers de la promesse qui lui fut faite. Cette promesse comprenait tous les bienfaits de la rédemption. C'est à confirmer cette doctrine que ce verset est destiné. Les croyants sont héritiers d'Abraham, *car* la promesse lui a été faite *non par la loi, mais par la justice de la foi.* La promesse dont il est ici parlé, c'est qu'Abraham et sa postérité seraient héritiers du monde. *Héritier*, dans l'Écriture, signifie souvent *possesseur assuré*, Hé 1.2 ; 6.17 ; 11.7 ; etc. Cet usage de ce terme provenait sans doute de ce que chez les Juifs, les possessions obtenues par héritage étaient beaucoup plus assurées et plus permanentes que celles qu'on acquérait en les achetant. Comme la promesse mentionnée dans ce verset ne se trouve nulle part dans l'Écriture en propres termes, l'apôtre ne peut qu'avoir voulu exprimer le contenu de celles qui s'y trouvent réellement. Mais les expressions qu'il emploie ont été entendues de diverses manières. **1.** Quelques interprètes entendent par le *monde* la terre de Canaan seulement. Mais d'abord, ce serait là un usage du mot très inusité, sinon absolument sans exemple. De plus, cette explication, ne s'accorde pas avec le contexte ; car Paul parle d'une promesse à laquelle devaient participer les croyants d'entre les Gentils, comme le montre le verset 16. **2.** D'autres pensent qu'il s'agit de la promesse faite à Abraham qu'il serait le père d'un grand nombre de nations, Ge 17.5 et que sa postérité serait aussi nombreuse que les étoiles du ciel, Ge 15.5. Ils restreignent ces promesses aux descendants naturels d'Abraham, à l'égard desquels, vu leur dispersion dans tous les pays, on peut dire, dans un sens limité, qu'ils possèdent le monde. Mais cette interprétation n'est pas compatible avec le v. 16. **3.** Outre les promesses qu'on vient de citer, il avait aussi été dit à Abraham, que toutes les nations de la terre seraient bénies en lui, Ge 12.3. Cette promesse, comme Paul le montre Ga 3.16, se rapportait directement aux bénédictions attachées à la rédemption par Jésus-Christ, qui était la semence d'Abraham. Et dans le passage qui nous occupe, comme dans ceux que nous venons de citer, il parle de bénédictions auxquelles ont part tous les croyants. La possession du monde doit donc s'entendre ici dans un sens qui s'accorde avec ces passages. Or, cette locution se prend souvent dans un sens général pour désigner la prospérité et le bonheur. « Être héritier du monde », serait alors être heureux dans le sens supérieur du mot. On cite à l'appui de cette interprétation des passages du genre de Ma 5.5, « Les débonnaires hériteront la terre » ; Ps 25 : « La postérité du juste possédera la terre en héritage » ; Ps. 37.11. La promesse d'être héritier du monde serait donc une promesse générale de bénédiction. Et comme le bonheur promis aux croyants est celui qui est la conséquence de la religion et qui en est la récompense, la promesse ainsi entendue peut comprendre, tous les bienfaits de la rédemption. C'est ainsi que dans Ga 3.14, Paul emploie cette locution, « afin que la bénédiction d'Abraham parvînt aux Gentils », comme équivalente à celle-ci, « afin que les bénédictions attachées à l'évangile leur parviennent ». **4.** Enfin, la promesse dont il s'agit pourrait se rapporter à la possession effective du monde par la postérité spirituelle d'Abraham et par Christ qui en est le chef. La déclaration faite au patriarche qu'il serait le père de beaucoup de nations et que sa postérité serait comme les étoiles du ciel, cette déclaration comprenait bien plus que la simple promesse que ses descendants naturels seraient en grand nombre. « Si ceux qui sont de la foi sont de la postérité d'Abraham et héritiers de la promesse », Ga 3.9,29, alors la promesse, telle que l'énonce l'apôtre, aura trouvé son accomplissement littéral, quand les royaumes de ce monde auront été donnés aux saints du Souverain (Da 7.27), et que les contrées les plus reculées seront devenues la possession de Christ. Dans ce sens, la promesse se rapporterait au règne universel de la vraie religion, en y comprenant l'avènement de Christ, l'établissement de son royaume, et toutes les bénédictions qui en seront la suite [1]. La promesse faite à Abraham et à sa postérité *n'a pas été donnée par la loi, mais par la justice de la foi*. C'est-à-dire, que cette promesse n'a pas été faite à la condition d'obéissance à la loi, mais à la condition de posséder cette justice qui s'acquiert par la foi. Ainsi *par la loi* équivaut à *par les œuvres de la loi*, comme le montre l'opposition que présente cette incise avec celle qui suit, *par la justice de la foi*. La *loi* désigne ici toute la règle du devoir, comme dans d'autres passages du même genre ; voyez 3.20. Dans ce sens elle comprend naturellement la loi de Moïse, qui pour les Juifs était la portion la plus saillante de la volonté

---

[1] *Bemidbar*, R. 14, f. 202. « Le jardin est le monde que Dieu donna Abraham, à qui il fut dit : « Tu seras en bénédiction ». *Thanchuma*, p. 165 : « Dieu a donné à notre Père Abraham la possession du ciel et de la terre ». *Midrasch Mischle*, 19. *Mechila* in Ex 14.31 « Abraham notre père n'a obtenu l'héritage de ce monde et du monde à venir que par la foi ». WETTSTEIN.

révélée de Dieu, et sur l'observation de laquelle reposait principalement leur espérance d'avoir part à sa faveur. Le passage parallèle, Ga 3.18 suiv., où il est dit que la loi fut donnée quatre cents ans après l'alliance traitée avec Abraham, montre bien qu'il entrait dans le dessein de Paul de convaincre les Juifs, que tout comme Abraham ne fut pas justifié par la circoncision, v. 11, il ne le fut pas non plus en vertu de l'économie mosaïque ; et que par conséquent la promesse ne devait pas être rendue dépendante de l'obéissance à cette économie. Mais bien que cette idée soit comprise dans les expressions de l'apôtre, il ne faut pas trop la presser, de manière à exclure l'acception plus étendue du mot *loi*, que Paul a aussi en vue, témoin le contexte et l'usage qu'il fait habituellement de ce mot. Ce n'est à aucun égard par l'obéissance à la loi, soit générale, soit sous la forme particulière qu'elle revêt dans l'institution mosaïque, qu'on peut s'assurer l'effet de la promesse.

14. *Car si ceux qui sont de la loi sont héritiers, la loi est rendue inutile et la promesse est vaine.* La condition originelle étant la foi, si on en substitue une autre, la promesse est violée, et la condition ne sert plus à rien. *Ceux qui sont de la loi*, expression qui veut dire quelquefois, ceux qui possèdent la loi, c'est-à-dire les Juifs, v. 16 ; comp. « ceux qui sont de la circoncision », v. 12. Mais ici cette expression veut dire « ceux qui cherchent la justification par les œuvres de la loi » ; comme « ceux qui sont de la foi », sont ceux qui cherchent la justification par la foi ; comp. Ga 3.10, « tous ceux qui sont des œuvres de la loi sont sous la malédiction » ; c'est-à-dire qui cherchent la justification par leurs œuvres. Voici donc quel est évidemment le sens de ce verset. Si ceux qui mettent leur confiance en leurs œuvres sont héritiers de la promesse, et sont justifiés à la condition de leur obéissance à la loi, tout le contrat est rompu, la foi est rendue inutile, et la promesse est vaine. *Est rendue inutile*, littér. *vide*, voyez 1 Co 1.17 ; 9.15, la même expression ; comp. 1 Co 15.17, « votre foi est vaine », non seulement sans fondement, mais de nul usage. *La promesse est rendue vaine*, c'est-à-dire invalidée ; voyez 3.3,31, où le même verbe grec est traduit par *anéantir*.

15. *Car la loi produit la colère : car où il n'y a point de loi, il n'y a point non plus de transgression.* Ce verset contient un nouvel argument, tiré de la nature de la loi, en faveur de la doctrine de l'apôtre sur la justification par la foi. Si la promesse, après avoir été attachée à la condition de la foi, devenait dépendante de la loi, cette promesse perdrait son effet, non seulement en vertu du principe énoncé Ga 3.15, savoir qu'une alliance une fois conclue ne saurait être modifiée, mais d'après la nature même de la loi. La loi produit la colère, elle ne saurait procurer la justification, qui est le point essentiel de la promesse.

La loi *produit la colère*, c'est-à-dire fait en sorte que les hommes ont à souffrir la colère ou le châtiment. Or, la loi produit cet effet de deux manières ; aussi y en a-t-il deux d'expliquer ce verset. **1.** La loi a une puissance de condamnation, la sanction ou pénalité en est une partie essentielle, et c'est seulement en vertu de la loi que le péché est puni ; car le péché n'est point imputé ou puni quand il n'y a point de loi ; en d'autres termes, où il n'y a point de loi il n'y a point de transgression. L'idée qui sert d'argument à l'apôtre serait donc que la fonction de la loi est de condamner, non de justifier. Comme elle requiert l'obéissance parfaite, et qu'elle dit : « Maudit est quiconque ne persévère pas dans toutes les choses écrites au livre de la loi pour les faire », tous ceux qui sont sous la loi sont sous la malédiction. Ainsi, pour des pécheurs, le salut par la loi est impossible par la nature même de cette loi. D'après cette interprétation, l'argumentation de l'apôtre serait analogue à Ga 3.10. **2.** Mais la loi produit la colère encore d'une autre manière ; elle excite et irrite les mauvaises passions du cœur. Et cela non point par l'effet de quelque défaut qui soit dans la loi même, mais par suite de la nature du péché. C'est une idée que Paul présente souvent, 7.5 suiv. 8.3. On aurait alors ce sens : La loi qui, loin de délivrer les hommes du péché, rend accidentellement leurs transgressions plus nombreuses et plus éclatantes, et par là les soumet de plus en plus à la condamnation, cette loi n'est pas, de sa nature, capable de leur procurer la justification. Cette explication de ce passage est peut-être la plus généralement adoptée. C'est ainsi que l'entendent Calvin [1], Tholuck, etc. Toutefois la première paraît plus naturelle et mieux en rapport avec le contexte.

Car où il n'y a point de loi il n'y a point de transgression. Le sens de cette incise dépend de l'interprétation adoptée pour la précédente. Calvin et autres l'entendent comme expliquant de quelle manière la loi produit la colère, ou appelle sur nous le déplaisir de Dieu. C'est parce que la connaissance procurée par la loi rend le péché moins excusable, et digne d'un plus sévère châtiment. *Transgression* serait pris dans un sens emphatique, pour la violation volontaire et obstinée de la volonté connue de Dieu [2]. Mais d'après la première

---

[1] « Car puisque la loi n'engendre que la vengeance, elle ne peut apporter grâce. Car à cause de la corruption de notre nature, tant plus nous sommes enseignés de ce qui est juste et droit, tant plus apertement se découvre notre iniquité, et principalement la rébellion : et par ce moyen nous attirons un plus grand jugement de Dieu ».

[2] « Et pour dire en un mot, *transgression* ne signifie pas ici simplement péché, mais une obstination venant de propos délibéré à violer et enfreindre la règle de justice ». – CALVIN.

« Non dicit : *Non esse peccatum*, sed non esse *transgressionem*, i. e. *contemptum legis* à Deo non per collectiones, sed expressim datæ ». GROTIUS.

« Non dicit : *Ne peccatum quidem*, – *transgressio* expressim refertur ad legem, quæ violatur. Transgressio iram concitat ». – BENGEL.

des deux explications indiquées pour l'incise précédente, celle-ci aurait un sens plus naturel, et exprimerait l'idée générale que loi et transgression sont deux termes corrélatifs entre eux : celle-ci suppose celle-là. S'il n'y avait point de loi il n'y aurait point de transgression, ni par conséquent de châtiment. C'est donc la loi qui donne au péché sa puissance de condamnation. Tel étant le cas, il est évident que la loi qui procure le châtiment du péché, ne saurait être le moyen de la justification du pécheur.

16. *C'est pourquoi c'est par la foi, pour que ce soit par grâce, afin que la promesse soit assurée pour toute la postérité, non seulement pour celle qui est de la loi, mais aussi pour celle qui est de la foi d'Abraham, qui est le père de nous tous.* Ce verset et le suivant renferment la conclusion du raisonnement qui précède, et en particulier des deux arguments ci-dessus. Les expressions de l'original au commencement du verset, sont littéralement, *c'est pourquoi par la foi.* Il y a une ellipse, qu'il faut suppléer par *nous sommes héritiers*, mots empruntés au v. 14, ou bien par le mot *promesse*, pris dans le v. 13 ; il importe peu, quant au sens, lequel de ces deux compléments on adopte. La promesse est par la foi pour que ce soit par grâce ; car à moins d'être gratuite, elle ne peut nous servir de rien. Si les œuvres sont nécessaires, il résulte de la nature même de la loi que nul ne peut être sauvé. Mais Dieu soit loué, elle est gratuite, et dès lors assurée pour toute la postérité. Les mots : *afin que la promesse soit assurée*, se lient à ceux qui précèdent, *pour que ce soit par grâce* ; ils expriment ou le but de cette grâce, ou simplement le résultat : « Elle est gratuite afin qu'elle soit assurée », ou bien, « en sorte qu'elle est assurée ». *Pour toute la postérité*, c'est-à-dire pour tous les enfants d'Abraham, aussi bien *ceux qui sont de la loi*, savoir les Juifs, voyez Ac 10.45, que *ceux qui sont de la foi d'Abraham*, savoir les Gentils, qui ne tiennent à Abraham que par la possession de la même foi qui a été son partage, Ga 3.7. *Qui est le père de nous tous.* C'est dans ce sens qu'Abraham est le père, la tête et le chef de tous les croyants, qui sont ses enfants parce qu'ils sont semblables à lui et héritiers de la promesse qui lui fut faite, qu'ils soient Juifs ou Gentils. Ga 3.29 : « Si vous êtes de Christ, vous êtes donc de la postérité d'Abraham, et héritiers selon la promesse ».

17. *Selon qu'il est écrit : Je t'ai établi père de beaucoup de nations, devant Dieu en qui il a cru, lequel fait vivre les morts, et qui appelle les choses qui ne sont point comme si elles étaient. – Je t'ai établi père de beaucoup de nations,* Ge 17.5. Paul nous apprend que cette déclaration contient bien plus que l'assurance donnée au patriarche que ses descendants naturels seraient nombreux. Considérée dans ses rapports avec la promesse que toutes les nations de la terre seraient bénies en sa postérité, elle se rapporte à la postérité spirituelle aussi bien qu'aux descendants naturels, et trouve son plein accomplissement dans l'extension de la promesse faite à Abraham, à ceux d'entre toutes les nations qui sont ses enfants par la foi. Il faut, comme nous l'avons fait, mettre entre parenthèses cette première incise, et rattacher ce qui la suit à la fin du v. 16. *Devant Dieu en qui il a cru.* La construction la plus naturelle du texte original est celle qui est adoptée dans notre version : « Abraham est le père de nous tous devant Dieu en qui il a cru », aux yeux ou au jugement de ce Dieu en qui il a cru. Quelques-uns traduisent *par* le mot que nous avons traduit *devant.* « Il est ou il est fait le père de nous tous par ce Dieu en qui il a cru ». Mais cette interprétation est sans fondement philologique. Ni le mot grec ni le terme hébreu qui y correspond ne peuvent signifier *par.* Dans le passage que cite Koppe, 2 Sa 7.16, on peut très bien conserver le sens ordinaire. La première explication est donc préférable.

Dieu est ici représenté comme *faisant vivre les morts, et appelant les choses qui ne sont point comme si elles étaient.* Expressions sur le sens desquelles règne une grande divergence entre les interprètes. Il semble évident que l'apôtre a voulu décrire la toute-puissance de Dieu. **1.** On pourrait prendre le verbe *appeler* au sens de commander ou gouverner. « Qui ressuscite les morts, et commande aux choses qui n'existent pas, comme si elles existaient déjà ». **2.** Ou bien ce verbe pourrait signifier *appeler à l'existence.* « Qui appelle à l'existence les choses qui n'existaient pas [1] ». Mais il est difficile de concilier cette explication avec les exigences de la grammaire. **3.** D'autres enfin prennent le mot *appeler* dans son sens évangélique, *appeler* ou *faire passer dans le royaume de Christ* (8:30 Ga 1.6 ; 5.8 ; etc.). Le sens serait alors : « Abraham est notre père à tous, Juifs et Gentils, qui croyons en Dieu, qui ressuscite les morts, et qui appelle (au privilège d'être enfants d'Abraham) à la vie éternelle ceux qui ne sont point comme si ils étaient ». Mais cette idée, bien que vraie en elle-même, est ici trop éloignée. Ce passage paraît être une description générale de la puissance de celui en qui Abraham a cru. C'est le Dieu tout-puissant qui rend la vie aux morts, et qui commande et gouverne à son gré toutes choses, existantes ou non. Quand Paul parle de Dieu comme objet de la foi, il ajoute souvent quelques mots pour décrire ceux de ses attributs ou de ses actes, qui sont plus spécialement la base de la confiance ; comparez v. 24. C'est le cas dans le passage qui nous occupe. La promesse faite à Abraham qu'il deviendrait père de plusieurs nations, dans le sens que nous avons expliqué, semblait à vue humaine impossible à accomplir. Néanmoins Abraham crut, parce qu'il savait que toutes choses sont possibles à Dieu.

---

[1] Ainsi Elsner et d'autres qui font *ôs onta* équivalent de *eis to einai.*

DOCTRINES.

1. Si les hommes les plus distingués et les meilleurs de l'ancienne économie ont dû renoncer entièrement à faire fond sur leurs œuvres, et accepter la faveur de Dieu comme une grâce, la justification par les œuvres ne peut qu'être impossible pour tous les hommes, versets 2,3.

2. Nul homme ne peut se glorifier, c'est-à-dire se réjouir complaisamment dans le sentiment de sa bonté morale devant Dieu. C'est là une vérité que sent tout homme dont la conscience est éclairée. La doctrine de la justification par les œuvres est donc incompatible avec le témoignage intérieur de la conscience, et ne saurait jamais procurer la vraie paix de l'âme, v. 2.

3. On ne peut pas unir les deux moyens de justification. Ils sont aussi incompatibles qu'un don gratuit et un salaire. Si c'est par les œuvres, ce n'est point par grâce ; si c'est par grâce, ce n'est point par les œuvres, versets 4,5.

4. Puisque Dieu justifie des impies, ce ne peut pas être en vertu de leur propre mérite, mais bien par l'imputation d'une justice qui ne leur appartient pas personnellement, et qu'ils ont reçue par la foi, versets 5,6,11.

5. Les bienfaits de l'évangile, et le moyen de salut qu'il propose, sont appropriés à tous les hommes ; il ne faut ni les restreindre par des limites de secte, ni les enchaîner, par des observances cérémonielles, v. 9-11.

6. Les sacrements et les cérémonies de l'église, utiles au plus haut degré quand on les envisage sous leur vrai point de vue, deviennent funestes lorsqu'on en pervertit l'idée pour en faire des motifs de confiance quant au salut. Ce qui est très bon comme signe, ne vaut rien pour remplacer la chose signifiée. La circoncision ne suppléera pas l'absence de la justice, ni le baptême celle de la régénération, v. 10.

7. Puisque Abraham est le père de tous les croyants, tous les croyants sont frères. Il n'y a plus de Juif et de Gentil, d'esclave et de libre, parmi eux en tant que chrétiens, v. 11,12.

8. La postérité d'Abraham, c'est-à-dire les vrais croyants, avec Jésus-Christ leur chef, sont héritiers du monde. C'est à eux qu'il doit appartenir en dernier ressort ; même les contrées les plus reculées de la terre seront leur possession, v. 13.

9. Parler de justification par l'obéissance à une loi que nous avons violée, c'est faire un solécisme. Ce qui condamne ne saurait justifier, v. 15.

10. Rien n'est sûr pour des pécheurs que ce qui est gratuit. Jamais ils ne pourraient s'assurer l'effet d'une promesse attachée à l'obéissance. Tandis qu'une promesse entièrement gratuite n'a qu'à être acceptée pour devenir nôtre, v. 16.

11. C'est parce que l'évangile est entièrement gratuit, et parce que la condition de la justification qu'il demande est la foi, qu'il est approprié à tous les temps et à toutes les nations, v. 16.

12. L'objet légitime de la foi est la promesse de Dieu ; ou Dieu considéré comme capable d'accomplir sa parole et décidé à le faire, v. 17.

RÉFLEXIONS.

1. Le renoncement à l'esprit légal ou de propre justice est la première chose que demande l'évangile. Il faut cela ou l'évangile ne saurait être accepté. Celui qui « fait les œuvres », c'est-à-dire qui se confie en ses œuvres, refuse d'être sauvé par grâce, v. 1-5.

2. Plus nous connaîtrons à fond nos propres cœurs et le caractère de Dieu, plus nous serons disposés à renoncer à notre justice pour nous confier en sa miséricorde, versets 2,3.

3. Ceux-là seuls sont vraiment heureux et tranquilles, qui, dans le sentiment de leur démérite et de leur dénuement moral, s'abandonnent entièrement à la grâce et à la promesse de Dieu, versets 7,8.

4. Rien n'est plus naturel, et rien ne s'est rencontré plus souvent dans l'église chrétienne, que l'acte de pervertir les moyens de grâce pour en faire des motifs de confiance quant au salut. Ainsi en est-il arrivé de la circoncision, du baptême, de la cène ; ainsi encore de la prière, du jeûne, etc. etc. C'est là un écueil sur lequel des millions d'âmes ont fait naufrage, versets 9-12.

5. Il n'y a point d'espérance pour ceux qui, abandonnant la grâce de Dieu, cherchent leur refuge dans une loi, qui produit la colère v. 15.

6. Toutes choses sont à nous si nous sommes à Christ. Nous sommes alors héritiers de la vie présente, comme de celle qui est à venir, v. 13.

7. Puisque le Dieu en qui les croyants mettent leur confiance, est celui de qui toutes choses sont connues, et à qui toutes choses sont soumises, ils doivent être fermes dans la foi, donnant gloire à Dieu, v. 17.

CHAPITRE 4.18-25.
ANALYSE.

Le but de cette section est de faire l'éloge de la foi d'Abraham, et de tirer de son exemple les instructions qu'il nous fournit. À l'égard de la foi d'Abraham, l'apôtre établit d'abord quel en était l'objet, savoir la promesse divine, v. 18. Puis il fait ressortir la force de cette foi, en rappelant l'impossibilité apparente de la chose promise, versets 19,20. Le fondement de sa confiance était la puissance et la véracité de Dieu, v. 21. Il en résulte qu'Abraham a été justifié par la foi, v. 22. D'où il faut conclure que c'est là le vrai moyen de justification ; car ce récit nous a été transmis pour nous enseigner cette vérité. Nous sommes placés comme l'était Abraham ; nous sommes appelés à croire au Dieu tout-puissant, qui, en ressuscitant Christ d'entre les morts, l'a accepté comme offrande propitiatoire pour nos péchés, versets 23-25.

COMMENTAIRE.

18. *Or,* Abraham *crut contre espérance avec espérance, pour devenir le père de beaucoup de nations, selon ce qui lui avait été dit : Telle sera ta postérité. – Il crut contre espérance avec espérance,* c'est-à-dire il crut fermement contre tout motif d'espérer. *Avec espérance*, c'est-à-dire avec confiance, fermement, Ac 2.26 ; 1 Co 9.10 ; etc. *Pour devenir*, etc. La tournure de l'original peut exprimer ou le but dans lequel il crut, « *afin qu'il devînt* le père de beaucoup de nations » ; ou le résultat de sa foi, *en sorte qu'il devînt*, etc. ; ou enfin l'objet de cette foi, « il crut *qu'il deviendrait* le père ». Cette dernière version semble être celle qui convient le mieux au contexte, mais elle exige une construction moins naturelle. *Selon ce qui lui avait été dit : Telle sera ta postérité.* Allusion à la promesse qui fut l'objet de la foi d'Abraham, et qu'on trouve Ge 15.5. Le mot *telle* se rapporte à la comparaison des étoiles du ciel, qu'on trouve dans le passage de l'Ancien Testament. Ainsi la promesse que l'apôtre a particulièrement en vue, c'est qu'Abraham serait le père de beaucoup de nations, ou que sa postérité serait nombreuse comme les étoiles. Mais nous avons déjà vu que l'apôtre voyait dans cette promesse bien plus que la simple déclaration que les descendants naturels d'Abraham seraient nombreux ; voyez versets 13,17. Il faut voir ici dans les expressions concises du texte une allusion implicite aux différentes promesses faites au patriarche, promesses relatives à ce que toutes les nations devaient être bénies par son moyen. Ainsi la promesse d'une postérité nombreuse comprenait la promesse de Christ et de la rédemption. C'est ce qui est évident par les raisons suivantes. **1.** Paul a parlé d'une promesse, v. 16, à l'effet de laquelle les croyants d'entre les Juifs et d'entre les Gentils sont tous également intéressés ; voyez Ga 3.14. **2.** Paul affirme et démontre que la postérité promise à Abraham, et à laquelle se rapportait la promesse, était Christ, Ga 3.16. **3.** C'est dans ce sens qu'Abraham lui-même l'a entendue, selon la déclaration de notre Sauveur, Jean 8.56 : « Abraham a vu mon jour et s'en est réjoui. » Dans les plus grands sujets de découragement, il regardait en avant vers un Rédempteur encore à venir ; nous avons la tâche plus facile de regarder en arrière au même libérateur, qui est mort pour nos péchés et ressuscité pour notre justification, v. 25.

19. *Et n'étant pas faible en la foi, il n'eut point d'égard à son corps déjà amorti, vu qu'il avait environ cent ans, ni à la matrice amortie de Sara.* L'apôtre avait déclaré, au v. 18, que c'était contrairement à toutes les apparences qu'Abraham avait cru ; il entre à présent dans le détail des circonstances qui rendaient impossible en apparence l'accomplissement de la promesse, savoir l'âge avancé du patriarche, l'âge et la stérilité de Sara. Il n'eut point d'égard à ces circonstances, c'est-à-dire qu'il ne se laissa pas arrêter par elle, qu'il ne fixa pas sa pensée sur les difficultés du cas. S'il eût été faible en la foi, et qu'il se fût arrêté aux obstacles qui s'opposaient à l'accomplissement de la promesse divine, il aurait douté [1].

[1] Le fait qu'Abraham eut plusieurs enfants de Kétura, bien des années après la naissance d'Isaac, ne saurait faire une difficulté : car l'effet de la puissance divine se prolongea sans aucun doute.

20. *Il ne forma point de doute sur la promesse de Dieu par défiance, mais il fut ferme dans la foi, donnant gloire à Dieu.* Le verbe grec que nous traduisons *former des doutes*, signifie, à la forme moyenne, *disputer avec quelqu'un*, puis, *être en contestation avec soi-même, douter, hésiter* [1]. Mt 21.21, « si vous avez la foi et que vous ne doutiez point », etc. Il ne forma point de doutes *sur* ou *à l'égard de* la promesse ; voyez le même usage de la préposition grecque, Ac 25.20. Lu 12.21, etc. *Mais il fut ferme dans la foi, donnant gloire à Dieu*, c'est-à-dire qu'il rendit hommage à Dieu en se fiant à lui, dans la conviction qu'il avait de la véracité et de la puissance de celui qui avait fait la promesse. *Donner gloire à Dieu*, c'est en général honorer Dieu ; le genre particulier de l'honneur qui lui est rendu dépend du contexte. Quiconque pense ou agit d'une manière digne du caractère de Dieu, ou de manière qu'il soit honoré par les autres, donne gloire à Dieu ; voyez 1 S 6.5 ; Jos 7.19.

Croire à ses déclarations est donc le plus grand honneur que nous puissions rendre à Dieu, et ne pas les croire est une grave offense à la majesté divine ; comp. 1 Jean 5.10 [2].

21. *Étant pleinement persuadé que ce qu'il avait promis, il avait aussi le pouvoir de l'accomplir.* Ce verset est un développement et une explication de la fin du précédent. Abraham donna gloire à Dieu par sa ferme persuasion qu'il avait le pouvoir d'accomplir sa promesse. Ainsi le fondement de la

---

[1] L'aoriste premier du passif *(diékrithè)* est employé ici au sens moyen, comme il arrive souvent.

[2] « En ce qu'il ajoute, *qu'il donna gloire à Dieu*, il faut noter que nous ne pouvons faire plus grand honneur à Dieu, que quand par foi nous scellons sa vérité : comme au contraire, on ne lui peut faire plus grand déshonneur et injure, qu'en rejetant la grâce qu'il présente, ou ne donnant point autorité à sa parole. Par quoi le principal point en son service est celui-ci, de recevoir en obéissance ses promesses, et la vraie religion commence par la foi ». – CALVIN.

confiance d'Abraham ne fut pas la nature de la chose promise, ni la facilité de l'obtenir, mais le caractère de Dieu et ses perfections.

22. *C'est pourquoi cela lui a été imputé à justice.* Cela se rapporte évidemment à la foi extraordinaire dont il vient d'être parlé. Cette foi fut imputée à Abraham afin qu'il fût considéré et traité comme juste ; voyez v. 3.

23. *Or, il n'a pas été écrit pour lui seulement, que cela lui a été imputé.* Ce verset et les suivants renferment l'application de l'exemple d'Abraham à nous-mêmes, pour en tirer l'enseignement qu'il fournit. Paul déclare que le récit qui nous a été transmis de la justification d'Abraham n'a pas eu pour but simplement de nous apprendre qu'il a été un homme juste, ni de nous présenter la justification par la foi comme quelque chose qui soit propre au patriarche.

24. *Mais pour nous aussi, à qui il sera aussi imputé, à nous, dis-je, qui croyons en celui qui a ressuscité des morts Jésus Notre-Seigneur.* Le fait que la foi fut imputée à Abraham pour sa justification, ce fait a été consigné dans le recueil sacré pour que nous apprissions quel est le vrai moyen de justification. Comme tous les hommes sont pécheurs, et par conséquent placés devant Dieu sur la même ligne, le moyen par lequel il justifie l'un d'entre eux, est le même qu'il emploie pour tous ; voyez 3.9,22. L'objet de notre foi, tel que l'apôtre le dépeint ici, c'est Dieu *qui a ressuscité des morts Jésus notre Seigneur.* L'objet de la foi d'Abraham était le Dieu tout-puissant et tout-sachant, qui avait promis de lui susciter une postérité en laquelle toutes les nations de la terre seraient bénies. L'objet de notre foi est ce même Dieu considéré comme reconnaissant Jésus notre Seigneur pour cette postérité libératrice longtemps promise et attendue, et cela en le ressuscitant d'entre les morts.

Quand il est dit que nous croyons en Dieu qui a ressuscité Christ, cela suppose, bien entendu, que nous croyons que Christ a été ainsi ressuscité. Comme la résurrection de Christ a été la grande preuve décisive de la divinité de sa mission, et de la légitimité de toutes ses prétentions, croire qu'il est ressuscité des morts, c'est croire qu'il est le Fils de Dieu, la victime propitiatoire pour nos péchés, le rédempteur et le seigneur de tous les hommes ; qu'il est tout ce qu'il a prétendu être, et qu'il a effectué tout ce qu'il s'est proposé d'accomplir ; comp. Ro 10.9 ; Ac 1.22 ; 4.33 ; 1 Co 15, et autres passages, où il est parlé de la résurrection de Christ comme étant la pierre angulaire de l'évangile, comme étant le grand fait à prouver, et qui une foi prouvé emporte tout le reste.

25. *Qui a été livré pour nos offenses, et ressuscité pour notre justification.* Ce verset renferme une exposition abrégée de tout l'évangile. Christ a été livré *à la mort* pour nos offenses, c'est-à-dire à cause d'elles et pour les expier, És 53.5,6 ; Hé 9.28 ; 1 Pi 2.21. Cet acte par lequel Christ a été livré à la mort est attribué à Dieu, Ro 8.32 et ailleurs, et aussi à Christ lui-même, Tit 2.14 ; Ga 2.20. C'est en vertu du dessein et du conseil de Dieu qu'il a souffert pour expier le péché ; et il s'est lui-même livré volontairement à la mort, Ga 1.4. « Il a été mené à la boucherie comme un agneau, et comme une brebis muette devant celui qui la tond, il n'a point ouvert la bouche ».

Et qui a été ressuscité pour notre justification, c'est-à-dire pour que nous fussions justifiés [1]. La résurrection de Christ était nécessaire à notre justification, en tant qu'elle était de la part de Dieu une acceptation formelle de ses souffrances en expiation de nos péchés. S'il n'était pas ressuscité

[1] Il y a dans l'original *dia tèn dikaiôsin èmon, à cause de notre justification. Dikaiôsis* est l'acte de justifier, tandis que *dikaiôsunè* est la *justice*, ou l'état de celui qui est justifié. Les termes de l'original signifient donc, *afin que Dieu pût nous justifier.*

nous serions encore sous la condamnation, 1 Co 15.17. Mais comme il est ressuscité des morts, il a donc été accepté du Père, et il a paru comme les prémices, c'est-à-dire l'avant-coureur et le gage de la résurrection et du salut complet de tout son peuple. Dans l'épître aux Hébreux l'apôtre présente cette idée sous une autre forme. Comme au grand jour des expiations, le souverain sacrificateur devait non seulement égorger la victime à l'autel, mais encore entrer dans le saint des saints, et répandre le sang sur le propitiatoire ; de même notre souverain sacrificateur, après avoir souffert dans l'enceinte extérieure, est entré dans le ciel avec son propre sang, afin d'y comparaître pour notre justification ; c'est-à-dire, afin de nous assurer l'application permanente des mérites de sa mort. Ainsi la mort de Christ est essentielle à notre justification, soit comme preuve que ses souffrances ont été acceptées à la place des nôtres, soit comme étant une phase nécessaire dans son œuvre, pour que ses mérites nous fussent appliqués.

DOCTRINES.

1. La foi est un assentiment actif de l'âme au témoignage de Dieu, et non, la simple réception de la vérité comme étant quelque chose qui puisse se prouver par nos propres arguments, versets 18, 20.

2. La véritable foi est fondée sur une idée juste du caractère de Dieu, et elle exerce une influence régulatrice sur le cœur et sur la vie, versets 20,21.

3. Le moyen de salut n'a jamais changé ; non seulement Abraham a été sauvé par la foi, mais l'objet de sa foi était le même que celui de la nôtre, versets 17,24.

4. La résurrection de Christ, comme fait historique établi par les preuves les plus décisives (1 Co 15), démontre l'authenticité de l'évangile tout entier. Autant il est certain que Christ a été ressuscité, autant il est certain que les croyants seront sauvés, v. 25.

RÉFLEXIONS.

1. Le vrai moyen de fortifier notre foi est de considérer, non les difficultés qui se trouvent au devant de la chose promise, mais le caractère et les ressources de Dieu qui a fait la promesse, v. 19.

2. La foi peut aussi bien être forte quand la chose promise est souverainement improbable, que lorsqu'elle est probable. La foi d'Abraham doit nous servir d'exemple et d'avertissement. Il crut qu'un sauveur naîtrait de sa famille, alors qu'il était impossible en apparence qu'il eût un fils. Nous sommes appelés seulement à croire que le Sauveur est mort, qu'il a souffert et qu'il est ressuscité : autant de faits établis par les preuves historiques les plus solides, versets, 20,24,25.

3. L'incrédulité est un très grand péché, puisqu'elle implique des doutes sur la véracité et la puissance de Dieu, versets 20,21.

4. Tout ce qui se trouve consigné dans les Écritures a été écrit pour notre instruction. Tous les commandements, les promesses et les menaces (à moins qu'ils ne soient d'une nature strictement personnelle), bien qu'ils s'adressent dans l'origine à des individus, s'adressent à eux comme représentants de classes entières, et sont destinés à tous les hommes dont le caractère et les circonstances sont semblables, v. 23.

5. Les deux grandes vérités de l'évangile sont que Christ est mort pour nos péchés, et qu'il est ressuscité pour notre justification. Quiconque croit du cœur ces vérités sera sauvé, v. 25. Ro 10.9.

6. Nier la mort expiatoire de Christ, ou sa résurrection, c'est nier l'évangile. C'est refuser d'être sauvé par le moyen que Dicu a ordonné, v. 25.

CHAPITRE 5

SOMMAIRE.

Du verset 1 au verset 11 inclusivement, l'apôtre tire de la doctrine de la justification gratuite ses conséquences les plus simples et les plus consolantes. Du verset 12 à la fin, il jette un nouveau jour sur son grand principe de l'imputation de la justice, en rapprochant cette justification de la chute de tous les hommes en Adam.

CHAPITRE 5.1-11.

ANALYSE.

La première conséquence de la justification par la foi, c'est que nous avons la paix avec Dieu, v. 1. La seconde, que nous avons libre accès auprès de lui, le sentiment de sa faveur présente et l'assurance de la gloire à venir, v. 2. La troisième, que nos afflictions, loin d'être incompatibles avec la faveur divine, tournent directement à la confirmation, de notre espérance ; le Saint-Esprit rendant témoignage au fait que nous sommes les objets de l'amour de Dieu, v. 3-5. La quatrième, c'est la certitude du salut final de tous les croyants.

Cette certitude est démontrée par la gratuité et la grandeur de l'amour divin. Sa gratuité, manifestée dans ce fait qu'il s'exerce envers des êtres qui en sont indignes ; sa grandeur, qui paraît dans le don que Dieu nous a fait de son fils, v. 6-10. Le salut n'est pas seulement un bien futur quoique certain, il est dès à présent source abondante de joie, v. 11.

COMMENTAIRE.

1. *Étant donc justifiés par la foi ; nous avons* [1] *la paix avec Dieu par notre Seigneur Jésus-Christ.* « Nous avons la paix avec Dieu », c'est-à-dire nous sommes réconciliés avec lui. Nous ne sommes plus les objets de sa colère, la mort de son fils nous ayant mérité sa faveur, v. 10. Comme conséquence de cette réconciliation, nous avons le sentiment intérieur de la paix avec Dieu, nous n'avons plus à souffrir ni les reproches d'une conscience angoissée, ni la frayeur de la vengeance divine. Ces deux idées sont comprises ici dans le terme de paix. C'est là une doctrine particulière à l'évangile, que les sentiments pieux sont le fruit de la réconciliation avec Dieu, et n'en sont pas le motif. Paul dit que cette paix est le résultat de la justification par la foi. Celui qui se repose sur ses œuvres pour sa justice ne saurait avoir aucune paix. Il ne peut ni éloigner la colère de Dieu, ni calmer dans son propre cœur la crainte du châtiment. La paix n'est pas le résultat d'un pardon pur et simple, mais de la justification, d'une

---

[1] Au lieu de *ékhomén*, *nous avons* la paix, on trouve *ékhômén*, *ayons* (conservons) la paix, dans les manuscrits A. C. D. 17,18,19, 22,24,34,36,37,42,44,46,55,66, la version syriaque, la copte, la Vulgate, et plusieurs Pères. C'est la leçon adoptée par Lachmann. Mais comme les autorités extérieures se partagent d'une manière à peu près égale entre les deux leçons, et que la première donne un sens bien mieux en rapport avec le contexte, elle est conservée par la majorité des critiques.

réconciliation fondée sur une expiation. La conscience éclairée n'est satisfaite que lorsqu'elle aperçoit que Dieu peut être juste en justifiant l'impie ; que le péché a été puni, la justice divine satisfaite, la loi honorée et vengée. C'est lorsqu'il voit ainsi la justice et la miséricorde s'embrasser que le croyant goûte cette paix qui surpasse toute intelligence ; ce doux repos de l'âme, dans lequel une humilité profonde, produite par le sentiment de son indignité personnelle, s'unit à la plus ardente reconnaissance envers ce Sauveur, dont le sang a satisfait la justice de Dieu et calmé la conscience du pécheur. Aussi Paul dit-il que nous avons cette paix *par notre Seigneur Jésus-Christ.* Ce n'est à aucun égard par nous-mêmes, ni par nos mérites, ni par nos efforts. C'est uniquement par grâce. C'est uniquement par Jésus-Christ. C'est là ce que toute âme justifiée se sent pressée de confesser [1].

2. *Par lequel aussi nous avons eu accès par la foi dans cette grâce dans laquelle nous demeurons fermes ; et nous nous glorifions dans l'espérance de la gloire de Dieu.* Le mot *aussi* semble indiquer clairement que ce verset exprime une idée distincte de celle du précédent. On peut, du reste, interpréter ce passage de diverses manières. **1.** En plaçant une virgule après *accès*, et mettant *en* au lieu de *dans* cette grâce, ce que permet l'original, on obtient ce sens : « Nous avons accès *auprès de Dieu*, par la foi en cette grâce (c'est-à-dire cette doctrine) dans laquelle nous demeurons fermes ».

---

[1] *Nous avons paix.* « Voici un singulier (particulier) fruit de la justice de la foi. Car si quelqu'un veut chercher repos de conscience par les œuvres (ce qu'on voit ès des gens profanes et brutaux) il perdra son temps. Car ou le cœur est assoupi d'un mépris ou d'oubliance des jugements de Dieu, ou bien il est plein de tremblement et crainte jusqu'à ce qu'il se soit reposé et arrêté en Christ. Car c'est lui seul qui est notre paix. Le mot de *paix* donc signifie ici une tranquillité de conscience, qui procède de ce qu'elle sent Dieu réconcilié et apaisé envers elle » – CALVIN.

Ce sens, très plausible en soi, se recommande par cette considération, que partout ailleurs où il est parlé de *l'accès* que possèdent les fidèles, il s'agit de l'accès auprès de Dieu, non de l'accès à un état de grâce. Ép 2.18 ; 3.12 ; 1 Pi 3.18. **2.** Néanmoins la construction la plus naturelle [1] et la plus ordinaire, consiste à lier le mot *accès* au mot *grâce* : « Accès à cette grâce ». Alors *grâce*, ou, *faveur*, serait la même chose que la *paix avec Dieu* du verset précédent ; et la différence entre ces deux versets consisterait dans l'emploi du mot *accès*, ou, comme on pourrait traduire, *introduction*. Le sens serait : « Nous devons à Jésus-Christ non seulement la paix avec Dieu, mais encore le moyen par lequel nous avons été introduits dans cet heureux état » ; cette paix ou cette faveur de Dieu comprenant, bien entendu, un accès libre auprès de lui [2]. **3.** Le mot grâce pourrait être pris dans un sens métonymique pour les effets de la grâce, savoir les bénédictions ou les bienfaits que Dieu dispense dans sa grâce. « Nous avons non seulement la paix mais un libre accès à toutes les bénédictions attachées à la faveur divine ». La seconde interprétation paraît plus naturelle , et c'est la plus généralement adoptée. *Dans laquelle nous demeurons fermes*, c'est-à-dire, « dont nous avons la possession ou la jouissance présente et continue [3] ». Ou bien on pourrait prendre cette locution dans son sens judiciaire, comme Ps 1.5 ; 130.3 : « Dans lequel état de grâce nous sommes acquittés ou justifiés ». *Dans laquelle* se rapporte évidemment à *grâce*, et non au mot foi qui est

---

[1] La locution *pistis eis tèn kharin* serait sans exemple.

[2] Non tantùm *gratiam ipsam Dei* restitutam debemus Christo, sed etiam *ejusdem cognoscendæ et fide amplectandæ occasionem, vim atque facultatemm.* – Koppe.

[3] Celui donc qui par une bouffée et impétuosité soudaine est poussé à croire, n'a pas pourtant la foi pour être tenu du nombre des fidèles : ains celui qui persiste ferme et de pied coi (comme on dit) en la vocation qui lui est ordonnée de Dieu, toujours adhérant à Christ ». – Calvin.

plus éloigné. Le langage figuré que l'apôtre emploie est tout particulièrement expressif, et approprié à son but. Comme ceux-là seuls qui étaient en faveur auprès des anciens monarques pouvaient les approcher librement, et encore fallait-il qu'ils fussent précédés d'un introducteur, ainsi Christ, notre conducteur, nous procure l'accès à la faveur et à la présence de Dieu. Nous ne venons pas de nous-mêmes, mais nous venons, confus et humiliés, conduits par notre bienveillant médiateur. Selon l'observation de Chrysostome, à propos de Ép 2.18, « Paul ne dit pas *accès (prosodon)*, mais *introduction (prosagôgèn)*, parce que nous ne venons pas de nous-mêmes, mais conduits par Christ ; car « personne, comme il le dit lui-même, ne vient au Père que par moi » ; et encore : « Je suis le chemin, la vérité, et la vie ».

Et nous nous glorifions dans l'espérance de la gloire de Dieu. Il est fait mention dans ce verset de deux bienfaits différents. Le premier est notre introduction dès à présent dans l'état de la faveur de Dieu ; le second, l'espérance pleine de joie de *la gloire de Dieu*, c'est-à-dire la gloire dont Dieu est l'auteur. Le mot *gloire* est souvent employé en parlant de la félicité à venir, pour montrer que ce bonheur comprendra un état d'exaltation de toutes nos facultés et de notre sphère d'activité.

3. *Et non seulement cela, mais nous nous glorifions même dans les afflictions, sachant que l'affliction produit la patience.* Non seulement nous possédons cette grâce d'avoir accès à la faveur divine, et cette espérance de la gloire à venir, mais nous nous glorifions même dans les afflictions. Notre relation à l'égard de Dieu étant changée, la relation de tout le reste à notre égard l'est aussi. Les afflictions, qui auparavant étaient l'expression du déplaisir de Dieu, sont maintenant des manifestations bienveillantes et bienfaisantes de son amour. Et bien loin d'être incompatibles avec la relation filiale que nous soutenons avec lui, elles nous servent de preuves qu'il nous considère et nous aime comme ses enfants, 8.17 ; Hé 12.6 suiv. Bien qu'elles soient pénibles pour le présent, elles deviennent pour le croyant un sujet de joie et d'actions de grâces. L'apôtre explique aussitôt de quelle manière les afflictions deviennent ainsi utiles, et par conséquent un sujet de joie. Elles donnent occasion aux grâces chrétiennes de s'exercer, et ces grâces, par leur nature même, produisent l'espérance, laquelle est soutenue et justifiée par le témoignage du Saint-Esprit. *L'affliction produit la patience*, ou, comme on peut aussi traduire, la *constance*, la *persévérance*. L'affliction fournit au croyant l'occasion de manifester un attachement patient et persévérant à la vérité et au devoir, au milieu des épreuves.

4. *Et la patience, l'épreuve ; et l'épreuve, l'espérance. – L'épreuve :* c'est là le sens primitif du mot grec, *l'acte par lequel on éprouve une chose.* 2 Co 8.2, *épreuve d'affliction*, c'est-à-dire épreuve faite au moyen de l'affliction. Ce mot désigne aussi le résultat de l'épreuve, savoir la *preuve* qu'elle fournit de la bonté d'une chose, ou aussi *l'expérience*, au sens passif, ou enfin *l'état de ce qui a été éprouvé,* et qui par l'épreuve a été trouvé digne d'approbation. Le sens du verset varie suivant qu'on adopte l'une ou l'autre de ces versions. Ce sens pourrait être : « Les afflictions sont pour nous un moyen d'éprouver ou de sonder notre propre cœur » ; ou bien : « Elles sont une occasion de faire l'expérience de la bonté divine » ; ou encore : « Elles produisent un état de l'âme qui est approuvé de Dieu » ; ou enfin : « Elles fournissent la preuve *(qu'on est dans un état de grâce)* ». Cette dernière interprétation paraît être celle qui s'accorde le mieux avec l'usage que Paul fait ordinairement du mot. Ph 2.22, « vous savez la preuve que j'ai eue de lui, etc. » (version anglaise) ; 2 Co 2.9. Cette explication est également d'accord avec le contexte. « L'affliction provoque l'exercice de la patience, et l'exercice de la patience ou de la constance fournit la preuve qu'on jouit de la faveur de Dieu, et par suite produit l'espérance ».

5. *Et l'espérance ne confond point, car l'amour de Dieu est répandu largement dans nos cœurs par le Saint-Esprit qui nous a été donné.* L'espérance qu'entretiennent les vrais croyants, fondée sur la nature même des grâces chrétiennes et de leur exercice, ne les trompera jamais, Ps 22.5,6. Néanmoins le fondement de cette assurance n'est point la force de nos résolutions ni la confiance en nos qualités propres, c'est l'amour de Dieu. La fin du verset assigne la raison pour laquelle l'espérance chrétienne ne saurait être trompeuse ; c'est parce que *l'amour de Dieu est répandu largement dans nos cœurs par le Saint-Esprit. L'amour de Dieu,* c'est-à-dire l'amour que Dieu a pour nous, et non celui que nous avons pour lui, vu les versets suivants, où l'apôtre fait ressortir la grandeur et la gratuité de cet amour en le rapprochant de l'indignité de ceux qui en sont les objets. *Répandre largement*, c'est communiquer en abondance, et par suite démontrer clairement, Ac 2.17 ; 10.45 ; Tit 3.6. Cette manifestation de l'amour divin n'est pas une révélation extérieure qui ait lieu dans les œuvres de la Providence, ni même dans la rédemption, elle a lieu *dans nos cœurs*. Et cette persuasion intime que nous sommes les objets de l'amour de Dieu, n'est pas le simple résultat de l'examen de nous-mêmes ; ce n'est pas non plus une vaine illusion, c'est une œuvre du Saint-Esprit. « L'Esprit lui-même rend témoignage avec notre esprit que nous sommes les enfants de Dieu », Ro 8.16 ; 2 Co 1.21,22 ; Ép 1.14. Mais comme l'Esprit ne se contredit jamais lui-même, jamais il ne rend témoignage que les « enfants du diable » soient enfants de Dieu ; c'est-à-dire que les hommes profanes, désobéissants, orgueilleux ou méchants soient les objets de la faveur divine. Ainsi toute allégation que les hommes immoraux prétendraient faire du témoignage de l'Esprit en leur faveur, est nécessairement vaine et trompeuse.

6. *Car quand nous étions encore sans force* [1], *Christ est mort en son temps pour des impies*. Ce verset et les suivants jusqu'au onzième, contiennent un développement relatif à la grandeur et à la gratuité de l'amour de Dieu, et destiné à prouver la certitude du salut des croyants. La particule *car* peut rattacher ce verset à la fin du précédent, laquelle serait alors une introduction au développement qui va suivre ; ou bien le verset 6 pourrait se lier, dans l'ordre logique, à la déclaration du verset 2 : « Nous nous glorifions dans l'espérance de la gloire de Dieu » ; et à celle-ci du verset 5 : « L'espérance ne confond point ». Cette seconde explication paraît la plus naturelle d'après le contexte. Ainsi l'apôtre énonce dans ce verset la raison de la confiance qu'il exprime dans le précédent. *Quand nous étions encore sans force*. Le mot grec peut signifier, *dépourvu de ressources, misérable* ; voyez Pr 22.22 ; 31.5,9, dans les Septante. Ou bien il peut signifier, *moralement faible*, c'est-à-dire *pervers*. Le contexte favoriserait cette dernière version. Les *faibles* dont il est ici question sont les mêmes que les *impies* du même verset, et que les *pécheurs* du verset 8. Il est probable que les deux idées se réunissaient dans la pensée de l'apôtre, et qu'il a voulu représenter par le choix de ce terme, la faiblesse et la misère qui sont la conséquence du péché, ou le dénuement spirituel où nous nous trouvons comme pécheurs. Toutes ces idées ne sont pas exprimées sans doute par le seul mot *faible,* mais elles se trouvent implicitement dans le contexte ; la faiblesse

---

[1] Outre le *éti* qui commence le verset, les manuscrits A. C. D. F. G., la version copte, la syriaque et la Vulgate mettent *éti* avant *kata khairon*. Griesbach et Lachmann adoptent cette leçon. La plupart des autres éditeurs s'en tiennent au texte reçu.

peut être relative ou au corps ou à l'âme, suivant le contexte. *En son temps* [1], c'est-à-dire *au temps déterminé et convenable*, voyez Job 5.26, És 60.22 ; Mc 1.15 ; Gal 4.4. *Christ est mort pour des impies.* La préposition grecque rendue par *pour* ne veut pas dire seulement *en faveur de*, mais *à la place de*. Tel en effet paraît être le sens qu'elle a au verset 7, qui fixe le sens qu'il faut lui donner ici ; comp. Mt 20.28, « pour donner sa vie en rançon pour *(anti)* plusieurs » ; 1 Ti 2.6 ; qui s'est donné en rançon pour (*upér*, comme ici) tous » ; voyez Gal 3.13 ; 2 Co 5.14 ; 1 Pi 3.18. Christ n'est pas mort seulement pour notre bien, mais à notre place ; ses souffrances étant substituées aux nôtres. Ce don du Fils de Dieu pour mourir à la place des impies, est la preuve d'amour la plus étonnante qui se puisse concevoir.

7. *Car à grand-peine quelqu'un mourrait-il pour un homme juste ; quoique peut-être pour un homme bon quelqu'un pourrait se résoudre à mourir.* Dans ce verset et le suivant, l'apôtre fait ressortir la grandeur et la gratuité de l'amour divin, en insistant sur l'indignité de ceux qui en sont les objets. « On peut difficilement s'attendre à ce quelqu'un voulût bien mourir pour un homme simplement juste ; bien qu'à l'égard d'un homme bon on trouverait peut-être un exemple d'une telle abnégation. Mais loin d'être bons, nous n'étions pas même justes ; nous étions pécheurs, impies et ennemis de Dieu. » Il y aurait donc ici, dans la pensée de l'apôtre, une différence entre l'homme juste et l'homme bon. Le premier est celui qui fait tout ce qu'exige la loi ou la justice ; le second, celui dont la conduite est dirigée par l'amour. L'homme juste commande le respect, l'homme bon inspire l'amour. Le respect étant un mobile faible et froid en comparaison de

---

[1] Calvin rattache ces mots à ceux qui précèdent, et traduit : « Nous étant encore infirmes *selon le temps*, Christ est mort etc. »

l'amour, les sacrifices qu'il produit sont comparativement légers [1].

Comme l'Écriture emploie souvent le mot justice pour désigner l'excellence morale en général, et qu'elle dit les justes pour les hommes bons ou pieux, beaucoup d'interprètes entendent ainsi notre passage : « À peine quelqu'un mourrait-il pour un homme bon, quoique peut-être pour un tel homme quelqu'un se résoudrait-il à mourir ; mais Dieu [2], etc. » Mais bien que ce soit là le sens du mot *juste* lorsqu'il est opposé à *méchant*, il n'en résulte pas qu'il n'ait pas un sens différent lorsqu'il est opposé à bon ; voyez Mt 20.15, « ton œil est-il mauvais parce que je suis bon ? » 1 Pi 2.18, « non seulement à ceux qui sont bons et doux, mais aussi à ceux qui sont fâcheux ». Au lieu de *juste*, la version syriaque lit *injuste*. « Difficilement quelqu'un mourrait-il pour un injuste, etc. » Mais cette leçon, qui d'ailleurs gâte beaucoup le sens, n'est soutenue par aucune autorité.

8. *Mais Dieu signale son amour envers nous, en ce que, lorsque nous étions encore pécheurs, Christ est mort pour nous.* « Signale », c'est-à-dire « met en évidence, fait éclater »,. voyez 3.5. Ce qui rend l'amour de Dieu si particulièrement remarquable, c'est qu'il a livré son fils à la mort, non pour des bons, non pas même pour des justes, mais pour des pécheurs, mais pour ceux qui méritaient la colère au lieu de l'amour. Le mot pécheur exprime l'idée de la turpitude morale, et de la sujétion à la colère de Dieu, qui en est la

---

[1] Si vir *bonus* is est, qui prodest quibus potest, nocet nemini, recte *justum* virum, *bonum* non facile reperiemus. CICERO, de officiis, lib. III, c. 15.

[2] « Certes c'est un acte qu'on voit bien tard entre les hommes, que quelqu'un veuille mourir pour un juste : combien qu'il se pourrait trouver quelquefois. Mais prenons le cas qu'il se fasse, si est qu'on n'en trouvera point entre les hommes qui veuille mourir pour un méchant. Or, Christ l'a fait, etc. » – CALVIN.

conséquence. C'est *pour* ou *à la place de* ceux qui étaient à la fois corrompus et ennemis de Dieu, que Christ est mort.

9. *Beaucoup plutôt donc, étant maintenant réconciliés par son sang, serons-nous sauvés de la colère par lui.* Dans ce verset et le suivant, l'apôtre tire la conséquence qui découlait naturellement de la grandeur et de la gratuité de l'amour divin, tel qu'il vient de le représenter ; à savoir que les croyants seront finalement sauvés.

C'est un argument *à fortiori*. Si Dieu a accordé un bienfait plus grand, il ne refusera pas un bienfait moindre. Si Christ est mort pour ses ennemis, il sauvera certainement ses amis. *Étant justifiés*. Être justifié c'est plus qu'être simplement pardonné ; le premier terme comprend l'idée de réconciliation, ou de rétablissement dans la faveur de Dieu et dans toutes les bénédictions qui en sont la suite. Dans le verset suivant l'apôtre insiste davantage sur cette idée de la justification. Nous sommes justifiés *par son sang*, expression plus forte que ne le serait celle-ci, *par sa mort*. La première fait mieux ressortir l'allusion au caractère expiatoire des souffrances de Christ. Comme c'était par le sang que s'opérait l'expiation sous l'ancienne économie, nous sommes sauvés de la colère par le sang de Christ, c'est-à-dire par sa mort en tant que sacrifice expiatoire. Cette expression, comme nous l'avons fait observer ci-dessus (4.3) assigne le véritable fondement de notre réconciliation avec Dieu. Ce fondement n'est pas nos œuvres, ni notre foi, ni notre obéissance nouvelle, ni l'œuvre de Christ en nous, mais ce qu'il a fait pour nous ; 3.25 ; Ép 2.13 ; Hé 9.12. Ayant été amenés par la mort de Christ à un état de paix avec Dieu, étant maintenant regardés comme justes à cause de lui, *nous serons sauvés de la colère par lui*. Il ne laissera pas son œuvre inachevée ; ceux qu'il a justifiés, il les glorifiera aussi. La colère est ici évidemment pour les effets de la colère, où le châtiment, les souffrances que le déplaisir divin met à la suite du péché ; Mt 3.7 ; 1 Th 1.10 ; Ro 1.18. Non seulement notre justification doit être attribuée à Christ, mais notre *salut* aussi est *par lui*. Le salut, pris dans un sens général, comprend la justification ; mais lorsqu'il en est distingué, comme c'est le cas ici, il désigne la consommation de l'œuvre dont la justification est le commencement. C'est la protection qui nous est accordée contre toutes les causes de ruine ; la délivrance des maux qui nous entourent ici-bas, ou qui nous menacent dans une autre existence, et notre introduction dans la félicité du ciel. Christ nous sauve dans ce sens par sa providence et son esprit, et par son intercession constante, 8.34 ; Hé 4.14,15 ; 7.25 ; Jud 24 ; 1 Jean 2.1.

10. *Car si lorsque nous étions ennemis nous avons été réconciliés avec Dieu par la mort de son Fils, beaucoup plutôt, étant déjà réconciliés, serons-nous sauvés par sa vie*. Ce verset contient à peu près la même idée que le précédent, présentée sous une forme différente. Le mot *ennemis* appliqué aux hommes sert à désigner non seulement leur caractère moral, mais aussi la relation qu'ils soutiennent avec Dieu, en tant qu'ils sont les objets de son déplaisir. Il n'y a pas seulement une opposition mauvaise du pécheur à l'égard de Dieu, mais aussi une opposition sainte de Dieu à l'égard du pécheur. C'est la première de ces idées qui est présentée dans le verset précédent, tandis que celui-ci insiste surtout sur la seconde. Là, nous sommes justifiés *pécheurs* ; ici nous sommes réconciliés comme *ennemis*. Telle est la principale différence entre les deux versets. Le mot ennemi se prend donc ici au sens passif, *odieux*, objet de l'inimitié ; voyez 11.28. *Être réconcilié avec Dieu*, dans cet ordre d'idées, ne veut pas dire que notre inimitié à l'égard de Dieu est détruite, mais bien que son inimitié à notre égard est détournée de nous, qu'il nous est rendu, propice, ou que sa justice rigide est satisfaite. C est ce qui est évident par les raisons suivantes. **1.** La réconciliation est attribuée à la mort de Christ, ou à son sang, v. 9. Or, l'Écriture nous représente constamment la mort de Christ comme un sacrifice destiné à satisfaire la justice divine, ou à nous mériter la faveur de Dieu, et non pas comme un moyen immédiat de sanctification. Le premier résultat est le but direct de cette mort ; le second, un effet accidentel. C'est ce qu'emporte l'idée même de sacrifice. **2.** Ce verset a pour but de nous représenter comme étant les objets du déplaisir de Dieu. « Si tandis que nous étions les objets de la colère divine, dit l'apôtre, cette colère a été détournée, ou si Dieu nous a été rendu propice par la mort de son Fils, combien plutôt serons nous sauvés, etc. » C'est-à-dire, puisque Dieu a été réconcilié avec nous, il nous sauvera. **3.** Cette interprétation est parfaitement conforme à l'usage. L'expression de l'original [1] ne signifie pas seulement *être réconcilié avec quelqu'un* dans le sens de déposer notre inimitié envers lui, mais aussi dans celui d'être rétabli dans sa faveur. C'est le sens qu'elle a, tant chez les profanes [2] que chez les auteurs sacrés. Ainsi 1 Samuel 26.4 : « comment pourrait-il se remettre en grâce (litt. *se réconcilier* [3]) avec son Seigneur ? Ne serait-ce point par le moyen des têtes de ces hommes-ci ? » Mt 5.24, « va premièrement te réconcilier avec ton frère », c'est-à-dire apaise sa colère, rétablis-toi dans sa faveur. Le verbe a le même sens dans 2 Co 5.18, suiv. : « Tout cela vient de Dieu qui nous a réconciliés avec lui-même par Jésus-Christ ». C'est-à-dire que par la médiation de Christ Dieu

---

[1] *Kattallasésthai tini* ou *pros tina.*

[2] Voyez Xenophon, Exped. Cyri 1. 6. Euripide, Iphig. v. 1157. Josèphe, Antiq. 16. 4.4.

[3] *Diallagèsétai tô kuriô autou.* Les verbes *diallassô* et *katallassô* ont le même sens. Voyez cette assertion longuement prouvée par Fritzsche et Reiche contre Tittmann, De Synonymis N. T. 1 p. 102.

nous est devenu favorable. Qu'il nous soit ainsi devenu favorable, ou qu'il soit réconcilié avec nous, cela résulte évidemment, dit Paul au v. 19, de ce qu'il ne nous impute plus nos péchés, c'est-à-dire, de sa disposition à nous les pardonner. « C'est pourquoi, continue l'apôtre, il nous a confié le ministère de la réconciliation », c'est-à-dire la charge d'exhorter les hommes à ne pas négliger la faveur de Dieu qui leur est offerte ; « nous vous conjurons donc au nom de Christ d'être réconciliés avec Dieu », c'est-à-dire d'accepter sa faveur qui vous est offerte, « car la réconciliation a été accomplie, en ce que celui qui n'avait point connu le péché, a été fait péché pour nous ». Ainsi encore Ép 2.16, « pour qu'il les *réconciliât* les uns et les autres avec Dieu par sa croix » ; ce qui ne veut pas dire que l'inimitié des hommes contre Dieu est détruite, ou qu'ils sont convertis par la croix, mais qu'ils sont par elle rétablis dans la faveur de Dieu. Voyez encore Col 1.22. C'est là sans aucun doute la doctrine de la Bible, savoir que nous sommes rachetés, rétablis dans la faveur de Dieu, en un mot réconciliés par la mort de Christ. Cette doctrine se lie intimement à la mort de Christ présentée comme un sacrifice ; ce qui suppose nécessairement que Dieu est l'être qu'il s'agit de rendre propice ; et que la réconciliation opérée par la mort de Christ est l'apaisement du juste déplaisir de Dieu envers nous comme pécheurs. **4.** Le contexte exige qu'on entende la phrase dans ce sens. « Étant réconciliés avec Dieu », correspond évidemment à « étant justifiés par son sang ». Or, cette dernière locution ne peut pas signifier que nos sentiments à l'égard de Dieu sont changés : elle veut dire, sans contestation, que nous sommes pardonnés et rétablis dans la faveur divine. Tel aussi doit donc être le sens de la première locution. De plus, le but de Paul est de faire ressortir la grandeur et la gratuité de l'amour de Dieu par l'indignité de ceux qui en sont les objets. Pécheurs, nous sommes justifiés ; ennemis, nous sommes réconciliés. Faire signifier à notre passage que lorsque nous étions ennemis de Dieu nous avons déposé notre inimitié et nous sommes devenus ses amis, c'est mettre ce passage en contradiction avec le but de l'apôtre et ce qu'il déclare expressément [1].

Nous serons sauvés *par sa vie*. Cette expression assez insolite, choisie évidemment pour obtenir une correspondance exacte avec celle qui précède, *par sa mort*, est un exemple remarquable du goût de Paul pour les antithèses de ce genre ; comp. 4.25 ; Ga 3.3 ; 2 Co 3.6. Le sens est facile à saisir. « Si lorsque nous étions ennemis nous avons été rétablis dans la faveur de Dieu par la mort de son fils, le fait qu'il est vivant assurera sans aucun doute notre salut final. » **1.** Sa vie est un gage et un garant de la vie de tout son peuple ; Jn 14.19, « parce que je vis, vous aussi vous vivrez » ; Ro 8.11 ; 1 Co 15.22. **2.** « Il peut sauver pour toujours ceux qui s'approchent de Dieu par lui, étant toujours vivant pour intercéder pour eux » ; Hé 7.25, etc. **3.** Lors de sa résurrection, tout pouvoir lui a été donné dans le ciel et sur la terre, Mt 28.18 ; et ce pouvoir il l'exerce pour le salut de son peuple ; Ép 1.22, il est établi sur toutes choses pour le lien de l'église ; Ap 1.18 ; Hé 2.9 ; 1 Co 15.25, etc. ; voyez aussi les passages cités pour la fin du v. 9. C'est ainsi que les croyants trouvent des motifs abondants d'être assurés de leur bonheur final, non seulement dans cet amour incompréhensible qui a porté Dieu, lorsqu'ils étaient pécheurs et

---

[1] « L'être réconcilié ne peut être que Dieu, qui a seul agi dans la rédemption opérée par Christ, et dont la colère contre les pécheurs est apaisée par la mort du fils. Du côté de l'homme rien n'a eu lieu, nul changement dans leur intérieur, nul effort pour s'approcher de Dieu. Tout ce qui peut et doit avoir lieu de sa part n'est que la suite et l'effet du bienfait divin ». Ruckert ; voyez encore Storr, Zweck des Todes Jesu, sect. 4. Grotius, De Satisfactione Christi, ch. 7 ; et le récent commentaire de Reiche et Fritzsche.

ennemis, à les justifier et les réconcilier avec lui par la mort de son fils, mais encore dans cette considération que le même Sauveur qui est mort pour eux vit encore, et vit à jamais pour les sanctifier, les protéger et les sauver.

11. *Et non seulement cela, mais nous nous glorifions même en Dieu par Notre Seigneur Jésus-Christ.* C'est-à-dire, non seulement nous sommes assurés du salut à venir, mais dès à présent nous nous réjouissons en Dieu comme étant pour nous un père réconcilié et l'héritage qui nous appartient. Ce bien là renferme tous les autres. Si Dieu est pour nous, qui sera contre nous ? Si nous possédons la source immense de la félicité, il importe peu quels ruisseaux de bonheur peuvent nous manquer. [1] *Par Notre Seigneur Jésus-Christ.* Paul n'oublie jamais de confesser que tous les bienfaits de la rédemption sont par Jésus-Christ, non seulement la réconciliation et le salut, mais le bienheureux commerce que nous entretenons dès à présent avec Dieu, Hé 4.16.

Par lequel nous avons maintenant obtenu la réconciliation. Obtenir la réconciliation et être réconcilié sont évidemment des expressions synonymes. Cette incise n'est donc qu'une répétition du v. 10. « Nous nous réjouissons en Dieu par Jésus-Christ, par lequel, c'est-à-dire par la mort de qui, nous avons été rétablis dans la faveur divine. « Paul dit que nous avons *maintenant* obtenu la réconciliation, parce que la réconciliation est un bien présent, et un gage de la félicité

[1] Cette interprétation suppose que le participe *kaukhôaménoi* (scil. *ésmén*) est employé à la manière hébraïque pour l'indicatif *kaukhômétha*. Cela est possible sans aucun doute ; voyez l'emploi de *dikaiouménoi*, 3.23. Toutefois comme cette construction est insolite, les philologues les plus stricts la rejettent, et rattachent *kaukhôménoi* à *sôthèsométha*. Ainsi Winer, et Fritzsche, qui explique ainsi le passage : « Non seulement nous serons sauvés mais nous le serons *en nous glorifiant* de l'amour de Dieu par Jésus-Christ, qui nous a dès à présent procuré la faveur de Dieu ».

future ; « si nous sommes enfants ; nous sommes donc héritiers », 8.17.

DOCTRINES.

1. Il n'y a qu'un seul système religieux qui puisse procurer la paix avec Dieu ; c'est celui qui, pourvoyant tout à la fois à la satisfaction de la justice divine et à la sanctification du cœur humain, est approprié au caractère de Dieu en même temps qu'à la nature de l'homme. Toute l'histoire témoigne que cette paix n'a été le résultat d'aucun autre système que celui de l'évangile.

2. Tous les bienfaits particuliers de la rédemption sont unis d'une manière inséparable, et naissent les uns des autres. Ceux qui sont justifiés possèdent la paix avec Dieu, l'accès à sa présence, la joie au milieu des circonstances les plus pénibles, l'assurance de l'amour de Dieu, et la certitude du salut final ; voyez la section entière, et comparez 8.30.

3. Le Saint-Esprit pénètre intimement l'âme humaine, pour en régler les opérations, en exciter les émotions et la conduire à la connaissance de la vérité, v. 5.

4. L'espérance assurée du fidèle est fondée sur la conscience qu'il a de ses sentiments de piété, et sur le témoignage du Saint-Esprit ; et cette assurance est une grâce à laquelle peuvent et doivent parvenir les chrétiens, versets 4,5.

5. La persévérance des saints ne doit être attribuée ni à la force de leur amour pour Dieu, ni à rien d'autre qui soit en eux-mêmes, mais uniquement à l'amour gratuit et infini de Dieu en Jésus-Christ. Par conséquent ils ne peuvent pas plus s'en assigner la gloire, qu'un faible enfant ne peut se glorifier des soins infatigables de sa mère. « Une femme peut-elle oublier l'enfant qu'elle allaite, etc. » versets 6-10.

6. La rédemption n'a pas lieu par l'enseignement de la vérité ni par une influence morale, mais par le sang, v. 9,10.

7. Le but premier de la mort de Christ a été de rendre Dieu propice, de satisfaire sa justice, et non d'influencer la conduite de l'homme, ou de manifester le caractère de Dieu en vue de l'effet moral qui serait produit par cette manifestation. Sans doute, parmi les résultats, infiniment divers de cette mort, qui tous sont entrés dans le plan de Dieu, quelques-uns des plus importants sont la sanctification des hommes, la manifestation des perfections divines, le bonheur de l'univers, la destruction ou la diminution du péché, etc. Mais le but d'un sacrifice, comme sacrifice, est de faire propitiation, versets 9,10 ; Hé 2.17.

8. Tout ce que nous possédons ou espérons, nous le devons à Jésus-Christ : la paix, la communion avec Dieu, la joie, l'espérance, la vie éternelle ; voyez toute la section et toute la Bible.

RÉFLEXIONS.

1. Si nous sommes de véritables enfants de Dieu, nous possédons la paix de la conscience, le sentiment de la faveur de Dieu, et un libre accès auprès de son trône. Nous souffrons les afflictions avec patience ; au lieu de nous faire douter de notre Père céleste, elles nous fournissent de nouvelles preuves de son amour, et fortifient notre espérance d'être les objets de sa miséricorde. Et nous devons posséder aussi, plus ou moins, l'assurance de l'amour de Dieu par l'habitation du Saint-Esprit au-dedans de nous, versets 1-5.

2. Aucun de ces fruits de la réconciliation avec Dieu ne peut être obtenu tant que nous n'avons pas déposé l'esprit de propre justice et de confiance en nous-mêmes. C'est Jésus-Christ qui les procure par le moyen de la foi, et non par nos œuvres ou notre mérite personnel ; versets 1 et suivants.

3. L'espérance de l'hypocrite est comme une toile d'araignée ; l'espérance du croyant est pour son âme une ancre ferme et assurée, v. 5.

4. L'assurance de l'amour de Dieu ne produit jamais le contentement de soi-même ou l'orgueil ; mais toujours l'humilité, l'abaissement à ses propres yeux, l'étonnement, la reconnaissance et la louange. Le croyant voit que la source mystérieuse de cet amour est dans l'esprit divin, et non en lui-même qui est impie ou pécheur, versets 8-10.

5. L'amour de Dieu manifesté dans le don de son fils, et l'amour de Christ dans la mort qu'il a soufferte pour nous, étant les traits distinctifs qui caractérisent l'évangile, nul homme sur qui ces vérités n'exercent pas une influence dominante, ne saurait être un vrai chrétien ; v. 9,10, comp. 2 Co 5.14.

6. La vraie religion produit la joie, v. 2,11.

CHAPITRE 5.12-21.

ANALYSE.

A. *But du passage.* Cette section est destinée à jeter du jour sur la doctrine de la justification des pécheurs par la justice de Christ, en rapprochant cette justification de la condamnation de tous les hommes, qui a été la suite du péché d'Adam. Les considérations suivantes démontrent que tel est en effet le but de ce passage. **1.** Le contexte. Depuis le commencement de l'épître, Paul s'est efforcé d'inculquer à ses lecteurs une idée capitale, savoir que le fondement de la justification du pécheur devant Dieu ne se trouve pas dans le pécheur lui-même, mais dans les mérites de Christ. Et dans les versets précédents il vient de dire, « que nous sommes justifiés par son sang », v. 9 ; que nous sommes rétablis dans la faveur divine par sa mort, v. 10 ; que nous avons obtenu la réconciliation, ou que nous sommes pardonnés et justifiés par lui, c'est-à-dire par un homme, v. 11. Or, comme cette idée, que nous sommes considérés et traités non selon notre propre mérite, mais selon le mérite d'autrui, est contraire à la manière de penser ordinaire parmi les hommes, et surtout contraire aux efforts de leur propres justice pour acquérir la faveur divine, l'apôtre l'éclaircit et la confirme en rappelant le grand fait analogue qui s'est passé dans l'histoire du monde. **2.** L'examen des versets 12,18,19, qui renferment le point essentiel et la substance de la comparaison. Les versets 13-17 forment dans l'ordre logique une parenthèse ; et les versets 20,21, contiennent deux observations qui ne tiennent à la discussion que par un rapport purement accidentel. C'est donc dans les versets 12,18,19, qu'il faut chercher l'idée essentielle du passage. Au verset 12, un point seulement de la comparaison est énoncé ; elle est reprise et terminée dans les versets 18 et 19. « Comme par l'offense d'un seul tous sont condamnés, ainsi par la justice d'un seul tous sont justifiés ». Tel est, presque dans les propres termes de l'apôtre, le sens des versets 18 et 19 réduit à sa plus simple expression ; et cet énoncé concis montre clairement le but du passage et le point essentiel de la comparaison. **3.** Le but du passage doit être le point central vers lequel convergent tous les traits de détails. Or, la marche de l'argumentation comme on le verra par la suite, tend d'une manière si uniforme et si évidente vers le point que nous avons indiqué, que tous les efforts pour la faire porter ailleurs jettent de la confusion sur tout le passage. Tout ce que dit l'apôtre tend à développer sa déclaration, que « de même que nous sommes condamnés en vertu de ce qu'a fait Adam, nous sommes justifiés en vertu de ce qu'a fait Christ ». Le développement de cette idée est donc le dessein et le but de tout le passage.

On a dit souvent et avec trop d'assurance, que le but de ce passage est de relever l'idée que nous devons nous faire des bienfaits procurés par Christ, en montrant qu'ils surpassent les maux occasionnés par la chute. Il nous paraît non seulement improbable, mais impossible qu'il en soit ainsi. **1.** Parce que la *surabondance* de la grâce évangélique n'est mentionnée expressément qu'au v. 20, c'est-à-dire lorsque toute la discussion est terminée ; et là cette idée est introduite d'une manière purement accidentelle, comme amenée par la réponse que fait l'apôtre à une objection supposée contre son raisonnement, objection comprise dans cette question, « dans quel but est survenue la loi ? » Serait-il possible que le but principal d'un passage ne se révélât que dans la réponse à une objection accidentelle ? Il en résulterait que ce but serait impossible à découvrir si l'objection n'avait pas été présentée. **2.** Il est vrai que cette idée de la supériorité des bénédictions prononcées par Christ, à l'égard des maux occasionnés par Adam, si elle ne se trouve énoncée d'une manière expresse qu'au v. 20, se trouve déjà implicitement et sous forme d'allusion, dans les versets 16,17. Mais il est reconnu que ces versets appartiennent à une parenthèse. Tous les interprètes sont d'accord que les versets 13,14, sont destinés à confirmer la déclaration du v. 12 ; et que les versets 15,16,17 sont subordonnés à la dernière incise du v. 14, et sont un développement explicatif de celle-ci. Il est donc universellement et hautement reconnu que les versets 12,18,19 contiennent l'essentiel et la substance de tout le passage, les versets 13-17 formant une parenthèse. Or, dans ces versets essentiels, il n'y a pas même une simple allusion à la surabondance de la grâce de Christ. Se pourrait-il que le but principale d'un passage fût renfermé dans une parenthèse, et non dans le passage même ? La nature même d'une parenthèse suppose qu'elle contient quelque chose qu'on peut laisser de côté sans que le sens du passage soit altéré. Mais le but principal d'un écrivain peut-il être laissé de côté sans que sa pensée soit altérée ? Il est donc impossible qu'une idée contenue seulement dans une parenthèse, soit le but essentiel de cette section. Sans doute l'idée dont il s'agit est juste et importante en soi, mais l'erreur consiste à la mettre sur le premier plan aux dépens de l'objet essentiel de la discussion. On peut se figurer aisément la confusion et les erreurs qui doivent se glisser dans l'explication d'un passage, dont le but a été complètement méconnu.

B. *Texte*. Le but du passage étant de jeter du jour sur la doctrine antérieurement établie de la justification par la justice de Christ, le texte est naturel et facile à saisir. « C'EST POURQUOI comme par un seul homme nous avons été amenés sous la condamnation, de même par un seul homme nous sommes amenés à un état de justification et de vie ». La conjonction *c'est pourquoi* se rapporte donc à tout l'ensemble de la première partie de l'épître, et plus particulièrement des versets précédents. « *C'est pourquoi* nous sommes justifiés par la justice d'un seul homme, de même que nous avons été condamnés par suite du péché d'un seul homme ». Il semble qu'une méprise sur le but du passage, ou un parti pris de ne pas l'admettre, ont seuls pu conduire aux nombreuses explications gratuites et forcées qu'on a données de ces deux mots grecs. Quelques-uns les traduisent *de plus* ; d'autres *à cet égard*, etc., etc.

C. *Marche de l'argumentation*. Le point de comparaison auquel l'apôtre a recours pour jeter du jour sur sa doctrine, étant la chute de tous les hommes en Adam, il commence par énoncer cette dernière vérité. « Comme à cause d'un seul homme la mort a passé sur tous les hommes, de même à cause d'un seul, etc., » v. 12.

Mais avant de poursuivre sa comparaison, il s'arrête à établir le principe qu'il vient de poser, savoir que tous les hommes sont considérés et traités comme pécheurs à cause d'Adam. La preuve qu'il en donne est celle-ci. L'imputation d'une peine suppose la transgression d'une loi, puisque le péché n'est point imputé où il n'y a point de loi, v. 13.

Or, tous les hommes sont sujets à la mort, ou à des maux infligés comme châtiments ; donc tous hommes sont considérés comme transgresseurs d'une loi, v. 13.

Cette loi ou ce contrat, qui soumet tous les hommes à la mort, n'est point la loi de Moïse, puisque des multitudes d'hommes sont morts avant sa promulgation, v. 14. Ce n'est pas non plus la loi naturelle écrite dans les cœurs, puisqu'une foule d'homme meurent qui n'ont pas violé même cette loi là, v. 14.

Puis donc que ni l'une ni l'autre de ces lois n'est suffisamment étendue pour embrasser tous ceux qui sont sujets à l'imputation de la peine, il faut conclure que les hommes sont sujets à la mort à cause d'Adam, c'est-à-dire que c'est pour le péché d'un seul que plusieurs meurent, versets 13,14.

Adam est donc un type de Christ. Sous ce rapport essentiel, il y a une frappante analogie entre la chute et la rédemption. Nous sommes condamnés en Adam comme nous sommes justifiés en Christ.

Cependant les deux cas ne sont pas entièrement parallèles.

D'abord la première dispensation est beaucoup plus mystérieuse que la seconde ; car si par le péché d'un seul plusieurs meurent, *à bien plus forte raison* par la justice d'un seul plusieurs vivront-ils v. 15.

En second lieu, les bienfaits de la seconde dispensation surpassent de beaucoup les maux de la première. Car la condamnation provient d'un seul péché, tandis que la justification s'applique à un grand nombre de péchés. Christ nous délivre d'un culpabilité beaucoup plus grande que celle du péché d'Adam, v. 16.

Enfin, Christ ne se borne pas à nous sauver de la mort, à nous libérer des maux qui sont la conséquence de nos propres péchés et de celui d'Adam, mais il nous introduit dans un état de félicité positive et éternelle, v. 17. Ou bien on pourrait considérer ce verset comme étant un développement de la pensée du v. 15

Après avoir ainsi restreint et fait saillir l'analogie qui se trouve entre Adam et Christ, l'apôtre reprend et termine sa comparaison. « C'EST POURQUOI, comme à cause d'un seul homme tous les hommes sont condamnés, de même à cause d'un seul tous sont justifiés, v. 18. Car de même que par la désobéissance d'un seul plusieurs sont considérés et traités comme pécheurs, de même par la justice d'un seul plusieurs sont considérés et traités comme justes, v. 19. Le sens du passage est donc, en deux mots, que les hommes sont condamnés pour le péché d'un seul homme, et justifiés pour la justice d'un autre.

Si les hommes sont ainsi justifiés par l'obéissance de Christ, quel sera donc le but de la loi ? Elle est survenue pour que le péché abondât, c'est-à-dire pour que les hommes vissent à quel point il était abondant, puisque par la loi est produite la connaissance du péché. La loi a son utilité, bien que les hommes ne soient pas justifiés par l'obéissance qu'ils lui rendent, v. 20.

Tandis que la loi révèle et même aggrave les victoires effrayantes du péché, qui règne de concert avec la mort sur le genre humain, l'évangile donne lieu aux victoires bien plus efficaces et plus étendues encore de la grâce, par Jésus-Christ notre Seigneur, v. 21.

D'après cette manière d'entendre le passage, il se diviserait en cinq parties.

La première, comprise dans le v. 12, nous présente le premier membre de la comparaison entre Christ et Adam.

La seconde contient la preuve du principe posé au v. 12, et embrasse les versets 13,14, qui par conséquent sont subordonnés au v. 12 et dont voici la conclusion : *Adam est donc ainsi un type de Christ.*

La troisième, versets 15,16,17, est un commentaire de cette dernière déclaration, commentaire qui la fait ressortir et la restreint tout à la fois.

La quatrième, versets 18,19, reprend et termine la comparaison commencée au v. 12.

La cinquième forme la conclusion du chapitre, et renferme une exposition concise du but et des effets de la loi, aussi bien que des résultats de l'évangile, exposition amenée par la comparaison précédente ; versets 20,21.

COMMENTAIRE.

12. *C'est pourquoi, comme par un seul homme le péché est entré dans le monde, et par le péché la mort, et qu'ainsi la mort a passé sur tous les hommes, parce que tous ont péchés : – (Car jusqu'à la loi,* etc. La parenthèse s'étend jusqu'à la fin du v. 17). Nous avons déjà expliqué la force de la conjonction *c'est pourquoi.* « Il suit de ce qui a été dit sur le moyen de justification, que comme par un seul homme, etc. » Cette conjonction indique donc le point vers lequel tend la discussion depuis le commencement de l'épître, la conclusion générale de tout le raisonnement de l'apôtre. *Comme par un seul homme.* Le mot *comme* indique évidemment une comparaison entre ce qui est arrivé à Adam et quelque autre chose. Comme le second membre de la comparaison ne suit pas immédiatement, on a proposé différentes explications pour ce verset [1]. Néanmoins, il paraît si évident que la comparaison

[1] Voici les principales. **1.** Le mot *comme*, au lieu d'introduire le *premier* membre de la comparaison, serait le commencement du *second*, et l'on suppléerait, d'après le verset précédent, *nous avons obtenu par Christ le réconciliation.* « C'est pourquoi nous avons reçu la réconciliation par Christ, *comme* (de même que) par un seul homme le

qui commence ici est reprise et complétée versets 18,19, que la grande masse des commentateurs considèrent les versets 13-17 comme une parenthèse, destinée à confirmer et à développer la déclaration du verset 12. C'est aussi dans ce sens que ponctue la version anglaise [1].

Par un seul homme le péché est entré dans le monde, c'est-à-dire un seul homme a été cause que tous les hommes sont devenus pécheurs [2]. Ne voir autre chose dans cette incise, sinon que le péché a commencé par Adam, qu'Adam a été le premier pécheur, c'est recourir à une explication incompatible avec la force des mots PAR UN SEUL HOMME, comme avec tout le contexte et le but du passage. Comparez les expressions, « par l'offense d'un seul », v. 15 ; « la condamnation vient d'une seule faute », v. 16 ; par l'offense d'un seul », v. 17 ; par un seul péché les hommes sont assujettis à la

---

péché est entré dans le monde ». Ainsi Cocceius, Elsner, Koppe, Rosenmüller. **2.** D'autres cherchent l'apodose dans le verset 12 lui-même, en considérant *kai outûs*, *et ainsi*, comme une inversion pour *outô kai*, *ainsi aussi* : « Comme par un seul homme le péché est entré dans le monde, et par le péché la mort, *ainsi aussi* la mort a passé sur tous les hommes, etc. » Le Clerc, Wolff. **3.** Bèze fait commencer l'apodose à la conjonction *kai* qui précède la seconde incise : « Comme par un seul homme le péché est entré dans le monde, *aussi* la mort (y est entrée) par le péché. » **4.** D'autres trouvent l'apodose, quoique non formellement exprimée, implicitement renfermée dans l'incise qui termine le v. 14, « qui est un type de celui qui doit venir ». Calvin, Tholück, Kœllner. **5.** Enfin Ruckert, Fritzsche, après Origène, regardent l'apodose comme manquant absolument. Cette explication ne diffère de l'explication ordinaire que dans la manière de l'énoncer.

[1] *Ôspér*, *comme*, introduit évidemment une comparaison : *ôspér* marquant la *protase*, qui paraît comprendre tout le verset. Mais où est l'*apodose* ? Je la trouve pleine et entière seulement versets 18,19, où la pensée du v. 12 est virtuellement reprise et répétée, et où l'adopose est précédée, selon la règle, de *outô kai*. STUART.

[2] De même, v. 13, ces mots, *le péché était dans le monde*, signifient, les hommes étaient pécheurs.

condamnation » v. 18 ; « par la désobéissance d'un seul homme », v. 19. Toutes ces locutions, évidemment parallèles de la déclaration du v. 12, mettent hors de doute que l'incise qui nous occupe exprime cette idée, qu'Adam a été cause que tous les hommes sont devenus pécheurs, et ne veut pas dire simplement que le péché a commencé par lui, ou qu'il a été le premier pécheur. C'est ce que rend plus évident encore, s'il est possible, le rapprochement qui revient constamment dans tout ce passage, entre Adam et Christ ; *par* un homme est venu le péché ; *par* un autre homme la justice ; *par* l'offense du premier est venue la mort ; par la justice de l'autre la vie, etc. Il est donc aussi clairement déclaré qu'Adam a été la cause du péché et de la mort qu'il l'est que Christ est la source de la justice et de la vie ; et la première déclaration ne se trouve pas simplement insinuée ou supposée, mais énoncée expressément dans notre verset.

Mais, en admettant que ces mots, *par un seul homme le péché est entré dans le monde*, expriment clairement cette idée, qu'un seul homme a été cause que tous les hommes sont devenus pécheurs, encore ces mots souffrent-ils diverses interprétations. **1.** Un grand nombre de commentateurs et de théologiens, même parmi les modernes, entendent ici par le péché la corruption morale qui est la source du péché actuel, la disposition au mal ; ainsi Storr, Flatt, Bretschneider, etc. [1].

[1] Storr : *è amartia* est mis ici par métonymie pour la cause du péché, ou la source des péchés particuliers ». Flatt traduit ce mot par *la corruption morale, le penchant au mal*. Schleussner : Vitiositas et perversitas animi, quæ est fons actionum pravarum. Koppe Ad peccandum proclivitas. Rosenmuller, Peccandi consuetudo et licentia. Wahl, ad peccandum proclivitas, peccandi culpa. Bretschneider, Innata vitiositas peccati fons, cujus sedes est in corpore ejusque illecebris ; culpa peccatum contracta. De Wett, *la corruption naturelle*. Ruckert, der Zustand der sündhaftigkeit, die Quelle der sündlichen Handlungen. Usteri, *sündhaftigkeit*.

Alors l'apôtre voudrait dire qu'Adam a été cause de la corruption de notre nature, que tous les hommes ont reçue de lui. **2.** D'autres, prenant le mot dans son acception ordinaire, entendent le passage dans ce sens, qu'Adam a été la cause ou l'occasion par laquelle tous les hommes ont été conduits à commettre personnellement et actuellement le péché, soit par la force de l'exemple ou des circonstances, soit par une dispensation divine. **3.** D'autres enfin pensent que cette déclaration de saint Paul, « par Adam tous les hommes sont devenus pécheurs », veut dire qu'à cause de lui tous les hommes sont considérés et traités comme pécheurs.

Tout le monde conviendra sans doute que cette locution doit s'entendre dans le même sens que celle du v. 19, qui lui correspond évidemment, « par la désobéissance d'un seul homme plusieurs ont été rendus pécheurs » ; et que les autres locutions parallèles qui se trouvent dans le reste du passage. Elle doit aussi avoir le même sens que les derniers mots du verset, « parce que tous ont péché » ; et que ces autres paroles du v. 13, « le péché était dans le monde » ; c'est-à-dire les hommes étaient pécheurs. C'est donc quand nous en serons à la dernière incise du verset, que nous pourrons le mieux décider laquelle des trois interprétations ci-dessus est à préférer. Disons seulement dès à présent que Paul a probablement voulu exprimer, en commençant, cette idée générale, que tous les hommes sont tombés en Adam ; ce qui comprends la double idée de la perte de la sainteté et de l'assujettissement aux conséquences pénales du péché. Néanmoins, nous verrons par la suite que cette dernière idée est ici la principale ; en sorte que c'est la troisième interprétation qui représente le mieux la pensée de l'apôtre.

Et par le péché la mort, c'est-à-dire que le péché a été la cause de la mort. La mort dont il est ici question n'est pas simplement la mort naturelle, mais la pénalité de la loi, ou les maux dénoncés comme châtiment du péché. C'est ce qui est évident, **1.** parce qu'il est dit que la mort est la conséquence du péché. Il faut donc que l'apôtre ait en vue cette espèce de mort dont l'Écriture parle en d'autres endroits comme étant la conséquence et le châtiment de la transgression. **2.** Parce que c'est le terme ordinaire qu'emploient tous les écrivains sacrés sans exception, pour désigner les conséquences pénales du péché. Ge 2.17, « Au jour que tu en mangeras, tu mourras », c'est-à-dire tu deviendras sujet au châtiment que mérite le péché ; Éz 18.4, « l'âme qui péchera mourra » ; Ro 6.23, « le salaire du péché c'est la mort » ; 8.13, « si vous vivez selon la chair vous mourrez ». Les passages de ce genre sont trop nombreux pour que nous puissions les citer ; à ceux que nous avons indiqués comme exemples, on peut ajouter Ro 1.32 ; 7.5 ; Ja 1.15 ; Ap 20.14 ; etc., etc. **3.** D'après l'opposition qui revient constamment dans l'Écriture entre les termes de *vie* et de *mort*, le premier désignant la récompense des justes, et le second le châtiment des méchants. Ainsi Ge 2.17, nous voyons la vie promise à nos premiers parents comme récompense de l'obéissance, tandis que la mort leur est dénoncée comme châtiment de la désobéissance. De 30.15, « j'ai mis devant toi la vie et la mort » ; Jé 21.8 ; Pr 11.19 ; Ps 36.9 ; Mt 25.46 ; Jean 3.15 ; 2 Co 2.16 ; etc., etc. **4.** Enfin d'après l'opposition que notre passage établit entre la vie qui est par Christ et la mort qui est par Adam, versets 15,17,21 : « le péché règne pour donner la mort, tandis que la grâce règne par la justice pour donner la vie éternelle ». Néanmoins, comme la mort naturelle est une partie, et la partie la plus saillante, des maux infligés en punition du péché, il n'est pas douteux qu'elle tenait la place principale dans la pensée de l'apôtre, comme on le voit d'ailleurs par les versets 13,14. Ainsi la mort, dans ce passage, désigne les maux de tous les genres qui sont le châtiment du péché. La quantité de ce mal varie sans aucun doute, suivant les différents cas de transgression.

Et ainsi la mort a passé sur tous les hommes, c'est-à-dire, tous les hommes sont devenus sujets aux maux qui sont la peine du péché. On a beaucoup disputé sur la valeur de ces deux mots, *et ainsi*. Il s'agit de savoir si l'apôtre veut dire que « Adam a été cause que tous les hommes sont devenus pécheurs et sujets à la mort, et ainsi (c'est-à-dire *en sorte que*) la mort a passé sur tous, parce que tous ont péché » ; ou bien s'il veut dire que, « comme Adam a péché et est mort, *ainsi aussi* (de la même manière) tous les hommes meurent parce que tous ont péché ». En d'autres termes, ces paroles établissent-elles une relation spéciale entre le péché d'Adam et le péché et la condamnation de la race entière ; ou bien enseignent-elles simplement la liaison nécessaire qui existe entre le péché et la mort ? Les considérations suivantes montrent clairement que le passage ne saurait avoir ce dernier sens. **1.** Cette interprétation a contre elle la valeur même des mots et la manière dont ils sont construits. Paul dit *et ainsi, kai outôs* ; il ne dit pas, *ainsi aussi, outô kai* ; ni, *de la même manière, ôsautôs*. Or, s'il avait voulu exprimer une analogie entre le cas d'Adam et celui de sa postérité, il aurait dû employer une de ces deux dernières tournures. Comparez la construction des versets 18,19 : *comme* (*ôs*) par l'offense d'un seul, *ainsi aussi* (*outô kai*) par la justice d'un seul ». « Comme (*ôspér*) par la désobéissance d'un seul, *ainsi aussi* (*outô kai*) par l'obéissance d'un seul ». Dans l'un et l'autre cas, la position des deux mots est différente de ce qu'elle est dans notre verset. Par conséquent, dans ce verset, ces deux mots ne répondent pas au mot *comme* du commencement, comme introduisant le second membre de la comparaison. Voyez 1 Co 11.12, « comme est l'homme, *ainsi aussi* est la femme » ; 12.12, « comme le corps n'est qu'un, *ainsi aussi* est Christ » ; 15.22, « comme tous meurent en Adam, *ainsi aussi* tous revivront en Christ » ; etc. L'interprétation que nous combattons est donc incompatible avec la structure de la phrase. **2.** Elle laisse de côté l'idée essentielle de ce verset. Si le mot *ainsi*, qui se trouve au milieu du verset, correspond au mot *comme* du commencement, alors ce verset ne contient pas le premier membre d'une comparaison entre Adam et Christ, mais bien une comparaison entre Adam et sa postérité. « Comme l'un a péché et est mort, il en est arrivé de même aux autres ». Or, ceux qui soutiennent cette interprétation admettent pourtant que le v. 12 contient le premier membre d'une comparaison entre Adam et Christ, laquelle est reprise et complétée versets 18,19 ; donc le mot *comme*, au commencement du verset, ne correspond pas au mot *ainsi* du milieu, mais bien aux mots *ainsi aussi* des versets 18,19. **3.** D'après cette interprétation, les mots PAR UN SEUL HOMME deviennent absolument oiseux ; ils sont laissés de côté et oubliés, bien qu'ils renferment ce qu'on pourrait appeler la moelle du verset, C'est *par un seul homme* que les hommes sont devenus pécheurs, et ainsi, il est arrivé par là, par le moyen de ce seul homme, que la mort a passé sur tous les hommes. Les paroles qui nous occupent expriment donc la relation qui existe entre le péché d'Adam et le péché et la condamnation de toute sa race. Ainsi les entendent Grotius, Bengel, Storr, Flatt, Tholuck, et une foule de commentateurs tant anciens que modernes.

Parce que tous ont péché. Évidemment ces mots assignent la raison pour laquelle tous les hommes sont sujets à la mort. Au lieu de traduire les deux mots *éph ô*, comme nous avons fait, *parce que*, la version latine, et un grand nombre de commentateurs ou théologiens anciens, tant arminiens que calvinistes, traduisent *en qui.* « Par un seul homme tous les hommes sont devenus pécheurs, et ainsi la mort a passé sur tous *par un seul homme*, en qui tous ont péché ». Tel est, nous n'en doutons pas, le vrai sens de l'ensemble du verset. Mais il n'est pas nécessaire, pour défendre cette interprétation, d'adopter la version *en qui*, contre laquelle on peut élever des objections philologiques très fortes ; la principale est l'éloignement où se trouverait l'antécédent à l'égard du pronom relatif. Il faut donc préférer la version ordinaire, « tous meurent, parce que *tous ont péché* ».

Dans l'explication de ces trois mots essentiels, nous rencontrons les trois interprétations mentionnées au commencement du verset.

A. *Tous les hommes ont personnellement et actuellement péché.* Alors le sens du verset pourrait être celui-ci : « Comme Adam a péché et est mort, de la même manière la mort a passé sur tous les hommes, parce que tous ont péché ». Dans ce cas, la relation entre le péché d'Adam et le péché et la mort de sa postérité ne serait pas déclarée expressément, bien qu'elle fût peut-être insinuée par la forme particulière de l'expression. Ou bien on pourrait encore entendre le verset dans ce sens : « Adam ayant été la cause ou l'occasion que tous les hommes sont devenus pécheurs, la mort a passé sur tous, puisque tous ont été conduits à pécher par suite de sa désobéissance ». Nous verrons plus tard les objections qu'on peut faire contre cette première interprétation, présentées sous forme d'arguments en faveur de la troisième.

B. *Tous sont devenus corrompus.* Le sens serait alors : « Comme, par Adam, le péché (la corruption de la nature humaine) a été introduit dans le monde, et la mort comme suite du péché, et qu'ainsi la mort a passé sur tous les hommes, parce que tous sont devenus corrompus ; de même, etc. » Voici les principales objections que rencontre cette interprétation. **1.** Elle oblige à donner aux mots un sens très insolite, sinon absolument sans exemple. Celui qu'on traduit par *devenir* *corrompu* n'a ce sens nulle part ailleurs. **2.** Elle détruit l'analogie entre Adam et Christ. Le point de comparaison n'est pas celui-ci : « Christ est la source de la sainteté, comme Adam celle de la corruption » ; mais bien celui-ci : « Christ est la cause de notre justification, comme Adam l'a été de notre condamnation ». **3.** Elle est incompatible avec la pensée des versets 13,14, qui veulent prouver que la raison de l'empire universel de la mort est le péché d'Adam. **4.** Elle nous obligerait, pour conserver quelque unité dans le passage, à donner des versets 15-19 une interprétation qui n'est pas admissible. Ainsi, bien qu'il soit vrai et conforme à l'Écriture de dire que nous héritons d'Adam une nature corrompue, comme il est vrai aussi que Christ est l'auteur de la sanctification, ce ne sont pas là les vérités que Paul a essentiellement en vue dans cet endroit.

C. Il faut donc préférer la troisième interprétation, *tous les hommes ont été considérés et traités comme pécheurs.* Voilà quelle serait alors la pensée du verset : « Comme par un seul homme tous les hommes sont devenus pécheurs et sujets à la mort, et qu'ainsi la mort a passé sur tous les hommes, puisque tous les hommes ont été considérés comme pécheurs à cause de lui ; *de même aussi* par un seul homme, etc. » Cette interprétation se recommande par les considérations suivantes.

1. On peut, en restant strictement conforme à l'usage, interpréter le verbe grec *pécher* par *devenir pécheur*, ou bien, *être considéré et traité comme pécheur* [1]. Ge 44.32, il y a dans le grec, *j'aurai péché*, ce qui représente la même idée qui est exprimée dans la version française, *« je serai toujours sujet à la peine* envers mon père », en d'autres termes,

[1] Wahl lui-même l'explique ainsi dans son dictionnaire. « *Amartanô, peccati culpam sustineo*, Ro 5.12, comp. v. 19 ubi *amartôlos katéstathèn*. Ita LXX, Ge 44.32.

« je serai toujours considéré comme pécheur ». Même locution encore, 43.9 ; 1 Rois 1.21 ; Job. 9.29. Du reste cette explication, bien qu'elle soit justifiée par l'usage et appropriée au contexte, n'est pas nécessaire pour défendre l'interprétation dont il s'agit. On peut conserver au verbe de l'original son sens ordinaire, pourvu qu'on fasse attention à la valeur du temps qu'emploie l'apôtre. L'aoriste ne signifie proprement pas, *ont péché*, mais *péchèrent*. C'est-à-dire qu'il se rapporte simplement au passé, sans allusion quelconque à aucune autre portion de la durée ; de plus, il exprime ce qui est momentané dans le passé, par opposition à ce qui est continu ou souvent répété. Les termes de l'original signifient donc rigoureusement, *tous péchèrent*. « Comme par un seul homme le péché est entré dans le monde, et par le péché la mort, ainsi la mort a passé sur tous les hommes parce que tous péchèrent, savoir quand pécha celui par qui la mort a passé sur tous les hommes ». C'est une tournure analogue à ces locutions bien connues, *mourir en Adam, vivre en Christ, mourir avec lui, être crucifié avec lui* ; toutes locutions fondées sur l'idée d'une substitution ou représentation. Nous sommes censés faire ou souffrir ce qu'Adam ou Christ a souffert pour nous et en notre nom.

2. Il est reconnu presque universellement, tant la chose est évidente, que le verset 12 contient le premier membre d'une comparaison entre Adam et Christ, laquelle est interrompue, puis reprise et complétée aux versets 18,19. Or, ces versets enseignent, comme nous le verrons, que « par le péché d'un seul les hommes sont assujettis à la condamnation » ; que par suite de la désobéissance d'un seul homme tous ont été traités comme pécheurs » ; assertions auxquelles correspond évidemment la déclaration plus simple du verset 16 : « la condamnation vient d'une seule faute ». Si donc ces versets expriment la même idée que le verset 12, comme Stuart et autres ne font nulle difficulté de l'admettre, il faut bien voir enseignée dans le verset 12, non pas la vérité banale que les hommes sont actuellement pécheurs, mais bien qu'ils ont été traités comme pécheurs à cause d'un seul homme.

3. Cette interprétation est réclamée par le texte du verset avec ceux qui suivent immédiatement. Il est reconnu que les versets 13,14, qui sont précédés de *car*, sont destinés à prouver l'assertion du verset 12. Si cette assertion est que « tous les hommes sont considérés comme pécheurs à cause d'Adam », alors le sens et la convenance de ces versets sont évidents. Mais si le verset 12 affirme simplement que tous les hommes sont pécheurs, alors les versets 13,14, prouveraient que les hommes étaient pécheurs avant le temps de Moïse ; fait qui n'a jamais été nié ni mis en doute par personne, et qui est ici absolument étranger au but de l'apôtre. Ces versets 13,14, offrent des difficultés insurmontables, si l'on assigne au verset 12 un autre sens que celui que nous défendons.

4. Ce qui est ainsi affirmé au verset 12, prouvé dans les versets 13,14, est admis comme prouvé dans les versets 15-19, et employé pour jeter du jour sur la grande vérité à établir. « Car si par l'offense d'un seul plusieurs sont morts, etc. », verset 15. Mais où est-il déclaré et puis prouvé, que plusieurs sont morts pour l'offense d'un seul, sinon dans les versets 12,13, et 14 ? Et ainsi de tous les autres versets qui suivent le quinzième. Il faut que cette idée se trouve enseignée au verset 12, si l'on veut trouver quelque cohérence entre les différentes parties du raisonnement de l'apôtre.

5. Cette interprétation est réclamée par le but de tout le passage et par l'ensemble de l'argumentation, Le but du passage, comme nous l'avons montré, est de jeter du jour sur la doctrine de la justification par la justice de Christ, en rapprochant cette justification de la condamnation des hommes par suite du péché d'Adam. Or, l'analogie disparaît, l'essence même de la comparaison est détruite, si quelque chose qui nous soit personnel est présenté comme étant la raison de l'imputation pénale des maux dont il est parlé. Que nous ayons une nature corrompue, que nous soyons personnellement pécheurs, et par suite sujets à des maux infligés comme châtiment, cela est vrai sans doute, mais cela n'a rien à faire avec le but actuel de l'apôtre. Semblablement, il est vrai que nous sommes sanctifiés par notre union avec Christ, et par là préparés pour le ciel, mais ces idées sont hors de propos lorsqu'il s'agit de justification. Ce passage est consacré tout entier à éclaircir cette dernière doctrine, ou l'idée de la justice imputée ; il faut donc que l'idée du *péché imputé* se trouve dans l'autre terme de la comparaison, ou celle-ci présentera un vice capital. Non seulement le but du passage exige cette interprétation, mais ce n'est qu'en l'admettant qu'on peut trouver un enchaînement logique dans l'argumentation. Nous mourons en vertu du péché d'Adam, verset 12 ; cela est vrai, parce qu'à moins d'admettre ce principe, il est impossible de rendre compte de l'universalité de la *mort*, 13,14. Mais si tous meurent à cause d'Adam, combien plus vivrons-nous à cause de Christ, v. 15. Adam, il est vrai, fait venir sur nous le mal infligé en punition de la première et grande violation de l'alliance ; mais Christ nous sauve de tous nos péchés sans nombre, v. 16. Ainsi, comme pour l'offense d'un seul nous sommes condamnés, de même par la justice d'un seul nous sommes justifiés, v, 18. Comme en vertu de la désobéissance d'un seul nous sommes traités comme pécheurs, ainsi en vertu de l'obéissance d'un seul nous sommes traités comme justes, v. 19. Tout lecteur attentif apercevra sans peine l'inconséquence et la confusion qui résulteraient de la tentative de suivre ainsi d'un bout à l'autre du passage l'une ou l'autre des deux premières interprétations.

6. La doctrine établie par ce verset ainsi entendu, est une des vérités les plus simples enseignées soit par l'Écriture, soit par l'expérience. N'est-ce pas un fait révélé d'une manière incontestable, et écrit dans toute l'histoire du monde, que le péché d'Adam a changé les rapports de la race humaine avec Dieu ? Ce péché n'a-t-il pas apporté le mal dans le monde par lui-même, et indépendamment de tout ce qui peut se trouver en nous ou avoir été fait par nous ? En d'autres termes, ne sommes nous pas tombés quand Adam tomba ? Répondre affirmativement à ces questions, c'est admettre la doctrine que suppose notre interprétation du verset 12.

7. La doctrine de l'imputation du péché d'Adam, ou l'assertion que tous les hommes sont considérés et traités comme pécheurs en vertu de ce péché, était une doctrine communément reçue chez les Juifs du temps de l'apôtre, aussi bien que dans les temps postérieurs. Il emploie, en parlant de ce sujet, les mêmes expressions auxquelles les Juifs étaient habitués. Ils ne pouvaient donc manquer de supposer que par ces expressions il voulait transmettre à leur esprit les mêmes idées qu'ils y attachaient habituellement. Telle aussi doit donc avoir été l'intention de l'apôtre, s'il a voulu être compris. Voyez le Targum sur Ruth, 4.22 : « à cause du conseil donné à Ève, tous les habitants de la terre ont été constitués coupables et dignes de mort ». R. Moïse de Trana, Beth Elohim, folio 105 : « du même péché dont Adam a péché, le monde entier a péché ». On peut voir un grand nombre de citations semblables dans Wetstein, Schœttgen, Tholuck et autres [1].

---

[1] Voici ce que dit Knappe dans son cours de théologie : « Dans le récit que fait Moïse de la chute, et dans l'Ancien Testament en général, nous ne trouvons pas le terme d'imputation appliqué au péché d'Adam, bien que la doctrine de l'imputation de ce péché s'y trouve réellement. Mais dans les écrits des Talmudistes et des Rabbins, et antérieurement dans les paraphrases chaldaïques de l'Ancien Testament, nous trouvons en propres termes cette assertion, « que les descendants d'Adam

8. Il ne sera pas hors de propos de faire observer que cette interprétation, loin d'être le produit de préventions théologiques en faveur d'une théorie particulière, est si évidemment le sens simple et vrai du passage, indiqué par le contexte, qu'elle réunit la sanction des théologiens de tous les rangs. Calvinistes, Arminiens, Luthériens, Rationnalistes, se donnent la main pour la défendre. Ainsi Storr, l'un des interprètes philologiques les plus exacts, explique dans ce sens les derniers mots de notre verset : « Par un seul homme tous sont sujets à la mort, parce que tous sont considérés et traités comme pécheurs, c'est-à-dire parce qu'ils sont tous sous la sentence de condamnation ». Il dit que la locution du verset 12, *tous ont péché*, équivaut à celle du verset 19, *tous sont considérées comme pécheurs* ; et il traduit cette dernière, « sie werden als sünder angesehen und behandelt », « ils sont considérés et traités comme pécheurs » ; voyez son Commentaire sur les Hébreux, p. 636, 640, etc. Flatt rend ces derniers mots exactement de même. Le rationnaliste Ammon reconnaît également que l'apôtre enseigne que tous les hommes sont sujets à la mort à cause du péché d'Adam. On trouve dans la *Théologie biblique* de Zachariœ, une excellente

---

auraient été punis de mort (corporelle) à cause de son péché, n'eussent-ils commis eux-mêmes aucun péché ». Doctrine qui se trouve établie clairement, Ro 5.12 suiv. Les philosophes et les théologiens modernes ont trouvé dans ce passage bien des choses inconciliables avec leurs systèmes philosophiques. Aussi beaucoup d'entre eux ont-ils si bien commenté et épluché ce passage, qu'ils ont fini par en exclure entièrement l'idée d'imputation. Ils ont oublié que Paul employait les expressions mêmes qui avaient cours chez les Juifs à cette époque, et que ses lecteurs immédiats ne pouvaient pas donner à ses paroles un autre sens que d'y voir l'intention d'enseigner cette doctrine ». Puis il montre qu'à moins d'être décidé à faire violence aux paroles de l'apôtre, il faut reconnaître qu'il enseigne que tous les hommes sont sujets à la mort à cause du péché d'Adam. Le théologien qui s'exprime de cette manière n'admettait pas lui-même cette doctrine.

exposition de tout ce passage. « La question de l'imputation du péché d'Adam, dit-il, revient à savoir si Dieu a considéré l'acte d'Adam comme étant l'acte de tous les hommes, ou, ce qui revient au même, s'il les a tous assujettis au châtiment en vertu de ce seul acte ». C'est là en effet, selon lui, ce que l'apôtre affirme et démontre. Voici ce qu'il dit sur notre verset : « Il n'est pas immédiatement question ici de la propagation d'une nature corrompue chez tous les hommes, ni des péchés commis personnellement par tous les hommes, mais de la culpabilité (strafwürdigkeit, sujétion au châtiment) universelle devant Dieu, qui est venue sur tous les hommes, et que Paul, dans ce qui suit, fait dépendre non de leurs péchés personnels, mais du seul péché d'Adam. Sans doute il ne conteste pas, il ne met pas même en question la corruption de la nature, ni les péchés actuels des hommes, et la culpabilité qui en résulte, mais il déclare simplement que tous les hommes sont traités comme pécheurs en considération du péché d'Adam ». Il faut se rappeler que Zachariœ n'était pas calviniste, mais bien un des théologiens modernes et modérés de Gœttingue. Whitby, le grand défenseur de l'arminianisme, dit à l'occasion des derniers mots du verset : « Il n'est pas vrai de dire que la mort est venue sur tous les hommes, *parce que* tous ont péché (il soutient la version *en qui*). L'apôtre affirme précisément le contraire, à savoir, que la mort et la condamnation à la mort qui a passé sur les hommes, a été la suite du seul péché d'Adam ; car il est dit expressément, que *par le péché d'un seul plusieurs sont morts* ; que *la sentence de condamnation vient d'une seule faute* ; et que *par le péché d'un seul la mort a régné par ce seul homme*. L'apôtre nous enseigne donc expressément que cette mort, cette condamnation à la mort, n'est pas venue sur nous ensuite du péché de tous, mais du péché d'un seul, savoir de ce seul Adam *en qui meurent tous les hommes* ; 1 Co 15.22. Nous pourrions multiplier indéfiniment ces extraits, en puisant aux sources les plus variées. Quelques divergences qui puissent exister entre ces interprètes, ils sont presque tous d'accord sur l'idée générale qui ressort de l'ensemble du passage, savoir que la raison pour laquelle tous les hommes sont sujets aux maux dont il est parlé, est le péché d'Adam, non leurs propres transgressions. Peut-on, avec quelque vraisemblance, attribuer à l'esprit de théorie ou à la philosophie, ou à la prévention en faveur d'un système théologique, une interprétation qui réunit l'assentiment de tant de témoignages si divers ? N'est-ce pas plutôt le refus de l'admettre, qu'on peut attribuer avec vraisemblance, comme le fait Knapp, à des préventions théologiques ? Il est sûr du moins que les objections qu'elle rencontre sont presque exclusivement philosophiques ou théologiques, et non pas tirées de l'exégèse ou de la philologie.

13, 14. *Car jusqu'à la loi le péché était dans le monde ; or, le péché n'est point imputé quand il n'y a point de loi. Et pourtant la mort a régné depuis Adam jusqu'à Moïse, même sur ceux qui n'avaient point péché à la ressemblance de la transgression d'Adam, qui est un type de celui qui devait venir.* Ces deux versets, liés au verset 12 par la conjonction *car*, contiennent la preuve de cette déclaration que la mort a passé sur tous les hommes en considération du péché d'un seul. Voici quelle est l'argumentation : « L'imputation pénale des maux suppose la violation de la loi ; la violation de la loi de Moïse ne peut rendre compte de l'universalité de la mort, car les hommes sont morts avant que cette loi fût donnée. La violation de la loi de nature, ne suffit pas non plus pour expliquer le fait que tous les hommes sont sujets à la mort, car ceux-là même meurent qui jamais n'ont violé cette loi. Donc, puisque la mort suppose une transgression, et que ni la loi de Moïse, ni la loi naturelle n'embrassent toutes les victimes de la mort, il s'ensuit que les hommes sont sujets à l'imputation pénale des maux en vertu du péché d'Adam. C'est pour le péché d'un seul que plusieurs meurent. »

Pour bien comprendre le raisonnement de l'apôtre, il faut se rappeler que le terme de *mort* est mis ici pour les maux en général qui sont la peine du péché ; non pas telle forme particulière de cette peine, mais toute espèce de mal infligé judiciairement pour venger la loi. L'argumentation ne repose pas sur le simple fait que tous les hommes, les enfants mêmes, sont sujets à la mort naturelle ; car ce fait pourrait s'expliquer ou par la violation de la loi de Moïse, ou par celle de la loi naturelle, ou par la dépravation native. Ces deux dernières embrassent le monde entier, et peuvent rendre compte de l'universalité de la mort naturelle. Mais aucune de ces différentes causes, ni toutes ensemble, ne peuvent expliquer l'imputation pénale de tous les maux auxquels les hommes sont sujets. L'apôtre a surtout en vue ici ce grand fait, que Dieu considère et traite tous les hommes, dès les premiers instants de leur existence, comme des êtres qui sont en dehors de sa société et qui ont perdu sa faveur. Au lieu d'entrer en communion avec eux dès qu'ils viennent à l'existence, comme il a fait pour Adam, et de les former par son Esprit à l'image morale de lui-même, il les considère comme étant en dehors de sa faveur, et leur refuse l'influence de son Esprit. Pourquoi en est-il ainsi ? pourquoi Dieu en agit-il de cette manière avec la race humaine ? C'est là un fait que personne ne conteste, si ce n'est les Pélagiens. Pourquoi donc en est-il ainsi ? Voici une forme de mort que ni la violation de la loi de Moïse, ni la transgression de la loi naturelle, ni la dépravation innée, séparées ou réunies, ne sont suffisantes pour expliquer. L'imputation de cette mort est antérieure à toutes ces causes ; et pourtant cette mort là est l'essence et le sommaire de tous les maux. Les hommes commencent d'exister en dehors de la communion de Dieu. C'est là un fait que nul art de sophiste ne saurait effacer de la Bible ni de l'histoire. Paul nous en donne la raison. C'est parce que nous sommes tombés en Adam ; c'est pour le seul péché d'UN SEUL HOMME que tous meurent ainsi. L'alliance ayant été traitée avec Adam, non pour lui-même seulement, mais aussi pour sa postérité (en d'autres termes, Adam, ayant été mis à l'épreuve, non pour lui-même seulement, mais aussi pour sa postérité), son acte a été, en vertu de cette relation de lui à nous, considéré comme étant notre acte ; Dieu s'est retiré de nous comme il s'est retiré de lui ; en conséquence de cet éloignement de Dieu nous commençons d'exister dans les ténèbres morales, privés de la disposition à chercher notre bonheur en Dieu, portés à le chercher en nous-mêmes et dans le monde. Ainsi le péché d'Adam nous a fait périr, il a été cause que la faveur divine s'est retirée de la race entière, et l'intervention du Fils de Dieu pour notre salut est un acte de grâce pure, souveraine et admirable.

Toute l'obscurité qu'on a pu trouver dans ce passage, provient donc de ce qu'on a pris le terme de *mort* dans le sens restreint que lui donne le langage ordinaire parmi les hommes ; dès qu'on le prend au sens qu'il a dans l'Écriture ; toute l'argumentation devient simple et concluante. Qu'on substitue à ce mot de *mort* l'expression de *mal infligé comme peine*, et voici à quoi se réduit le raisonnement : « Tous les hommes sont sujets à l'imputation pénale des maux en considération d'un seul homme » ; c'est là le principe à établir v. 12. Il est évident qu'il en est réellement ainsi ; car l'imputation de la pénalité suppose la violation d'une loi. Or, le mal dont il s'agit a été infligé aux hommes avant la promulgation de la loi mosaïque, il tombe sur eux avant la transgression de la loi naturelle ; avant même l'existence de la dépravation native ; il faut donc que ce soit pour le péché d'un seul homme que la sentence de condamnation a passé sur tous les hommes. On comprend, du reste, vu le sens étendu dans lequel les écrivains sacrés emploient le terme de mort, que la dissolution du corps (qui est une des formes de la manifestation du déplaisir divin) soit non seulement comprise dans ce terme, mais en soit souvent l'idée principale.

Jusqu'à la loi. Il s'agit de la loi de Moïse, comme le montre clairement le v. 14, où la même période marquée ici par ces mots *jusqu'à la loi*, est désignée par cette autre expression, *depuis Adam jusqu'à Moïse.*

Le péché était dans le monde. C'est-à-dire, les hommes étaient considérés et traités comme pécheurs. Ces mots doivent avoir le même sens que les derniers du v. 12, *tous ont péché*. Ils ne signifient pas simplement que les hommes étaient corrompus, ni qu'ils étaient actuellement pécheurs, mais qu'ils étaient traités comme pécheurs. C'est ce que rend évident l'incise suivante. « Car avant l'époque de Moïse les hommes étaient traités comme pécheurs ; or, ils ne sont point ainsi traités quand il n'y a point de loi. » Le péché n'est *point imputé*, c'est-à-dire, il n'est point porté en compte au pécheur et puni en lui ; voyez 4.8, « Heureux l'homme à qui l'Éternel n'imputera pas son péché » ; voyez aussi 4.3 com., et les locutions équivalentes qui reviennent souvent, comme, « son iniquité est sur lui », No 15.31. ; « il portera son iniquité », Lé 5.1. Le principe que l'apôtre avance ici, et sur lequel repose son argumentation, c'est que l'imputation pénale des maux suppose la violation d'une loi. Dès lors, il ne s'agit plus que de savoir quelle est la loi que *tous* les hommes ont violée pour devenir sujets à la mort. Le verset suivant répond à cette question.

On a donné de ce passage et du but de l'argumentation qu'il contient trois autres interprétations qui méritent d'être mentionnées.

A. Les partisans de la première admettent que ces deux versets sont destinés à confirmer la déclaration du v.12, comme la particule *car* le montre clairement. Or, quelle est la déclaration du v. 12 ? C'est que *tous* ont péché, et que *tous* sont sous la sentence de mort. Pour confirmer la vérité de cette assertion, il fallait prendre un cas où il pouvait sembler difficile de prouver que les hommes soient pécheurs. Dans ce but, l'apôtre montre que les hommes étaient pécheurs même avant la promulgation de la loi mosaïque ; bien qu'eux-mêmes soient peu disposés à reconnaître leur culpabilité dans de pareilles circonstances (savoir lorsqu'il n'existe pas de loi révélée), ou qu'ils en tiennent peu de compte. Voyez Stuart. En conséquence, il entend l'incise, *le péché n'est point imputé*, dans ce sens, le péché n'est point pris en considération par le pécheur lui-même, il ne l'apprécie point et ne s'en inquiète point. Mais cette interprétation soulève des objections invincibles. **1.** Comme nous l'avons déjà fait observer, elle laisse de côté l'idée capitale du v. 12, qui est renfermée dans ces mots, PAR UN SEUL HOMME. Ce v. 12 ne déclare pas simplement que « *tous* ont péché, et que *tous* sont sous la sentence de mort » ; mais que tous sont regardés comme pécheurs et sont sujets à la mort en considération D'UN SEUL HOMME. C'est là le point essentiel de ce verset, et par conséquent le point à prouver dans les suivants. **2.** Cette interprétation attribue à la locution *imputer le péché,* un sens qu'elle n'a nulle part ailleurs. La question n'est pas simplement de savoir si le mot *imputer* ne peut pas, dans certains ordres d'idées ; signifier *prendre en considération*, ou *prendre à cœur*, mais bien de savoir si la locution entière, *le péché n'est point imputé,* et surtout dans un tel ordre d'idées, peut avoir ce sens. Et cette version est tellement contraire à l'usage de Paul, comme au sens que l'expression *imputer le péché* a constamment dans l'Écriture, que Tholuck appelle à bon droit cette interprétation une ressource désespérée. **3.** Non seulement cette interprétation provient d'une fausse manière d'entendre le v. 12, et la relation de ce verset avec les deux suivants ; mais elle attribue à ces derniers un sens qui ne peut s'accorder avec le contexte. Elle suppose que l'apôtre raisonne ainsi : « Tous les hommes sont pécheurs ». « Non pas », répond le Juif, « car avant la loi de Moïse il n'y avait point de loi, et conséquemment point de péché ». À quoi Paul répond que les hommes étaient pécheurs, bien qu'ils n'aient pas conscience de leur état de péché quand il n'y a point de loi ». Mais cette manière d'entendre le passage nous oblige d'admettre, ou bien que les Juifs ne regardaient pas comme pécheurs ceux qui n'avaient pas la loi de Moïse, tandis que chacun sait au contraire que ceux-là étaient à leurs yeux les pécheurs par excellence ; ou bien que Paul répond ici à une objection oiseuse, à laquelle celui qui la fait n'attacherait lui-même aucune valeur ; or, ce serait là une perte de son temps que l'apôtre ne se permet nulle part. D'ailleurs, il n'est pas vrai que le péché ne soit point pris en considération, ou qu'il n'y ait pas de sentiment du bien et du mal, où il n'y a point de loi positive. Cette assertion serait en opposition directe avec les faits, comme avec la doctrine de saint Paul, 2.14. On peut, jusqu'à un certain point, parer à cette objection en alléguant que la déclaration doit être prise dans un sens mitigé, en sorte qu'elle voudrait dire que les hommes n'ont pas *autant* conscience de leurs péchés lorsqu'ils n'ont pas de loi positive. » Cela est vrai sans aucun doute ; mais la nécessité de *mitiger* ainsi l'expression ne fait que montrer avec plus d'évidence qu'on attribue à cette expression un sens incompatible avec le contexte.

B. Une seconde interprétation, adoptée par un grand nombre de commentateurs et de théologiens, suppose que le terme de *mort* désigne ici la simple mort naturelle. Voici quel serait alors le raisonnement de l'apôtre : « Comme en vertu du péché d'un seul homme tous les hommes sont condamnés à mourir, ainsi en vertu de la justice d'un seul tous sont rendus participants de la vie », v. 12. La preuve que tous les hommes sont sujets à la mort en considération du péché d'Adam est donnée dans les versets 13 et 14 : « L'imputation de cette forme particulière de la peine qui constitue la mort, suppose la violation d'une loi, à laquelle cette peine particulière fût attachée comme sanction. Cette loi ne peut pas avoir été la loi de Moïse, puisqu'on a vu mourir ceux qui n'avaient pu la violer ; et d'ailleurs, tous les hommes meurent, bien qu'ils n'aient pas violé, comme Adam, un commandement exprès dont la mort soit la sanction. Donc la sujétion de tous les hommes à cette forme particulière de la pénalité doit être attribuée, non à leur caractère propre et à leur conduite individuelle, mais au péché d'Adam ». Quelques-uns de ceux qui adoptent cette interprétation, sont assez conséquents pour la poursuivre jusqu'au bout, et ne voir dans la vie qui est rendue par Christ selon l'apôtre, que la simple vie du corps, c'est-à-dire la résurrection des morts (voyez Whitby sur ce passage). On remarquera que cette interprétation est identique, quant à son principe essentiel, avec celle que nous avons défendue. En effet, elle admet que le v. 12 enseigne que Dieu a considéré l'acte d'Adam comme étant l'acte de la race entière, en d'autres termes, qu'il a assujetti tous les hommes au châtiment en vertu de sa transgression. Et elle voit dans les versets 13,14, la preuve de cette assertion. Néanmoins, cette interprétation, dans ce quelle a de particulier, repose sur deux hypothèses dont l'une est erronée, l'autre gratuite. Elle suppose d'abord que la mort dont il est ici parlé est la simple mort naturelle, ce qui est contraire tout à la fois au contexte et à l'usage que fait l'Écriture de ce mot. En second lieu, elle suppose que la violation de la loi naturelle ne pouvait pas être suivie avec justice de la mort du corps, parce que cette forme particulière de la peine n'a pas été dénoncée comme sanction de la loi. C'est là une hypothèse absolument gratuite, et qu'on pourrait faire tout aussi bien à l'égard de tout autre châtiment du péché, puisque pour ceux qui n'ont pas eu de révélation positive aucun mal spécial et déterminé n'est dénoncé comme expression de la colère divine. Et pourtant, comme le déclare saint Paul, Ro 1.32, les païens dépravés savaient qu'ils étaient dignes de mort, c'est-à-dire des effets de la colère divine. Il importe peu quelle forme particulière revêt l'expression de cette colère. À peine est-il nécessaire de faire observer que ni cette interprétation, ni celle que nous défendons, ne supposent que les hommes, avant Moïse, n'étaient point punissables pour leurs propres péchés ; et pourtant il n'est pas rare de rencontrer cette étrange méprise [1].

C. Une troisième interprétation est celle, de quelques auteurs, qui rejettent la doctrine de l'imputation, et qui supposent que l'apôtre veut prouver que la corruption naturelle que nous avons héritée d'Adam est la cause de l'universalité de la mort. Voici le raisonnement qu'ils prêtent à l'apôtre : « Puisque le péché n'est point imputé quand il n'y a point de loi, c'est-à-dire puisque les hommes ne sont pas, comparativement parlant, responsables de leurs péchés lorsqu'ils sont plongés dans l'ignorance et privés d'une révélation ; et puisque néanmoins, même dans ces circonstances la mort a régné sur eux, il faut chercher la raison de l'universalité de la mort, non dans leurs propres transgressions, mais dans leur participation à la nature corrompue d'Adam ». Ainsi Tholuck, et

---

[1] Ainsi chez Stuart et Barnes, qui disent : « Il est de la dernière absurdité de supposer que les hommes qui ont vécu entre l'époque d'Adam et celle de Moïse étaient pécheurs, *uniquement par imputation* ». Assertion que personne sans doute n'a jamais contestée ni ne contestera jamais.

Schott dans ses Opuscules. Mais d'abord, il est évident qu'une pareille argumentation n'a rien de concluant. Il est vrai, sans doute, que les péchés des hommes sont aggravés par la circonstance qu'ils ont été commis au sein de la lumière d'une révélation expresse de la volonté divine, et nul doute, que le païen ne soit moins coupable devant Dieu que le juif ou le chrétien également corrompu. Mais comme il ne s'agit ici que d'une décharge comparative et non pas complète de la responsabilité, cette circonstance ne peut servir a démontrer que les païens meurent non pour leurs propres péchés, mais en vertu de la nature dépravée qu'ils ont héritée d'Adam. **2.** En second lieu, cette argumentation serait en opposition directe avec la propre déclaration de Paul, que les païens étaient responsables de leurs péchés, non pas seulement d'une manière partielle et relative mais qu'ils étaient « dignes de mort » à cause de leurs péchés, 1.32 ; voyez aussi 2.14. Cette interprétation n'est donc pas admissible. Mais il ne faut pas prêter injustement aux écrivains distingués qui la défendent cette doctrine, que les hommes qui ont vécu entre l'époque d'Adam et celle de Moïse ne fussent pas responsables de leurs propres péchés. Ils affirment expressément le contraire. « Cette *non-imputation*, dit Tholuck, n'emporte pas l'absence de la culpabilité, puisque Paul déclare expressément que les païens sont sans excuse ». Et tout en montrant que l'ignorance, lorsqu'elle est inévitable, diminue la gravité du péché, il reconnaît pleinement que tous les hommes ont de la volonté divine une connaissance suffisante pour les rendre inexcusables.

Voilà quelques-unes des nombreuses explications tentées pour se tirer des difficultés que présentent ces deux versets (13,14). Toutes ces interprétations sont forcées et inadmissibles. Nous, sommes donc ramenés à celle que nous avons présentée d'abord, comme étant la seule compatible avec le sens des mots, et conforme au but de l'argumentation.

14. *Et Pourtant la mort à régné depuis Adam jusqu'à Moïse.* C'est-à-dire, les hommes étaient sujets à la mort avant la promulgation de la loi de Moïse ; ce n'était donc point pour l'avoir violée ; il faut chercher quelque autre part la raison de leur sujétion à la mort.

Même sur ceux qui n'avaient point péché à la ressemblance de la transgression d'Adam [1]. C'est-à-dire qui n'avaient point péché comme Adam a péché. Il s'agit de savoir quelle est la différence que l'apôtre a en vue. Quelques-uns voient cette différence en ceci, qu'Adam a violé un commandement positif auquel était attachée la sanction expresse de la mort, ce que les autres n'ont pas fait. Voici les principales difficultés que rencontre cette interprétation. **1.** Elle anéantit la distinction entre les deux classes de personnes désignées dans ce verset. Elle prête à l'apôtre le raisonnement suivant : « La mort a régné sur ceux qui n'avaient point violé de loi positive, même sur ceux qui n'avaient point violé de loi positive ». Il est évident que la première incise du verset désigne une classe générale d'hommes, et que la seconde, qui en est distinguée par l'adverbe *même*, désigne seulement une portion de cette classe. Tous les hommes qui sont morts depuis Adam jusqu'à Moïse, sont morts sans avoir violé un commandement positif. Il faut donc que la classe d'hommes qui est distinguée de ceux-là, contraste avec Adam sous quelque autre rapport que celui qui est commun à tous. **2.** Cette interprétation est incompatible avec le contexte, en ce qu'elle ramène toutes les difficultés ci-dessus mentionnées, quant au sens à donner aux versets 13 et 14, et quant à la connexion de ces versets avec le précédent. Si on l'admet, il faut admettre que ces versets sont destinés à prouver que tous les hommes

[1] Sicut Adamus, quum legem transgressus est, mortuus est, pariter etiam mortui sunt, qui non transgressi sunt, vel potius non peccarunt, nam Paulus verba variat, de Adamo deque ceteris loquens. – BENGEL.

sont pécheurs, ce qui n'est conforme, nous l'avons montré, ni au contexte, ni au sens évident du v. 12, ni au but du passage et à l'ensemble de l'argumentation. Ou bien, il faut adopter l'interprétation qui restreint ici la mort à la dissolution du corps, et qui suppose que l'apôtre veut montrer que ce mal particulier doit être attribué, non aux péchés personnels des hommes, mais au péché d'Adam. Ou bien enfin, il faut revenir à l'explication de Tholuck, que nous avons montrée être inadmissible. En un mot, ces versets offrent des difficultés insurmontables, si l'on entend de cette manière l'incise qui nous occupe.

D'autres expliquent dans ce sens la différence entre Adam et ceux que l'apôtre a en vue, savoir qu'Adam a péché personnellement et actuellement, non les autres. À l'appui de cette interprétation, on peut faire valoir les considérations suivantes. **1.** Il est clair que les mots s'y prêtent aussi naturellement qu'à la précédente. Paul dit simplement que ceux dont il s'agit n'ont pas péché comme Adam a péché. Maintenant veut-il dire qu'ils n'ont pas péché du tout, ou bien qu'ils n'ont pas péché contre la même espèce de loi, c'est au contexte à nous l'apprendre : l'expression en elle-même ne décide rien à cet égard. **2.** Si le v. 12 enseigne que les hommes sont sujets à la mort en vertu du péché d'Adam, si c'est là la doctrine de tout le passage, et si, comme nous l'avons admis, les versets 13,14, sont destinés à prouver l'assertion du v. 12, alors il devient nécessaire que l'apôtre montre que cette mort atteint ceux mêmes qui n'ont à répondre d'aucun péché actuel et personnel. Or, c'est ce qu'il fait ici. « La mort règne non seulement sur ceux qui n'ont pas violé une loi positive, mais sur ceux-là même qui n'ont pas péché comme Adam ; c'est-à-dire qui n'ont jamais personnellement violé aucune loi, qui puisse rendre compte de leur sujétion à la mort ». Par conséquent, tous les arguments qui justifient l'interprétation que nous avons adoptée pour le v. 12, ou notre manière d'entendre la marche du raisonnement et le but du passage dans son ensemble, tous ces arguments s'appliquent, sans rien perdre de leur force, à l'explication que nous venons d'indiquer pour l'incise qui nous occupe. L'autre explication, comme nous avons essayé de le montrer, repose sur une exégèse erronée du v. 12 et sur une fausse manière d'entendre le contexte. La plupart des objections qu'on a élevées contre cette interprétation, étant fondées sur une méprise, se trouvent réfutées par le seul énoncé du sens. L'apôtre enseigne simplement ceci, qu'IL Y A DES MAUX INFLIGÉS COMME PEINE QUI ATTEIGNENT LES HOMMES ANTÉRIEUREMENT À AUCUNE TRANSGRESSION QU'ILS AIENT COMMISE ; ET COMME L'IMPUTATION DE CES MAUX SUPPOSE LA VIOLATION D'UNE LOI, IL S'ENSUIT QU'ILS SONT CONSIDÉRÉS ET TRAITÉS COMME PÉCHEURS EN VERTU DE LA DÉSOBÉISSANCE D'UN AUTRE. En d'autres termes, c'est pour le péché d'un seul homme que la sentence de condamnation a passé sur tous. Il est clair que cet énoncé ne suppose pas que les hommes ne soient point aujourd'hui, ou ne fussent pas depuis Adam jusqu'à Moïse, punissables pour leurs propres péchés ; il veut dire simplement qu'ils sont sujets à des maux infligés comme peine qui ne peuvent être motivés par leurs transgressions personnelles. Cet énoncé, qui renferme toute la doctrine de l'imputation du péché, est si clairement compris dans l'argumentation de l'apôtre, il tient une si grande place dans la Bible entière, et il est si bien établi par l'histoire du monde, que la grande majorité des commentateurs l'admettent sans difficulté.

Qui est un type [1] *de celui qui devait venir.* Le mot de l'original qui répond à type signifie proprement *empreinte* ;

---

[1] « En quoi est-il un type ? en ce que, *comme* il a été, en mangeant du fruit défendu, la source de la mort pour tous les siens, bien qu'ils n'en eussent pas mangé ; *de même* Christ est pour tous les siens, bien

voyez Jean 20.25, où il s'emploie pour désigner l'empreinte des clous ; puis il se prend dans un sens plus général, image, modèle, ressemblance, type. Ici la phrase veut dire simplement qu'Adam est semblable à Christ. *Celui qui devait venir*, c'est-à-dire l'*Adam* qui devait venir ; c'est le Messie, qui est nommé le second Adam, 1 Co 15.45 ; comme il avait été longtemps attendu, il est appelé « celui qui devait venir », Mt 11.3. C'est au contexte à déterminer quel est le point de ressemblance entre Adam et Christ. Cette ressemblance consiste en ceci, qu'ils ont été chacun la tête et le représentant de tous ceux qui se rattachaient à lui. Par le péché d'un seul tous ceux qui se rattachent à lui sont sujets à la mort ; et par la justice tous ceux qui se rattachent à lui sont justifiés et sauvés [1].

Paul, qui a commencé cette section dans le but d'établir une comparaison entre Christ et Adam, s'étant interrompu pour prouver, versets 13,14, qu'Adam était effectivement le représentant de toute sa postérité, ou que les hommes sont sujets à la mort à cause de son péché, vient d'annoncer à la fin du v. 14 le fait de la ressemblance dont il s'agit, en appelant Adam le type de Christ ; ici il s'arrête encore, pour limiter et expliquer cette déclaration, en indiquant la vraie nature

---

qu'ils n'aient pas fait ce qui est juste, l'auteur de la justice, qu'il nous donne gratuitement à tous par le moyen de sa croix ; c'est pour cela que l'apôtre insiste toujours et si fortement sur cette idée, *par un seul* ». Chrysostome. – Ce passage est d'autant plus intéressant qu'il provient d'une source bien différente de l'école d'Augustin. Tous les points essentiels de l'interprétation calviniste ordinaire sont pleinement admis par Chrysostome.

[1] Les Juifs avaient coutume d'appeler le Messie le second Adam. Neve Schalom, 9.5,8 : « Le dernier Adam est le Messie, il sera plus grand que Moïse ; et ceux-là aussi disent vrai, qui déclarent qu'il sera plus grand que les anges serviteurs de Dieu, etc. » L'auteur dit encore que le Messie ôtera le péché, et rendra aux hommes la vie qu'ils ont perdue par le péché, et qu'il fera cela comme anti-type d'Adam.

de l'analogie qu'il a en vue. Dans ce but il montre, versets 15-17, quels sont les points auxquels la comparaison ne s'applique pas. Puis dans les versets 18,19, qui sont une reprise de l'idée au v. 12, il proclame le point capital de cette comparaison.

15. *Mais il n'en est pas de don gratuit comme du péché. Car si par le péché d'un seul plusieurs sont morts, à bien plus forte raison la grâce de Dieu et le don par grâce, laquelle est par un seul homme, Jésus-Christ, a abondé sur plusieurs.* Les deux cas, bien que parallèles, ne sont pas exactement semblables. Et d'abord, il est bien plus conforme à l'idée que nous avons du caractère de Dieu, que plusieurs soient bénis en considération du mérite d'un seul, qu'il ne l'est qu'ils souffrent pour le péché d'un seul. Si ce dernier événement à eu lieu, À BIEN PLUS FORTE RAISON pouvons-nous attendre que le premier arrivera. Le lecteur attentif verra toujours plus clairement, en avançant dans ce passage, que le but de l'apôtre n'est pas de montrer que les biens procurés par Christ surpassent les maux causés par Adam, mais d'éclaircir et de confirmer la doctrine capitale de l'épître, que nous sommes justifiés en vertu de la justice de Christ : c'est ce qui ressort entre autres de notre verset. « Si nous mourons pour le péché d'Adam, à bien plus forte raison vivrons-nous par la justice de Christ ».

Mais il n'en est pas du don gratuit comme du péché. Cette locution concise et obscure en elle-même, devient claire par le contexte. *Le péché*, ou comme on traduit souvent, *l'offense*, comprend non seulement l'idée du péché d'Adam, mais encore celle de sa punition ; et le *don gratuit* n'est pas seulement la justice de Christ, don gratuit de Dieu, mais encore sa récompense. La première expression équivaut donc au terme de *chute* ; la seconde, à celui de *rétablissement gratuit*. C'est là le sens complet des mots, tel que l'indique le contexte. Néanmoins, comme le *péché* est l'idée saillante dans la première incise, et la *justice* dans la seconde, ces idées reparaissent seules dans la suite du verset, et les conséquences sont laissées de côté.

Si par le péché d'un seul plusieurs sont morts, c'est-à-dire si plusieurs meurent en vertu du péché d'un seul. Le datif, cas auquel se trouve dans l'original le mot rendu par *péché*, s'emploie très fréquemment pour désigner la raison d'une chose, Ro 11.20, « elles ont été retranchées *à cause de* leur incrédulité ». – *Plusieurs*, ou, plus exactement les *nombreux*, désigne évidemment la multitude, la masse, la race entière ; car les mots *plusieurs* et *tous* s'échangent indifféremment dans cette section.

Il est donc affirmé ici expressément que le péché d'Adam a été cause que toute sa postérité a été assujettie à la mort. Mais encore peut-on demander, s'il est ici cause médiate ou immédiate ? L'apôtre veut-il dire que le péché d'Adam a été l'occasion que tous les hommes fussent placés dans des circonstances telles qu'ils péchassent, et qu'ainsi ils encourussent la mort ? ou bien, qu'étant la cause de la corruption de leur nature, il devient ainsi la cause de leur condamnation ? ou bien enfin, que son péché est la raison directe et judiciaire de l'imputation pénale des maux ? On a dit souvent que tout cela est pure théorie, philosophie, système, etc. Mais chacun peut voir que c'est ici une simple question d'exégèse : il s'agit de fixer le sens d'une phrase donnée. Le datif exprime-t-il ici la cause occasionnelle, ou la raison directe du résultat attribué à l'offense d'un seul homme ? C'est une simple question de fait, où la théorie ni la philosophie n'ont rien à faire. Si Paul dit que l'offense d'un seul est la raison directe pour laquelle plusieurs sont sujets à la mort, il dit tout ce que disent les partisans de la doctrine de l'imputation. Les considérations suivantes montrent que tel est en effet le vrai sens exégétique du passage. **1.** Que les termes de l'original *puissent* avoir cette portée, c'est ce que nul ne peut contester. Personne ne contestera que le datif puisse exprimer la raison directe d'une chose aussi bien que sa cause occasionnelle. **2.** Cette interprétation n'est pas seulement possible et strictement conforme au sens des mots, elle est réclamée par les règles d'exégèse les plus simples ; car l'idée comprise dans ces mots est la même, de l'aveu de tous, qui est exprimée dans ceux qui vont suivre, et ces derniers, comme nous le verrons, n'admettent pas d'autre interprétation. **3.** Elle est réclamée par le but de tout le passage. La comparaison porte sur ce que la raison de notre justification se trouve dans la justice de Christ, et non dans aucune œuvre qui nous soit propre ; *de même*, le péché d'Adam, antérieurement à aucun péché que nous ayons commis, est la raison de notre sujétion à certains maux infligés comme châtiment. Qu'on nie ce dernier fait, et l'analogie entre Adam et Christ est détruite **4.** Enfin, cette interprétation est si évidemment l'interprétation juste et naturelle, qu'elle est admise, comme nous l'avons vu, même par les adversaires les plus déclarés de la doctrine qu'elle enseigne [1].

À bien plus forte raison la grâce de Dieu, et le don par grâce, laquelle est par un seul homme, a abondé sur plusieurs. Si Paul avait tenu la régularité de la construction, il se serait exprimé différemment. Le sens est le même que s'il eût dit : « Si par l'offense d'un seul plusieurs meurent, à plus forte raison par le don gratuit plusieurs vivront-ils ». La force

[1] Voici comment FRITZSCHE paraphrase ce verset : At non quemadmodum Adami facinus (Dei indignationis et mortis hominum fons), ita etiam Dei beneficium (divinæ benevolentiæ argumentum et humanæ felicitatis causa) comparatum est. Nam si unius hominis facinore ingens hominum numerus interierunt, multo magis (quoniam optimum numen ad homines animandos quam exanimandos multo est propensius) benignitatem Dei et beneficium per benevolentiam ab uno homine Jesu Christo manifestam ingenti hominum numero largissime obtigisse par est.

de la pensée est dans ces mots, *à peine plus forte raison*, litt. *beaucoup plus*. L'idée n'est pas, comme au v. 20, que la grâce est plus abondante et plus efficace que le péché et ses conséquences ; Paul veut dire simplement que si la première dispensation a eu lieu, à plus forte raison peut-on s'attendre à la seconde ; si nous mourons pour un seul homme, bien plutôt pourrons-nous vivre par un autre. On pourrait entendre la première partie de la phrase dans ce sens : « la grâce de Dieu, *savoir* le don par grâce, etc. » en sorte que la seconde locution fût explicative de la première. Si l'on établit entre elles une distinction, la première se rapporte à la cause, qui est la grâce de Dieu ; le seconde au résultat, qui est le don par grâce, c'est-à-dire le don gratuit. On joint ordinairement les mots *par grâce* à celui qui précède, *le don*, avec ce sens, *le don gratuit*. Mais comme on ne trouve point dans l'original l'article qui semblerait devoir indiquer cette liaison, on peut rattacher les mots *par grâce* au verbe qui suit, *a abondé. Laquelle est par un seul homme, Jésus-Christ*, c'est-à-dire qui nous est procurée par Christ. Il est clair que ce don gratuit est l'opposé de ce qui nous est procuré par Adam. De celui-ci viennent la faute et la condamnation ; la justice et la justification qui en est la suite viennent de Jésus-Christ. Ce qui est nommé ici le don gratuit est appelé au v. 17 le don de la justice. *A abondé sur plusieurs* ; c'est-à-dire a été gratuitement et abondamment répandu sur plusieurs. Nous examinerons à l'occasion du verset 18, si le mot *plusieurs*, dans cette incise, coïncide numériquement avec le même mot qui dans l'incise précédente lui correspond.

16. *Et* il n'en est *pas* du *don comme* de ce qui est arrivé *par un seul* homme *qui a péché* [1] *; car la sentence* est *en*

---

[1] Au lieu de *amartèsantos*, les manuscrits D. E. F. G. 26, et les versions syriaque et latine lisent *amartèmatos*. La plupart des éditeurs, et Lachmann même, conservent le texte reçu.

vertu d'un seul péché *en condamnation ; mais le don gratuit* vient à la suite *de plusieurs péchés en justification*. La première incise, telle qu'on la trouve dans l'original, *et non comme par un seul qui a péché, le don*, est évidemment elliptique ; il faut dans le premier membre suppléer un mot qui corresponde à *don*. Ce pourrait être ou bien *la sentence de condamnation*, qu'on trouve dans l'incise suivante, ou bien *le péché*, emprunté au verset précédent. Dans le premier cas on aurait ce sens : « Le don (de la justification, voyez v. 17) n'est pas comme la sentence de condamnation qui est venue par un seul qui a péché ». Et dans le second : « *Le don*, c'est-à-dire le rétablissement, n'est pas comme le *péché*, ou la chute ». Il importe peu à quelle explication on s'arrête ; l'idée générale est la même dans les deux suppositions. Les deux cas, dit l'apôtre, ne sont pas semblables. Car la sentence de condamnation prononcée sur tous les hommes [1] à cause d'Adam (voyez v. 18) est le résultat *d'un seul* péché, tandis que nous sommes justifiés par Christ de *plusieurs* [2] péchés. Christ fait bien plus que d'ôter la coulpe et les suites funestes du péché d'Adam. C'est le second point, sur lequel l'œuvre de Christ diffère de celle d'Adam.

Car le jugement vient d'un seul en condamnation. D'un seul ne veut pas dire ici *d'un seul homme*, mais *d'un seul péché*, vu l'opposition avec *plusieurs péchés* dans l'incise suivante. « La sentence a été *par un seul péché* en condamnation ; mais le don gratuit a été *par plusieurs péchés* en

---

[1] Ces mots, *tous les hommes*, se trouvent exprimés au v. 18 où la phrase est répétée.

[2] Le mot de l'original réunit l'idée de pluralité que nous exprimons par *plusieurs*, et celle d'abondance que nous rendons par *beaucoup*. Obligés de choisir entre ces deux expressions, dont ni l'une ni l'autre ne rend exactement le mot grec, nous avons adopté dans tout ce morceau celle qui se trouve dans nos versions ordinaires. Mais il faut se rappeler qu'elle ne rend pas toute la force de l'original. TRAD.

justification ». Cette expression, *la sentence a été en condamnation*, pourrait signifier, d'après une tournure hébraïque, *la sentence a été condamnation.* C'est-à-dire la sentence de condamnation a été par le péché d'un seul. Comparez 1 Co 15.45, le premier a été fait *en* âme vivante, le second *en* Esprit vivifiant. On pourrait aussi conserver à la préposition de l'original sa valeur ordinaire : la sentence a été *pour* condamnation, c'est-à-dire a eu pour résultat la condamnation de tous les hommes (voyez v. 18).

Il est donc clairement établi dans ce verset, « qu'une sentence de condamnation a été prononcée sur tous les hommes en vertu du seul péché d'Adam ». La déclaration que nous avons ici est une de celles auxquelles il n'est guère possible de faire signifier que le péché d'Adam a été simplement l'occasion de la condamnation de tous les hommes, parce que c'est par le moyen de ce péché qu'ils ont été conduits à pécher eux-mêmes. Ici encore la question est purement exégétique ; la théorie ni le raisonnement n'ont rien à y faire, il ne s'agit que de déterminer le sens des mots. Que signifie cette locution, « une sentence de condamnation *en vertu d'un seul péché* », à la place où nous la trouvons ? On répond ordinairement qu'elle signifie que ce seul péché est le motif de la sentence. Cette réponse paraît fondée, vu les considérations suivantes. **1.** C'est là le sens simple et naturel des mots. Dire qu'une sentence est *en vertu d'un péché*, c'est dire, en langage ordinaire que ce péché est le motif qui l'a fait prononcer, et non que ce péché est la cause de quelque autre chose, qui est le motif de la sentence. Quel homme étranger aux préventions théologiques pourrait s'imaginer que l'apôtre, en disant que la condamnation a passé sur tous les hommes en vertu du péché d'un seul, a voulu dire que le péché d'Adam est l'occasion de nos péchés, en vertu desquels nous sommes condamnés ? La préposition grecque que nous traduisons *en vertu de*, exprime proprement l'idée d'origine, et conséquemment s'emploie pour indiquer presque tous les rapports de cause à effet. Le caractère logique du rapport dépend de la nature du sujet. Dans les locutions, « la foi vient *de* l'ouïe », 10.17 ; « notre gain vient *de* cet ouvrage », Ac 19.25 ; « notre capacité vient *de* Dieu », 2 Co 3.5, et dans une foule de cas semblables, l'idée générale de cause se retrouve partout, mais sa nuance précise varie suivant la nature du sujet. Ainsi dans le premier exemple la préposition marque la cause instrumentale, dans le second la cause efficiente. Mais quand il est dit que « l'homme n'est point justifié *par* les œuvres (grec, *en vertu de*), Ga 2.16 ; que le dessein de l'élection « n'est point *par* les œuvres » (grec *en vertu de*), Ro 9.11 ; que notre salut n'est point « en vertu d'œuvres de justice que nous ayons faites », Tit 3.5, et cent exemples semblables ; la prépositions marque le fondement ou la raison du salut. Nous ne sommes point élus, ni justifiés, ni sauvés à cause de nos œuvres. Semblablement, quand il est dit que nous sommes condamnés en vertu du péché d'un seul, et que nous sommes justifiés en vertu de la justice d'un autre, le sens est évidemment que le péché du premier est le motif de notre condamnation, et la justice de l'autre le motif de notre justification. Si donc il est vrai, comme on l'a dit souvent, que l'apôtre, dans ce passage, se borne à établir le fait que le péché d'Adam a amené notre condamnation, sans expliquer le *mode* d'action par lequel ce résultat a été produit, c'est sans doute parce que le langage humain ne pouvait exprimer cette idée. Toujours est-il qu'en disant, « la sentence a été en vertu d'un seul péché », il exprime le mode de notre condamnation tout aussi clairement qu'il nie un mode de justification en disant qu'il n'a pas lieu « en vertu des œuvres », et qu'il en affirme un autre en disant qu'elle a lieu « en vertu de la justice de Christ ». **2.** Cette interprétation n'est pas seulement indiquée par le sens simple et naturel des mots considérés en eux-mêmes ; elle est impérieusement exigée par le contexte. Nous avons dans ce verset, d'un côté l'idée de pardon, qui suppose de l'autre celle de condamnation. Si la dernière incise veut dire, comme on en convient, que le pardon s'applique immédiatement à plusieurs péchés, celle qui précède signifie nécessairement que la condamnation est la conséquence immédiate d'un seul péché. **3.** C'est en cela même que gît l'idée essentielle du contraste. L'antithèse est évidemment entre *un seul péchés* et *plusieurs péchés*. Faire dire à Paul que le péché d'Adam a été le moyen de nous conduire à une foule de transgressions, de toutes lesquelles Christ nous délivre, c'est tenir la balance rigoureusement égale entre le mal produit et le bienfait accordé. « Adam nous conduit à des péchés dont Christ nous délivre ». Il n'y a là ni contraste, ni supériorité. Et pourtant l'intention de l'apôtre est évidemment d'affirmer que le mal dont Christ nous délivre, est beaucoup plus grand que celui dont Adam nous a chargé. Cette idée se trouve en effet dans l'interprétation simple et naturelle : « Adam nous a chargé de la condamnation *d'un* péché seulement, Christ nous délivre de la condamnation de plusieurs péchés. **4.** Ajoutez à ces considérations le sens évident des incises correspondantes, les autres versets, surtout au verset 17, et le but de l'apôtre dans tout le passage, et il semble impossible de résister à l'évidence des arguments en faveur de notre interprétation. **5.** Enfin la justesse de cette interprétation est si évidente, qu'elle est reconnue par des commentateurs et des théologiens de toutes les nuances dogmatiques [1].

---

[1] C'est avec justice qu'en vertu du péché d'un seul plusieurs sont sujets au châtiment ; mais par la grâce divine plusieurs sont délivrés du châtiment de plusieurs péchés et ont part à la félicité ». Koppe.

« La condamnation ne présuppose pas nécessairement une transgression personnelle, pas plus que la justification, qui en est l'opposé,

La traduction de Stuart suppose évidemment cette interprétation ; et à la page 226 il dit : « La condamnation dont nous sommes chargés à cause d'Adam, n'est relative qu'à un seul péché ». Dans son commentaire déjà cité sur le verset 15, il admet que des peines sont infligées à tous les hommes à cause d'Adam, antérieurement à aucune coopération de leur part ; et « le v. 16, dit-il, répète la même idée en termes plus précis ». C'est admettre tout ce que peuvent souhaiter les partisans de la doctrine de l'imputation.

Le *don gratuit* vient à la suite *de plusieurs péchés en justification*, c'est-à-dire le don gratuit est la justification de plusieurs péchés. La construction est la même que dans l'incise précédente, et doit être expliquée de même [1]. Cependant, comme la relation logique de la sentence au péché, n'est pas la même que celle du pardon à la transgression, la préposition de l'original ne peut pas représenter dans les deux incises exactement la même idée. S'il est vrai de dire que nous sommes condamnés *en vertu de* nos péchés, nous ne pouvons pas dire exactement dans le même sens, que nous sommes justifiés en vertu de ces mêmes péchés. Nous avons cherché à rendre cette différence dans notre traduction, par une périphrase. Stuart donne une idée exacte du sens de la phrase

---

ne présuppose une justice personnelle. En vertu d'un seul péché tous sont condamnés à la mort ». FLATT.

« La condamnation dont nous sommes chargés à cause d'Adam, est une condamnation prononcée pour un seul péché ». STORR, Opuscula.

« La sentence a été pour un seul péché en condamnation, tous les hommes étant condamnés à la mort en considération du péché d'Adam ». WHITBY.

[1] *Le don gratuit a été en justification*, c'est-à-dire a été justification. *Dikaiôma* signifie ordinairement *ce qui a été déclaré juste, décret, loi*. Mais comme *dikaioun Tina* signifie *déclarer juste quelqu'un*, *dikaiôma* désigne aussi le décret par lequel on déclare juste. Ce mot diffère par conséquent de *dikaiôsis*, qui exprime l'acte de justifier.

en adjoignant *pardon* à *don gratuit* : « Le don gratuit (le pardon) est de plusieurs péchés », c'est-à-dire le don gratuit que nous recevons est le pardon de plusieurs péchés. Ou, comme il s'exprime encore : la justification opérée par Christ est relative à plusieurs péchés. Telle est donc la pensée de ce verset : « Tandis qu'à cause d'Adam nous sommes chargés de la sentence de condamnation prononcée pour un seul péché, nous sommes délivrés par Christ de la condamnation de plusieurs péchés ».

17. *Car si par le péché d'un seul la mort a régné par un seul, à bien plus forte raison ceux qui reçoivent l'abondance de la grâce et du don de la justice, régneront-ils dans la vie par un seul, Jésus-Christ.* Ce verset est-il une simple amplification du verset 15, auquel il ressemble tant pour la forme et pour le fond, et l'idée essentielle est-elle la *certitude* du salut final des croyants ? Ou bien, la force de la pensée est-elle dans cette idée, *régneront dans la vie* ; en sorte que la différence indiquée ici entre Adam et Christ serait celle-ci, que Christ non seulement nous délivre de la mort, mais nous procure la vie éternelle ? Ou enfin, l'emphase doit-elle être placée sur le mot *reçoivent*, au quel cas on aurait ce sens : « Si nous sommes sujets à la mort pour un péché auquel nous n'avons pas personnellement pris part, combien plus serons-nous sauvés par une justice que nous embrassons volontairement [1] ? La réponse à ces questions, entre lesquelles on peut hésiter, n'influe pas d'une manière essentielle sur l'interprétation générale du passage. Il faut probablement réunir les deux dernières suppositions pour avoir le sens entier du verset.

---

[1] Pour jouir de cette misérable succession héréditaire du péché, c'est assez d'être homme, car elle réside en la chair et au sang ; mais pour jouir de la justice de Christ, il faut nécessairement être fidèle, d'autant que la communion d'icelui s'acquiert par foi. – CALVIN.

Si par le péché d'un seul [1] *la mort a régné par un seul.* C'est-à-dire, si en vertu du péché d'un seul plusieurs sont sujets à la mort. Cette incise est une répétition, presque en propres termes, de celle du v. 15, *si par le péché d'un seul plusieurs sont morts*, et doit être expliquée de même. Le datif, *paraptômati,* a la même force dans les deux cas. Voyez les observations sur ce verset.

À bien plus forte raison ceux qui reçoivent l'abondance de la grâce et du don de la justice, etc. Le mot *grâce* est expliqué par ce qui suit, *don de la justice* ; « la grâce, *savoir* le don de la justice » ; c'est là le don ou la faveur dont l'apôtre parle dans tout ce passage. La justice ne désigne pas ici la sainteté ; preuve en soient les considérations suivantes. **1.** Paul dans cette épître, emploie toujours le mot justice dans un sens différent. **2.** C'est le pardon, la justification, la justice justifiante, et non la sanctification qu'il représente dans le contexte comme étant le bienfait procuré par Christ. **3.** Enfin, dans ce verset, la justice est mise en opposition avec le règne de la mort, ou l'état de condamnation qui résulte du péché d'Adam. C'est donc avec raison que Stuart, d'accord avec la grande majorité des interprètes, paraphrase ainsi ce verset : « Car si tous se trouvent dans un état de condamnation à cause de l'offense d'un seul, à bien plus forte raison ceux à qui est manifestée l'abondance de la miséricorde et de la grâce qui pardonne, seront rachetés d'un état de condamnation, et admis à un état de félicité ». Toutefois cette paraphrase, qui rend bien l'idée générale du verset, ne fait pas sentir toute la force de quelques-uns des termes les plus

---

[1] Au lieu de *tô tou énos*, A. F. G. portent *én éni*, et D.E. *én tô éni*. Néanmoins on conserve généralement la leçon ordinaire, confirmée par le rapprochement du v. 15, où se trouve la même forme d'expression. Lachmann lit *éni*, mais en reconnaissant que *énos* a d'aussi bonnes autorités.

saillants. L'expression *ceux qui reçoivent l'abondance de la grâce* dit plus que la simple idée que cette grâce leur est manifestée ; il n'est point exact de dire que tous ceux à qui la grâce est manifestée règneront dans la vie. Les termes employés par l'apôtre impliquent évidemment l'acceptation de l'offre de la grâce. Et puis *le don de la justice* est quelque chose de plus que la grâce qui pardonne. C'est le même bienfait qui est appelé au v. 15 *le don gratuit*, et au v. 16 *le don gratuit en justification*. C'est donc le don de la justification, ou, en d'autres termes, c'est la justice de Christ par laquelle nous sommes justifiés, puisque le don de la justification implique le don de la justice de Christ. Voici donc quel est le sens du verset : « Si en vertu du péché d'un seul homme nous sommes condamnés, à bien plus forte raison ceux qui acceptent la justice qui leur est gratuitement offerte dans l'évangile, seront-ils non seulement délivrés de la condamnation, mais encore admis à régner dans la vie par un seul, Jésus-Christ », c'est-à-dire seront-ils appelés à la participation glorieuse à cette vie de sainteté et de communion avec Dieu, qui est le vrai but de notre existence, et dont Christ seul est l'auteur.

Par un seul, Jésus-Christ. Comme c'est par un seul homme, antérieurement à aucune coopération de notre part, que nous avons été placés dans un état de condamnation, de même c'est par un seul homme, sans nul mérite de notre part, que nous sommes délivrés de cet état. La première dispensation a eu lieu, à bien plus forte raison pouvons-nous attendre la seconde. Si nous sommes ainsi enveloppés dans la condamnation d'un péché auquel nous n'avons pas pris part personnellement, à plus forte raison nous, qui acceptons volontairement le don de la justice, serons-nous non seulement sauvés des conséquences de la chute, mais rendus participants de la vie éternelle.

18. *C'est pourquoi, comme par le péché d'un seul*, la sentence est venue *sur tous les hommes en condamnation ; de même par la justice d'un seul*, le don gratuit est venu *sur tous les hommes en justification de vie. C'est pourquoi* marque la reprise de la comparaison commencée au v. 12. Le développement de cette comparaison avait été interrompu, en premier lieu pour prouver, versets 13,14, le principe posé au v. 12, que tous les hommes sont sujets à la mort en vertu du péché d'Adam ; en second lieu, versets 15-17, pour restreindre et expliquer l'analogie que la fin du v. 14 établit entre Christ et Adam. Après avoir ainsi confirmé et expliqué la première partie de sa pensée, l'apôtre reprend cette pensée pour la compléter. Les premiers mots du v. 12, *c'est pourquoi*, indiquent une conclusion tirée de la partie précédente de l'épître. Les premiers mots du v. 18 doivent également être pris au sens strict, comme indiquant une conclusion. Il avait été prouvé que nous sommes justifiés par la justice d'un seul homme, et il avait aussi été prouvé que nous sommes condamnés pour le péché d'un seul. *C'est pourquoi* il en est de la justification comme de la condamnation.

La manière dont certains mots de ce verset sont imprimés, montre qu'ils ne se trouvent pas dans l'original. Ce sont, dans la première partie, *la sentence est venue*, et dans le second, *le don gratuit est venu*. Nous les avons suppléés avec raison d'après le v. 16, où se trouvent les locutions entières. *La justice d'un seul* désigne l'œuvre entière de Christ, tout ce qu'il a fait pour notre salut en obéissant à la volonté de Dieu. Les tournures particulières, *sentence en condamnation, don gratuit en justification*, doivent être expliquées ici comme au v. 16, où nous les avons déjà trouvées. « La sentence a été en condamnation », c'est-à-dire *condamnatoire*. Cette sentence est venue sur tous les hommes par le péché d'un seul, c'est-à-dire qu'ils sont condamnés en considération de ce péché. « Le don gratuit est une justification de vie ». Cette justification vient sur tous par la justice d'un seul, c'est-à-dire qu'ils sont justifiés en considération de cette justice. *Justification de vie*, c'est-à-dire qui est liée à la vie éternelle, ou dont la vie éternelle est la conséquence.

Outre l'interprétation que nous avons admise pour ce verset, on en a donné deux autres, qui n'altèrent pas le sens d'une manière essentielle.

A. Au lieu de lire « par le péché d'un seul », on pourrait traduire « par un seul péché » ; et au lieu de « par la justice d'un seul », « par une seule justice ». Mais la version ordinaire est à préférer, **1.** Parce que la comparaison est entre Christ et Adam, plutôt qu'entre le péché de l'un et la justice de l'autre. **2.** L'expression « *une seule justice* » a quelque chose de lourd et d'insolite. **3.** Cette version fait disparaître l'opposition naturelle entre *un seul* et *tous*. C'est par le péché *d'un seul* que *tous* sont condamnés.

B. L'autre interprétation veut que le mot qui répond à *péché* soit pris dans le sens métonymique de *condamnation* [1] ; et que celui qui répond à *justice* soit rendu par *justification*. Ce qui donnerait cette version : « Comme par la condamnation d'un seul, tous sont condamnés ; ainsi par la justification d'un seul tous sont justifiés ». Voyez Storr, Opuscula, vol. I. Le seul avantage de cette interprétation est de rendre le texte plus facile entre ce verset et le suivant. « Nous participons à la condamnation d'Adam *car* par sa désobéissance nous sommes constitués pécheurs. Et nous participons à la justification de Christ parce que par son obéissance nous sommes constitués justes ». On éviterait ainsi la tautologie apparente entre les deux versets. Toutefois, comme le sens ordinaire des mots en question est bien *péché* et *justice* ; comme les expressions, « condamnation d'Adam », « justification de

[1] Ce mot signifie proprement *chute*.

Christ », ne sont pas ordinaires chez l'apôtre, et que de plus elles sont moins que les autres en rapport avec le langage des versets précédents, il ne paraît pas qu'il y ait des raisons suffisantes pour s'écarter de la version ordinaire.

Reste à examiner deux questions importantes au sujet de ce verset. La première est de savoir quelle est la portée de cette phrase : *Par le péché d'un seul*, la sentence est venue *sur tous les hommes en condamnation*. Il n'y a point de contestation sur le sens de la seconde partie, « le jugement est venu sur tous en condamnation » ; il est reconnu qu'elle ne peut signifier autre chose, sinon que tous sont condamnés ; voyez v. 16, com. Mais il s'agit de savoir quelle relation existe entre le péché d'Adam et la condamnation des hommes ; ou quelle est la portée de ces mots, *par le péché d'un seul*. D'après l'interprétation ordinaire, et la seule exacte selon nous, ces mots déclarent que le péché d'Adam a été le motif de la condamnation des hommes, et non pas seulement l'occasion ou le moyen de cette condamnation. La préposition de l'original qui répond à *par*, n'est pas la même que celle du v. 16. Il est bien connu que cette préposition, suivie du génitif, signifie *par le moyen de*, et suivie de l'accusatif, *à cause de*. Dans le premier cas elle exprime le moyen, dans le second le motif ou la raison d'une chose. Comme dans ce verset et le suivant nous avons le génitif, on pourrait se fonder là-dessus pour soutenir que Paul ne veut pas dire que le péché d'Adam a été le motif de notre condamnation, mais qu'il en a été simplement l'occasion ; ou bien qu'il veut dire en général qu'il en a été la cause, sans indiquer la nature de cette cause. Cet argument est, sans aucun doute, ce qu'on peut alléguer de plus plausible contre l'interprétation ordinaire du verset. Toutefois on peut y répondre d'une manière satisfaisante. Quoique nous reconnaissions que la préposition grecque, suivie du génitif, indique proprement le moyen qui conduit à un but, il peut arriver, suivant la nature du cas, que ce moyen soit en même temps le motif ou la raison du but auquel il conduit, Ainsi au v. 12, Paul dit que « la mort est venue *par* le péché », c'est-à-dire que le péché a été le moyen ou la cause de la mort ; mais il l'a été en étant le motif pour lequel la mort a été infligée. On rend donc le sens d'une manière exacte en traduisant, « la mort est arrivée en vertu du péché » ; et c'est ainsi, en effet, que Stuart rend l'original. Chap. 3.24, il est dit que nous sommes justifiés « *par* la rédemption qui est en Christ », c'est-à-dire par le moyen de cette rédemption ; mais ici encore le moyen est de sa nature le fondement ou la raison de notre justification. Même observation à l'égard de ces locutions qui reviennent fréquemment, « par son sang », Ép 1.7 ; Col 1.20, etc. ; « par sa mort », Ro 5.10 ; Col 1.22 ; « par la croix », Ép 2.16 etc. ; « par l'oblation du corps de Christ, Hé 10.10 ; dans tous ces cas et bien d'autres semblables, la préposition, tout en conservant le sens que lui donne le génitif, et indiquant le moyen, exprime un moyen tel qu'il est en même temps motif ou raison. De même encore, sans sortir de l'ordre d'idées qui nous occupe, nous trouvons les expressions « *par* la justice d'un seul tous sont justifiés » ; « *par* l'obéissance d'un seul plusieurs seront rendus justes ». Nous avons donc dans ce seul passage trois cas au moins, v. 12, 18, 19, où la préposition suivie du génitif indique un moyen qui est en même temps le motif ou la raison du but auquel il conduit. Tout cela suffit sans doute pour prouver que cette préposition *peut*, dans l'exemple que nous avons sous les yeux, exprimer le motif pour lequel la condamnation a passé sur tous les hommes. Or, que tel est en effet dans cet endroit le sens de la préposition, c'est ce que prouvent les considérations suivantes. **1.** La nature du sujet dont il s'agit. Dire qu'un homme a été corrompu par un autre, cela peut bien être une manière générale d'exprimer que le second a été la cause de la corruption du premier, sans rien apprendre sur le mode par lequel ce résultat s'est opéré. Mais dire qu'un homme a été justifié par le moyen d'une bonne action, ou qu'il a été condamné par le moyen d'une mauvaise ; ou, pour employer les propres termes de Paul, qu'une sentence de condamnation est venue sur lui par le moyen de cette action ; cela veut dire naturellement, et d'après les règles ordinaires d'interprétation, que cette action a été le motif de la sentence. **2.** L'antithèse. Si l'incise, « par la justice d'un seul tous sont justifiés, veut dire, comme on en convient, que cette justice est le motif de notre justification, l'incise opposée, par le péché d'un seul tous sont condamnés », doit avoir un sens analogue. **3.** C'est dans cette idée même, comme nous l'avons déjà plus d'une fois remarqué, que gît le point essentiel de la comparaison. Le fait que le péché d'Adam a été pour nous l'occasion de pécher, et par là d'encourir le déplaisir divin, ne peut servir à jeter du jour sur le fait que la justice de Christ, et non la nôtre, est le motif de notre justification. Il y aurait quelque chose de plausible dans cette interprétation, si la doctrine de l'évangile était que la justice de Christ est pour nous l'occasion de devenir saints, et que nous sommes ensuite justifiés en vertu de cette sainteté personnelle. Mais tel n'étant pas le cas, l'interprétation que nous avons en vue n'est pas compatible avec le but de l'apôtre, ni avec les règles ordinaires d'exégèse. **4.** Cette incise est, à peu de chose près, identique avec celle du verset 16, « la sentence a été en vertu d'un seul péché en condamnation ». Or, cette dernière, comme nous l'avons montré, signifie, de l'aveu presque unanime des interprètes, que le péché a été le motif de la sentence de condamnation. Telle aussi doit donc être la pensée dans notre verset ; comparez aussi versets 15,17,19.

A. La seconde question importante que fait naître ce verset, est celle de savoir si l'expression *tous les hommes*, dans la seconde incise, coïncide numériquement avec la même expression dans la première. *Tous* ceux qui sont justifiés par la justice de Christ, sont-ils *tous* ceux qui sont condamnés par le péché d'Adam ? À cet égard nous ferons observer, d'abord, **1.** que la seule généralité de l'expression ne saurait fournir une preuve solide en faveur d'une réponse affirmative. Les lecteurs de la Bible savent assez que dans une foule de cas ces expressions générales doivent être limitées d'après la nature du sujet ou d'après le contexte. Ainsi Jean 3.26, il est dit de Christ que « *tous* venaient à lui » ; Jean 12.32, il dit lui-même : « Je tirerai tous les hommes à moi ». Ainsi encore les expressions, « tout le monde devait être enregistré », Luc 2.1, « toute la Judée », « tout Jérusalem », doivent être limitées d'après la nature du cas. Dans une multitude d'exemples, les mots *tous, toutes choses*, signifient tout ce dont il est parlé dans le contexte, et non tout sans exception ; Ép 1.10 ; Col 1.20 ; 1 Co 15.22,51 ; 2 Co 5.14 ; etc. etc. **2.** Cette limitation est toujours supposée lorsque l'Écriture parle d'une condition nécessairement unie au bienfait qui est attribué à tous. Il est toujours dit que la foi est nécessaire à la justification ; donc, quand il est dit que « tous sont justifiés », cela veut dire sans doute tous les croyants. « Par lui, dit notre apôtre, tous *ceux qui croient* sont justifiés, etc. » Ac 13.39. **3.** Comme pour prévenir la possibilité d'une erreur sur ce point, Paul dit expressément, v. 17, que ce sont « ceux qui reçoivent le don de la justice », qui doivent régner dans la vie. **4.** Même dans la première incise, l'expression *tous les hommes* doit être restreinte à ceux qui descendent d'Adam par voie de génération ordinaire. Ce n'est pas absolument tous. Il en faut excepter l'homme Jésus-Christ. Le sens naturel est, dans un cas, « tous ceux qui sont en relation avec Adam » ; dans l'autre, « tous ceux qui sont en relation avec Christ ». **5.** Cette interprétation se trouve confirmée par le rapprochement d'un passage semblable, 1 Co 15.22 : « Comme tous meurent en Adam, de même aussi tous seront vivifiés en Christ » ; c'est-à-dire seront faits participants d'une résurrection glorieuse et de la vie éternelle. Le terme de l'original et le contexte exigent qu'on entende ainsi la seconde partie du verset. *Tous* ceux dont il s'agit, sont appelés au verset suivant « ceux qui sont de Christ », c'est-à-dire ceux qui sont en relation avec lui ; ce ne sont pas numériquement *tous* ceux qui meurent en Adam. **6.** Cette interprétation est nécessaire, parce qu'il est impossible de suivre l'autre jusqu'au bout, sans faire violence à l'usage de l'Écriture et à la vérité. Dans tout ce passage il est parlé de deux classes d'hommes, ceux qui sont en relation avec Adam, et ceux qui sont en relation avec Christ. À l'égard des premiers il est dit, « qu'ils meurent », v. 15 ; « qu'ils sont condamnés », 16, 18 ; « qu'ils sont constitués pécheurs », 19 ; tout cela par le péché d'un seul homme. À l'égard des autres il est dit, « que la grâce de Dieu et le don gratuit a abondé sur eux », 15 ; « qu'ils sont gratuitement justifiés de plusieurs péchés », 16,18 ; « qu'ils régneront dans la vie par Jésus-Christ », 17 ; « qu'ils sont considérés et traités comme justes », 19. Si on peut dire cela de tous les hommes, des pécheurs impénitents et des réprouvés endurcis, que reste-t-il à dire du peuple de Dieu ? Il est impossible de tordre ces déclarations au point de ne leur faire signifier autre chose, sinon que la chance du salut est offerte à tous les hommes. Dire qu'un homme est justifié, ce n'est pas dire qu'il a l'occasion de se justifier ; et dire qu'un homme régnera dans la vie, ce n'est pas dire qu'il a la possibilité d'être sauvé. Qui oserait jamais annoncer à une assemblée de pécheurs inconvertis, qu'ils sont tous justifiés, – tous rendus justes, – qu'ils ont tous la justification qui donne la vie ? Une interprétation qui oblige à expliquer ces déclarations simples et fortes dans un sens qu'elles n'ont nulle part ailleurs dans la Bible, et pour ainsi dire à ne leur faire signifier rien du tout, est contraire à tous les principes d'une saine exégèse. Il n'est absolument pas possible que cette phrase, « plusieurs (c'est-à-dire tous) seront constitués justes », c'est-à-dire, comme l'explique fort bien Stuart, « seront justifiés, pardonnés, reçus et traités comme justes » ; – il n'est pas possible que cette phrase veuille dire seulement que la justification est offerte à tous les hommes. La doctrine que Paul enseigne est donc celle-ci : « Comme en vertu du péché d'Adam, tous ceux qui sont en relation avec lui sont condamnés ; ainsi en vertu de la justice de Christ, tous ceux qui sont en relation : avec lui ont la justification qui donne la vie ».

19. *Car comme par la désobéissance d'un seul homme, plusieurs ont été rendus pécheurs, ainsi par l'obéissance d'un seul plusieurs seront rendus justes.* Ce verset présente sous une forme un peu différente la même doctrine que le précédent. Comme dans la doctrine de la justification il y a deux idées, celle d'attribuer la justice, et celle de traiter comme juste ; et dans la doctrine de la chute également deux idées, attribuer la culpabilité, et traiter comme coupable, – il arrive souvent que l'une de ces deux idées est mise en saillie plus que l'autre. Le v. 18 nous présente surtout la seconde, et c'est la première qui ressort le plus dans le verset 19. Au verset 18, il s'agit surtout de la double dispensation en vertu de laquelle nous sommes *traités* comme pécheurs pour le péché d'Adam, et comme justes pour la justice de Christ. Au verset 19, au contraire, il est surtout question de ce que nous sommes *considérés* comme pécheurs pour la désobéissance d'Adam, et comme justes pour l'obéissance de Christ. Ainsi s'explique la particule *car* par laquelle commence ce dernier verset. « Nous sommes traités comme pécheurs pour le péché d'Adam, *car* nous sommes considérés comme pécheurs à cause de lui, etc. » Néanmoins, quoique le verset 18 et le verset 19 paraissent mettre sur le premier plan chacun l'une des deux idées, il ne faut pas croire qu'il y ait pour cela exclusion de l'autre.

Par la désobéissance d'un seul homme. Il s'agit évidemment de la première transgression d'Adam, qui est désignée au verset 16 par cette expression, *un seul péché. L'obéissance* de Christ représente ici l'œuvre entière qu'il a accomplie pour satisfaire aux exigences de la loi : son obéissance jusqu'à la mort, et dans sa mort même ; cette obéissance par laquelle la loi a été magnifiée et rendue honorable en même temps que satisfaite. D'après l'opposition de ce trait avec la désobéissance d'Adam, il semble que l'idée principale est ici l'obéissance du Sauveur, dans le sens strict du mot, plutôt que ses souffrances [1]. L'expression *plusieurs,* dans les deux incises, équivaut évidemment au mot *tous* qui lui correspond dans le verset précédent, et doit être expliquée de même.

Au sujet de la première incise de ce verset, nous retrouvons les trois interprétations tant de fois mentionnées. **A.** La désobéissance d'Adam a été pour tous les hommes l'occasion de devenir pécheurs. **B.** Par cette désobéissance tous les hommes se trouvent corrompus ; c'est-à-dire qu'ils ont hérité d'Adam une nature corrompue, qui est la cause immédiate des maux qui leur sont infligés comme châtiment. **C.** C'est en vertu de sa désobéissance qu'ils sont considérés et traités comme pécheurs. Nous croyons facile de montrer, avec une évidence toujours croissante, qu'ici, comme dans tout le cours du passage, c'est cette dernière interprétation qui exprime la pensée de l'apôtre.

---

[1] Paul distingue dans l'œuvre de Christ ces deux phases, l'action et la souffrance. – Dieu considère la vie sainte de Christ comme étant le fait de tous les hommes. »

NEANDER, Geschichte der Pflanzung, etc.

1. C'est donner une explication conforme à l'un des usages les plus ordinaires de l'Écriture, que d'interpréter les mots, *rendre pécheur* [1], dans ce sens, *considérer et traiter comme pécheur*. C'est ainsi que *rendre pur, rendre impur, rendre juste, rendre coupable*, se trouvent constamment dans l'Écriture pour dire, *considérer* et *traiter comme* pur, ou impur, ou juste, ou coupable ; voyez v. 12, com.

2. Les locutions *rendre péché* et *rendre justice*, que nous trouvons dans l'Écriture avec un sens analogue à celui qui vient d'être indiqué, servent à confirmer cette interprétation ; ainsi, 2 Co 5.21, il est dit de Christ qu'il a été « fait péché », c'est- à-dire considéré et traité comme pécheur ; afin que nous fussions faits justice de Dieu en lui », c'est-à-dire afin que nous fussions considérés et traités comme justes devant Dieu en considération de lui [2].

3. L'antithèse est si claire dans ce verset qu'elles suffirait pour décider la question. « Être rendu juste », c'est, comme l'explique Stuart, « être justifié, pardonné, considéré et traité comme juste ». Dès lors, avec quelle apparence de raison pourrait-on nier que l'expression, « être rendu pécheur », dans l'incise opposée, veuille dire être considéré et traité comme pécheur ? Si la seconde partie du verset parle de justification, la première doit nécessairement parler de condamnation.

4. Comme nous l'avons déjà fait observer plus d'une fois, l'analogie entre la dispensation relative à Adam et celle

---

[1] Cette interprétation, qui est réclamée tant par l'usage des termes employés (voyez 8.4 com.) que par l'antithèse de ce verset, est presque universellement adoptée aujourd'hui par les commentateurs. Voyez le Dictionnaire de Wahl sur le mot *amartia*.

[2] Le mot grec que nous traduisons *ont été rendus* ou *faits*, signifie originairement *être placé, établi, constitué*, et souvent il est à peu près synonyme du simple verbe *être*. Ex. Ja 4.4. On pourrait donc traduire : « Par la désobéissance d'un seul plusieurs sont pécheurs, etc. » Le sens est le même.

relative à Christ exige cette interprétation. Si la première incise veut dire que la désobéissance d'Adam a été l'occasion de nos péchés personnels, ou la cause de notre corruption inhérente, et qu'ensuite de ces péchés ou de cette corruption nous sommes condamnés ; il faudra que l'autre incise signifie que l'obéissance de Christ est la cause de notre sanctification ou de nos bonnes œuvres, ensuite desquelles nous serions justifiés. Or, il est reconnu que telle n'est pas la pensée de l'apôtre. Si donc il est vrai que les mêmes mots, dans le même verset et avec la même construction grammaticale, doivent avoir le même sens, il faut que notre interprétation soit juste.

5. Le but de l'apôtre de jeter du jour sur la grande doctrine de l'évangile, que les hommes, bien qu'ils soient impies par eux-mêmes, sont considérés et traités comme justes à cause de Christ, réclame cette interprétation.

6. Elle est si évidemment appelée par le sens ordinaire des mots et par le contexte, qu'elle est adoptée, comme nous l'avons dit au sujet du verset 15, par des interprètes de toutes les classes d'opinion théologique. Voyez les passages cités ci-dessus. « Les *plusieurs* dont il est ici parlé sont les mêmes qui sont nommés *tous* au verset précédent ; ici comme au verset 15, ils sont désignés d'après leur grand nombre, pour faire opposition avec *un seul.* Tous ceux-là sans exception *deviennent pécheurs*, non pas à l'égard de leur propre corruption, dont Paul ne parle pas ici, mais à l'égard de leur culpabilité (strafwürdigkeit) et du châtiment qu'ils souffrent en vertu du péché d'Adam » (Zachariæ, Théologie biblique, vol. II). Flatt lui-même, qui donne de l'ensemble du passage une explication différente de la nôtre, et peu en harmonie avec son interprétation de ce verset, l'explique ainsi : « Comme en vertu de la désobéissance d'un seul plusieurs sont traités comme pécheurs, ainsi en vertu de l'obéissance d'un seul plusieurs seront traités comme justes ». Storr également rend ainsi la première incise : « Ils ont été considérés et traités comme pécheurs » ; « tel en est nécessairement le sens, dit-il, vu l'opposition avec les mots « ont été constitués justes », qui évidemment expriment l'idée de la justification, et aussi d'après l'emploi du mot condamnation dans l'incise correspondante du v. 18. Nous avons cité ces auteurs de préférence aux interprètes calvinistes, pour montrer à quel point le reproche de prévention théologique, adressé aux partisans de notre interprétation, est dénué de fondement.

On remarquera qu'aucun des arguments en faveur de l'explication que nous avons donnée de ce passage, et de la doctrine qu'il enseigne, n'est fondé sur la seule valeur de l'expression, « *par* le péché d'un seul » ; ni sur l'hypothèse que le mot traduit par *être rendu*, ou *fait*, exprime l'idée de l'imputation ; par conséquent on ne peut réfuter aucun de ces arguments par une attaque dirigée contre l'un ou l'autre de ces deux points. Parce qu'il est vrai et incontestable que cette déclaration, « tous les hommes sont traités comme pécheurs en vertu du péché d'un seul », renferme l'idée de l'imputation, s'ensuit-il que le mot *traiter* signifie *imputer* ? est-ce répondre à l'argument fourni par cette déclaration, que de prouver que tel n'est pas le sens de ce mot ? Et pourtant on voit des commentateurs insister sur le fait que le mot traduit ici par *être rendu* ne s'emploie jamais « pour exprimer l'idée *d'imputer à quelqu'un ce qui appartient à un autre* ». Personne n'a jamais supposé que ce mot s'employât dans ce sens. Toute la question est de savoir quel est le sens renfermé dans la phrase entière. Si *constituer juste* veut dire justifier, pardonner, considérer et traiter, comme juste, ainsi que l'admet Stuart, ne faut-il pas que *constituer pécheur* signifie condamner, punir, considérer et traiter comme pécheur ? Il est difficile de refuser à une pareille question une réponse affirmative. C'est là pourtant tout ce que demande, la doctrine de l'imputation.

Voici donc quel est le sens du passage entier : « PAR UN SEUL HOMME le péché est entré dans le monde, ou les hommes ont été placés dans l'état de pécheurs devant Dieu ; en conséquence, la mort a passé sur tous les hommes, parce qu'ils ont tous été considérés et traités comme pécheurs, pour le péché de ce seul homme. Il est évident qu'il en est réellement ainsi ; car l'imputation de la pénalité d'une loi ne peut pas s'étendre au-delà de sa violation ; donc si tous sont sujets aux maux infligés comme châtiment, tous sont considérés comme pécheurs devant Dieu. Cette universalité de l'imputation de la peine ne peut pas s'expliquer par la violation de la loi de Moïse, puisque les hommes étaient sujets à cette peine avant la promulgation de cette loi ; ni par la violation de la loi plus générale qui est écrite dans les cœurs, puisque ceux-là même sont sujets à la peine qui n'ont jamais péché personnellement. Il faut donc conclure que les hommes sont considérés et traités comme pécheurs en vertu du péché d'Adam.

« Adam est par conséquent un type de Christ. Les deux cas pourtant ne sont pas exactement parallèles. Car, s'il est conforme au caractère de Dieu, que nous souffrions pour le fait d'Adam, combien plus n'avons-nous pas raison d'espérer que nous serons bénis pour le fait de Christ. De plus, nous sommes condamnés en considération d'Adam pour un seul péché, tandis que Christ nous sauve non seulement des maux qui sont le résultat de cette transgression là, mais encore du châtiment de nos péchés sans nombre. Maintenant, si pour le péché d'un seul la mort règne ainsi sur tous les hommes, combien plus ceux qui reçoivent la grâce de l'évangile (seront-ils non seulement délivrés du mal, mais) régneront-ils dans la vie par Jésus-Christ.

« C'est pourquoi, comme en considération du péché d'un seul, la sentence de condamnation a passé sur tous les enfants d'Adam ; ainsi, et considération de la justice d'un seul, la justification gratuite s'étend sur tous ceux qui reçoivent la grâce de Christ ; car, comme en vertu de la désobéissance d'un seul, nous sommes considérés comme pécheurs ; ainsi en vertu de l'obéissance d'un seul, nous sommes considérés comme justes. »

Il ne sera pas inutile de joindre quelques remarques à l'analyse que nous venons de donner de ce morceau.

1. Et d'abord nous ferons observer que la preuve de la justesse de cette interprétation tire sa force de l'ensemble du passage ; et qu'il ne faut pas la juger exclusivement par ce qui a été dit en faveur de l'explication de tel ou tel verset en particulier. S'il est *probable* que le verset 12 déclare, que tous les hommes sont devenus sujets à la mort en considération d'un seul ; cela devient plus évident par la portée qu'ont les versets 13,14 ; cela est rendu presque certain par le verset 15, où il est affirmé que pour le péché d'un seul plusieurs meurent ; par le verset 16, où il est dit que pour un seul péché tous sont condamnés ; par le verset 17, qui répète l'assertion que la cause du règne universel de la mort est dans ce seul péché ; enfin il semble que cela soit mis hors de toute espèce de doute par le verset 18, qui répète les termes du verset 16, et affirme expressément l'analogie entre le mode de condamnation et celui de notre justification ; et par le verset 19, où la même idée revient sous une forme qui semble défier tous les efforts en faveur d'une autre interprétation.

2. Nous pouvons mieux apprécier maintenant la valeur d'une observation faite précédemment, savoir que la pensée que nous avons cru trouver dans le verset 12, après avoir été prouvée versets 13,14, est toujours supposée dans la suite, et sert à l'apôtre de point de départ pour expliquer la nature et confirmer la certitude de notre justification. Ainsi, v. 15, CAR SI par le péché d'un seul plusieurs sont morts, etc. ; v. 17, SI PAR le péché d'un seul, etc. ; v. 18, C'EST POURQUOI COMME par le péché d'un seul tous sont condamnés, *de même* par la justice d'un seul tous sont justifiés ; et enfin v. 19, CAR COMME par la désobéissance d'un seul homme etc.

3. En outre, il faut se rappeler que l'interprétation indiquée pour les différentes incises du passage est le sens simple et naturel des mots, comme le reconnaissent tous les interprètes, presque sans exception. Les objections qu'on élève contre cette interprétation sont presque exclusivement d'une nature théologique, au lieu d'être tirées de la philologie ou de l'exégèse. Elle est d'ailleurs parfaitement conséquente avec elle même, concordante avec le but de l'apôtre, et propre à jeter du jour sur le point qu'il se propose d'expliquer. Qu'un esprit non prévenu pèse séparément chacun des arguments, qu'il les considère ensuite dans leur ensemble et avec le secours qu'ils se prêtent mutuellement, et il semble impossible qu'il résiste à la force de l'évidence et faveur de l'explication communément reçue.

4. Cette interprétation est ancienne. Elle se trouve dans les écrits des anciens Pères de l'église ; elle est sanctionnée quant aux points essentiels, par l'autorité de la grande masse des réformateurs ; elle a réuni l'assentiment d'hommes de tous les partis et de toutes les nuances d'opinions théologiques. Le rationaliste moderne, qui voit dans cette interprétation la triste preuve de l'assujettissement de l'apôtre aux préjugés judaïques, s'unit pour l'adopter au chrétien humble et dévoué. Assurément il n'est pas permis de mépriser comme une relique du vieux temps, ni de décrier comme étant le produit des spéculations théologiques, une interprétation qui a su conserver une si longue et si ferme autorité, et qui a trouvé accès dans des esprits si diversement constitués.

5. On ne peut, sans inconséquence, suivre jusqu'au bout aucune des deux autres interprétations. Elles sont l'une et l'autre inconciliables avec le but de l'apôtre, et avec l'ensemble de l'argumentation. Elles attribuent aux versets 13,14, un sens ou ridicule ou inintelligible. Elles obligent à faire violence aux plus simples règles d'exégèse, à interpréter d'une manière forcée les déclarations les plus importantes de l'apôtre. C'est ainsi qu'à la phrase, « recevoir l'abondance de la grâce et du don de la justice », il faut faire signifier, être amené sous une dispensation de miséricorde ; que « régner dans la vie par un seul, Jésus-Christ », c'est être amené sous une dispensation de vie. Ainsi encore cette déclaration, « le don gratuit de la justification de vie est venu sur tous les hommes », voudra dire que tous sont dans un état de salut possible ; et, « tous sont constitués justes (c'est-à-dire justifiés, pardonnés, considérés et traités comme justes) », cela signifie simplement que l'offre du pardon est faite à tous. C'est là une faible partie des difficultés exégétiques qu'entraînent ces interprétations, et qui font qu'on ne peut les admettre si l'on n'est résolu à tout sacrifier à l'autorité ou à la prévention.

20. *Or, la loi est intervenue afin que le péché abondât. Mais où le péché a abondé, la grâce a surabondé.* Après avoir montré que notre justification s'opérait sans l'intervention de la loi, soit morale soit mosaïque, Paul était naturellement conduit à expliquer le but de la révélation renouvelée de la première, et de l'intervention de la seconde. *La loi* désigne ici toute l'économie de l'Ancien Testament, comprenant la révélation de la loi morale, et toutes les institutions qui se rattachaient à la première économie. Le but principal de cette économie, considérée comme *loi*, c'est-à-dire abstraction faite de la portée évangélique d'un grand nombre de ses détails, c'était *que le péché abondât*. Il y a ici dans l'original une ambiguïté qui disparaît dans nos versions. La phrase peut signifier, ou bien que le *but* de l'intervention de la loi a été de faire abonder le péché ; ou simplement, que tel en a été le *résultat*. Le choix à faire entre ces deux idées dépend du sens qu'on donne au mot traduit par *abonder*. Ce mot peut signifier, d'après un usage assez ordinaire, *paraître abondant, être reconnu comme tel* ; comp. 3.5, « que Dieu soit véritable », c'est-à-dire paraisse véritable, soit reconnu comme étant véritable. D'après cette explication, le sens serait ici que le grand but de la loi (en tant qu'il s'agit de la justification) était de produire la connaissance et la conviction du péché. Si l'on prend le mot dans son acception habituelle, le sens serait que le résultat de l'intervention de la loi a été d'augmenter le péché. Résultat qui serait produit d'un côté parce que la loi, en étendant la connaissance et la règle du devoir, augmente à proportion la responsabilité morale, selon ce qui est dit chapitre 4.15 ; de l'autre, parce que l'action de la loi réveille l'inimitié naturelle du cœur humain et multiplie réellement les transgressions, selon 7.8. L'une et l'autre explication du passage expriment une vérité importante, car la conviction du péché et son accroissement accidentel sont également le résultat de l'action de la loi. Néanmoins il semble plus conforme au but de l'apôtre, comme à la valeur ordinaire de la conjonction grecque traduite par *afin que*, de considérer cette incise comme exprimant le but, plutôt que le simple résultat de la promulgation de la loi.

Le mot *intervenir* ne rend pas toute la force de l'original. Ce verbe, qui dans Ga 2.4, représente l'idée *d'entrer par surprise*, paraît exprimer ici celle de *sur-addition*. La loi a été *sur-ajoutée* à un plan déjà conçu. Elle n'a pas eu pour but l'accomplissement du salut de l'homme, c'est-à-dire soit sa justification, soit sa sanctification, mais elle répond à une partie très secondaire du grand système de miséricorde. Les Juifs étaient par conséquent dans une grave erreur, tant en exagérant l'importance de la loi qu'en en méconnaissant le but. Elle ne fut jamais destinée à donner la vie.

Mais où le péché a abondé la grâce a surabondé. C'est-à-dire, si grande que soit la puissance du péché, considéré à la lumière de la sainte loi de Dieu, la grâce de l'évangile a abondé par-dessus tout ce mal. L'évangile de la grâce de Dieu s'est montré beaucoup plus efficace pour produire le bien, que le péché pour produire le mal. Idée qui est développée dans le verset suivant.

21. *Afin que comme le péché a régné par la mort, ainsi la grâce régnât par la justice en vie éternelle, par Jésus-Christ notre Seigneur.* Le péché a régné par la mort, c'est-à-dire qu'il a exercé un puissant empire, et qu'il a eu pour conséquence nécessaire la mort. Le mot *régner* exprime avec force l'empire vaste et puissant exercé par le péché sur la race humaine, empire qui est mortel, destructif de toute excellence morale et de tout bonheur.

Il faut lier étroitement les mots, *justice en vie éternelle.* La *justice en vie éternelle*, revient à la *justification de vie*, du v. 18 ; c'est toujours « la justification à laquelle est attachée la vie éternelle ». Il faut remarquer que ces mots correspondent à *la mort* de l'incise précédente. Comme la mort est la conséquence du péché, ainsi la justification de vie est la conséquence de la grâce de l'évangile.

PAR JÉSUS-CHRIST NOTRE SEIGNEUR. À lui et à lui seul, nous sommes redevables de ce que le règne du péché et de la mort n'a pas produit une désolation universelle et éternelle. C'est lui qui nous a procuré la délivrance à l'égard de l'un et de l'autre, et l'accès à la vie éternelle.

La grâce *surabonde* par-dessus le péché, **1.** Parce nous avons lieu de croire, si nous prenons en considération ceux qui meurent avant l'âge de raison, et l'état futur probable de l'église, que le nombre des sauvés dépassera de beaucoup celui des réprouvés. **2.** Parce que Christ fait bien plus que réparer simplement le mal du péché. Non seulement il nous délivre de sa puissance et de sa pénalité, mais il élève notre nature et nos personnes à un état auquel nous n'avons pas lieu de croire que nous fussions parvenus sans lui. **3.** C'est par le moyen de l'église rachetée que doit être manifestée dans les âges à venir, aux principautés et aux puissances, la sagesse de Dieu qui est infiniment diverse. Aucune langue ne peut dire, ni aucune intelligence concevoir les résultats de la rédemption.

DOCTRINES.

1. Ce passage enseigne clairement la doctrine de l'imputation. Cette doctrine ne renferme pas l'idée d'une identité mystique entre Adam et sa race, ni celle d'une translation de la turpitude morale de son péché à ses descendants. Elle n'enseigne pas que son péché ait été proprement et personnellement le péché de tous les hommes, ni que son acte ait été dans un sens mystique l'acte de sa postérité. Elle ne suppose pas non plus, à l'égard de la justice de Christ, que cette justice nous devienne inhérente et personnelle, ou que son excellence morale soit en quelque manière transférée de lui aux croyants. Le péché d'Adam ne peut donc pas être pour nous un objet de remords, ni la justice de Christ un sujet de contentement intérieur. Cette doctrine enseigne simplement qu'en vertu de l'union, représentative et naturelle, qui existait entre Adam et ses descendants, son péché est le motif de leur condamnation, c'est-à-dire de leur sujétion aux maux infligés comme châtiment ; et qu'en vertu de l'union qui existe entre Christ et son peuple, sa justice est le motif de leur justification. C'est là une doctrine enseignée presque en propres termes dans les versets 12,15,16,17,18,19. Elle est si clairement établie, si souvent répétée ou supposée, et si formellement démontrée, qu'il est bien peu de commentateurs, de quelque classe qu'ils fussent, qui n'aient pas reconnu, d'une manière ou d'une autre, que cette doctrine est en effet celle de l'apôtre.

Cette exposition de la doctrine de l'imputation représente d'une manière exacte, comme il serait facile de le montrer, la forme sous laquelle cette doctrine a été admise par la grande masse des églises et des théologiens de la réforme. Il suffira de quelques citations fournies par des auteurs dont l'autorité sur ce sujet est universellement reconnue comme compétente. Voici ce que dit Turretin (Theol. Elench. Quæst. ix, p. 678) : « L'imputation a lieu, ou à l'égard de quelque chose qui nous est étranger, ou à l'égard de quelque chose qui nous appartient en propre. Quelquefois cela nous est imputé qui nous appartient personnellement ; c'est dans ce sens que Dieu impute aux pécheurs leurs transgressions. Quelquefois cela nous est imputé qui est indépendant de nous, et n'a pas été accompli par nous-mêmes ; c'est ainsi que la justice de Christ nous est imputée, et à lui nos péchés, bien qu'il n'y ait personnellement ni péché en lui, ni justice en nous. Ici nous parlons de la seconde espèce d'imputation, et non de la première, parce qu'il s'agit d'un péché commis par Adam, et non par nous. » La raison de cette imputation est l'union qui existe entre Adam et sa postérité. Cette union n'est point une identité mystique de personnalité, mais elle est, **1.** Naturelle, en ce qu'il est le père, et nous les enfants. **2.** Politique et judiciaire, en ce qu'il était le chef et le représentant de toute la race humaine. Ainsi le fondement de l'imputation n'est pas seulement la relation naturelle qui existe entre Adam et nous, puisque dans ce cas tous ses péchés nous pourraient être imputés, mais principalement la relation morale et fédérale en vertu de laquelle Dieu est entré en alliance avec lui comme notre chef. Nous sommes constitués pécheurs en Adam de la même manière que nous sommes constitués justes en Christ ». Et encore (vol. II,

p. 707) : « *Imputer*, dit-il, est un terme de barreau, qui ne doit pas s'entendre *physiquement* de l'infusion de la justice, mais dans un sens judiciaire et relatif ». L'imputation ne change point le caractère moral, en sorte que le même individu peut, à différents égards, être appelé en même temps juste et injuste ; « car, s'il est question de la qualité inhérente, il est appelé pécheur et impie ; mais si l'on regarde à la relation extérieure et judiciaire avec Christ, il est déclaré juste en Christ. Et quand Dieu nous justifie en considération de la justice de Christ, son jugement de mettre conforme à la vérité, parce qu'il ne nous déclare pas justes en nous-mêmes subjectivement, ce qui serait faux, mais justes en un autre putativement et relativement ». – Tuckney (Prælectiones, p. 234) : « Nous sommes réputés justes à cause de Christ de la même manière que nous sommes réputés pécheurs à cause d'Adam. Il y aurait folie ou blasphème à dire, et même à penser, que la justice de Christ à nous imputée nous rende justes d'une justice formelle et inhérente » ; voyez de plus amples citations de cet auteur au sujet de 4.5. Owen (sur la Justification, p. 236) : « Des choses qui ne nous appartiennent point originairement et d'une manière inhérente, peuvent néanmoins nous être imputées *ex justitiâ*, d'après la règle de justice. Cela peut avoir lieu en vertu d'une double relation à l'égard de ceux dont il s'agit : **1.** relation fédérale, ou d'alliance ; **2.** relation naturelle. Quelque chose fait par un individu peut être imputé à d'autres, *propter relatiolem federalem*, en vertu d'une relation d'alliance entre eux. C'est ainsi que le péché d'Adam a été imputé à toute sa postérité. Et la raison de cette imputation, c'est que nous avons participé à l'alliance traitée avec lui comme notre chef et notre représentant ». Il dit encore, p. 242 : « Cette imputation (de la justice de Christ) n'est point la transmission ou la transfusion de la justice d'un autre en ceux qui doivent être justifiés, en sorte qu'ils deviennent justes d'une justice parfaite et inhérente. Car il est impossible que la justice d'un individu soit *transfusée* en un autre, en sorte qu'elle devienne la sienne d'une manière subjective et inhérente ». Et encore, page 307 : « Comme nous sommes rendus coupables par le péché actuel d'Adam, qui ne nous est point inhérent, mais seulement imputé ; de même nous sommes rendus justes par la justice de Christ, qui ne nous est point inhérente, mais seulement imputée ». Et à la page 468 : « L'imputation du péché à quelqu'un ne veut dire autre chose, sinon qu'il est assujetti avec justice au châtiment que mérite ce péché. De même que la non imputation du péché est la libération à l'égard du châtiment ». Et c'est ici une des déclarations sur lesquelles cet auteur insiste le plus : « Être *alienœ culpœ reus* NE REND PERSONNE PÉCHEUR » – Knapp (Théologie, sect. 76), en exposant la doctrine de l'imputation s'exprime ainsi: « Voici à quoi revient l'imputation que Dieu fait du péché de nos premiers parents à leurs descendants. Dieu punit les descendants en vertu du péché de leurs premiers parents ». Assertion qu'il donne comme un simple exposé historique de la nature de cette doctrine et de la forme dont la revêtaient ses défenseurs. Zachariæ (Bibl. Theologie, vol. II, page 394) : « Si Dieu permet que le châtiment encouru par Adam s'étende à ses descendants, il leur impute à tous son péché. C'est dans ce sens que Paul déclare que le péché d'Adam est imputé, à tous ». Et Bretschneider, déjà cité à l'occasion de 4.3, parlant de la doctrine des réformateurs, telle qu'on la trouve dans les symboles publiés sous leur autorité, dit qu'ils considéraient la justification, laquelle comprend l'idée de l'imputation, comme un acte judiciaire ou légal de la part de Dieu, c'est-à-dire un acte qui changeait simplement la relation de l'homme avec Dieu, et non pas l'homme lui-même. Et ils définissaient l'imputation de la justice « ce jugement de Dieu, en vertu duquel il nous traite comme si nous n'avions point péché, mais au contraire accompli la loi, ou comme si la justice de Christ était notre justice ». Telle est la doctrine qu'ils défendirent constamment en opposition aux papistes, qui regardaient la justification comme un changement moral consistant en ce qu'ils appelaient l'infusion de la justice.

Quoique cette manière d'entendre la nature de l'imputation soit bien connue, néanmoins, comme la plupart des objections élevées contre cette doctrine reposent sur cette hypothèse, – que l'imputation procède d'une identité mystique entre Adam et sa race d'un côté, de l'autre Christ et son peuple, et qu'elle implique la translation morale des actes imputés, – nous avons cru nécessaire de citer quelques exemples entre beaucoup d'autres, pour montrer que notre exposé de cette doctrine est celui qui a toujours été admis par la grande masse des églises réformées. Les objections qu'on élève contre cette doctrine de nos jours, sont précisément les mêmes que les catholiques opposaient aux réformateurs, et nous aurons à répéter les mêmes réponses que firent à leurs adversaires, les réformateurs et leurs successeurs.

Presque toutes ces objections se trouvent réfutées, comme on le verra, par le pur et simple exposé de la doctrine.

1. On objecte que cette doctrine « est en contradiction avec les premiers principes du sentiment moral. Il est impossible que nous nous sentions coupables de l'acte d'un autre, accompli à notre insu, sans coopération de notre part. Il serait tout aussi vrai de dire que nous pouvons nous approprier la justice d'un autre et en faire notre justice, que de prétendre la même chose à l'égard de l'injustice d'un autre. Mais dans aucun cas absolument nous ne pouvons nous imposer la conscience qu'un acte est réellement nôtre, à moins que nous n'y ayons pris une part personnelle et volontaire. Une translation de la turpitude morale est tout aussi impossible qu'une translation d'âmes ; et il n'est pas dans les limites de la puissance humaine, que nous nous ressentions du péché d'Adam ». Stuart, p. 239. Il revient souvent sur cette idée dans son commentaire sur ce passage, et dans ses *Excursus* IV et V. « Dire que la désobéissance d'Adam a été l'occasion, ou le motif, ou la cause instrumentale pour laquelle tous les hommes sont devenus pécheurs, et qu'elle est devenue ainsi un mal pour tous, ou bien dire que cette désobéissance a été *personnellement la leur*, c'est dire deux choses, bien différentes. Je ne vois aucun moyen d'établir philologiquement cette dernière assertion ». Stuart dit encore, page 212, que si le verset 12 parlait de l'imputation du péché d'Adam, il ne pourrait pas être dit que les hommes n'ont *point* péché à la ressemblance de la transgression d'Adam. « Il s'ensuivrait au contraire que le péché d'Adam est leur propre péché, et la raison pourquoi la mort règne sur eux ». On voit assez que ces objections, et autres semblables, reposent toutes sur une méprise au sujet de la doctrine en question. Elle sont toutes dirigées contre la double idée de l'identité des personnes, et de la translation du caractère morale ; idée qui ne se trouve nullement impliquée dans cette doctrine, comme nous l'avons montré. Outre que ces objections sont incompatibles avec la vraie nature de cette doctrine, elles ne le sont pas moins avec les déclarations et les arguments des auteurs mêmes qui les élèvent. C'est ainsi que Stuart dit, à la page 239 : « Cette déclaration : « Le fils ne mourra point pour l'iniquité du père », est aussi vraie que celle-ci : « Le père ne mourra point pour l'iniquité du fils », comme Dieu le déclare expressément, Éz 18 ». Il résulte de là que « mourir pour l'iniquité du père », en parlant du fils, cela veut dire que le péché du père lui est imputé ou porté en compte. Ainsi les adversaires mêmes de l'imputation excluent nécessairement de cet acte l'idée d'identité personnelle et de translation du caractère moral ; c'est reconnaître virtuellement le peu de valeur des objections que nous venons de citer. Le fait est que l'imputation n'est jamais représentée comme affectant le caractère moral, mais uniquement la relation des hommes à Dieu et à sa loi. Imputer le péché c'est considérer et traiter comme pécheur, imputer la justice c'est considérer et traiter comme juste.

2. On a dit que cette doctrine n'était qu'une pure théorie, une tentative d'expliquer ce que l'apôtre n'explique pas, une spéculation philosophique, etc. etc. C'est là encore une erreur. Ce n'est ni une théorie ni une spéculation philosophique, mais bien l'énoncé d'un fait scripturaire en langage scripturaire. Paul dit : « Pour le péché d'un seul homme tous les hommes sont condamnés, et pour la justice d'un seul tous sont considérés et traités comme justes ». Voilà toute la doctrine.

3. On affirme que le mot imputer ne s'emploie jamais dans l'Écriture en parlant de porter en compte à quelqu'un ou de mettre à sa charge ce qui ne lui appartient pas strictement et personnellement. C'est là une assertion inexacte, comme nous l'avons montré chap. 4.3. Il est parlé deux fois dans le chapitre 4, de « l'imputation de la justice » à ceux qui n'ont pas les œuvres, aux impies, etc. Mais l'objection fût-elle fondée en fait, elle serait sans force ; car si le mot imputer signifie attribuer une action à un homme dans ce sens qu'on le traite comme en étant l'auteur, il serait exact et scripturaire de dire que le péché ou la justice d'un homme est imputée à un autre, quand ce péché ou cette justice devient le motif de la condamnation ou de la justification d'un autre que celui qui en est personnellement l'auteur.

4. On nie qu'Adam fût le représentant de sa postérité, parce qu'il ne reçoit pas ce nom dans l'Écriture, et parce que l'idée d'un représentant suppose, dit-on, le consentement de ceux pour lesquels il agit. Nouvelle erreur. Il est rare qu'un représentant soit délégué par le choix de ceux pour lesquels ses actes sont obligatoires. Ce n'est le cas dans aucun pays du monde ; et rien n'est plus ordinaire que de voir un parent ou une cour de justice charger un tuteur d'agir comme représentant d'un mineur. Si un tel acte est compatible avec l'ordre moral de la part d'un parent, il pourra bien, sans doute, en être de même à l'égard de Dieu. C'est ici une pure question de fait. Si l'Écriture enseigne qu'Adam a été mis à l'épreuve, non pas seulement pour lui-même, mais aussi pour ses descendants : si ceux-ci sont tombés quand il est tombé ; alors elle enseigne qu'il a été leur représentant, dans le fait et dans la forme. Il semble difficile de nier qu'elle enseigne le fait dont il s'agit ; ce fait est déclaré toutes les fois qu'il est dit que le péché d'Adam a été le motif de la condamnation des hommes.

5. On a dit que la doctrine de l'imputation était incompatible avec les premiers principes de la justice. Cette objection n'a de force que contre l'idée erronée qu'on se fait de cette doctrine, et que nous avons signalée. Il est reconnu par tous que le péché d'Adam a entraîné la ruine de la race humaine tout entière. Toute la difficulté est là. Comment concilier avec le caractère divin ce fait, que le sort de millions d'êtres qui n'existent pas encore dépende d'un acte auquel ils n'ont pris aucune part, et sur lequel ils n'ont pu exercer la plus légère influence ? Cette difficulté tombe sur les adversaires de la doctrine avec plus de poids encore que sur ses défenseurs. Les premiers n'ont aucun avantage sur les derniers : ni dans la quantité du mal infligé, puisqu'ils font beaucoup plus grand que les autres le mal infligé en conséquence directe du péché d'Adam ; ni dans le plan formé pour racheter de ce mal la race humaine, puisque les uns et les autres admettent que l'œuvre de Christ procure l'offre de la vie éternelle à sa race entière, et assure infailliblement le salut à une multitude que personne ne saurait compter. L'opinion des auteurs que nous combattons n'a donc aucun avantage sur la doctrine ordinaire ; elle offre d'ailleurs des difficultés qui lui sont propres. Elle représente la race humaine comme ayant été enveloppée dans la ruine et la condamnation, sans avoir passé par aucune espèce d'épreuve. Suivant une de leurs interprétations, les hommes naissent avec une disposition corrompue, privés de la justice et assujettis à la souffrance, par une dispensation de Dieu purement arbitraire, sans qu'ils aient subi d'épreuve, ni personnelle ni représentative. D'après l'autre explication, les hommes ne naissent pas corrompus, mais ils sont mis à l'épreuve dès le premier instant où ils acquièrent la qualité d'agents moraux, et cela dans des circonstances qui rendent leur chute infaillible. De plus, ni l'une ni l'autre de ces explications ne répondent à l'idée que l'Écriture nous donne de la chose. Paul représente les maux qui sont tombés sur les hommes à la suite du péché d'Adam comme une condamnation, non comme une dispensation arbitraire, ni comme une simple conséquence naturelle. Nous sommes tenus d'acquiescer à la vérité telle que nous l'enseigne l'Écriture, sans introduire des explications et des théories de notre cru. La négation de cette doctrine implique la négation de la doctrine scripturaire de l'expiation et de la justification. C'est un caractère essentiel de la forme scripturaire de ces doctrines, que l'idée de substitution légale soit conservée. Christ a porté nos péchés ; nos iniquités ont été mises sur lui ; ce qui, dans le langage de l'Écriture, ne peut signifier autre chose sinon qu'il a porté la peine de ces péchés ; non pas, il est vrai, la même peine, soit pour la nature soit pour le degré ; mais pourtant les maux qu'il a soufferts étaient un châtiment, parce qu'ils étaient infligés judiciairement pour venger la loi. Il importe peu si une dette est acquittée avec de l'or ou avec du cuivre, pourvu qu'elle soit acquittée. Et comme une petite quantité d'or a la même valeur que beaucoup de cuivre, de même les souffrances temporaires de Christ ont plus de prix pour répondre à tous les buts du châtiment que les souffrances éternelles de l'humanité entière. On ne peut donc pas objecter comme la doctrine scripturaire de l'expiation, que Christ n'a pas souffert les mêmes maux, soit dans leur nature soit dans leur degré, qu'auraient dû souffrir ceux pour lesquels il s'est livré. Cette idée de substitution légale se trouve aussi dans la doctrine scripturaire de la justification. Dans l'acte de la justification, Dieu, suivant les propres paroles de l'apôtre, impute la justice aux impies. Cette justice n'est pas la leur ; mais ils sont considérés et traités comme justes en vertu de l'obéissance de Christ. C'est-à-dire que sa justice leur est portée en compte, de telle sorte que Dieu les considère et les traite comme si elle était la leur ; ou « comme s'ils avaient accompli la loi ». C'est là la grande doctrine de la réformation, ce que Luther appelait *articulus stantis aut cadentis ecclesiæ*. La grande question qui s'agitait entre les papistes et les protestants, était de savoir si les hommes sont justifiés en vertu d'une justice inhérente, ou bien d'une justice imputée. Les protestants tenaient à cette dernière opinion comme à leur propre vie, et à la vie de l'église. Voyez les passages cités à l'occasion de 4.3 ; et les confessions de foi de cette époque [1].

---

[1] Apol. art. 9, p. 226. Merita propitiatoris aliis donantur *imputatione divinâ*, ut per ea, tanquam propriis meritis justi reputentur, ut si quis amicus pro amico solvit æs alienum, debitor alieno merito tanquam proprio liberatur.

F. Concordantiæ, art 3, p. 687. Ad justificationem tria requiruntur : gratia Dei, meritum Christi et fides, quæ hæc ipsa Dei beneficia amplectitur ; quâ ratione *nobis Christi justitia imputatur*, unde remissionem peccatorum, reconciliationem cum Deo, adoptionem in filios Dei et hæreditatem vitæ æternæ consequimur. – F. C. III, p. 684. Fides non propterea justificat, quod ipsa tam bonum opus, tamque præclara virtus sit, sed quia in promissione evangelii *meritum* Christi *apprehendit* et amplectitur ; illud enim per fidem nobis applicari debet, si eo ipso merito justificari velimus.

F.C, III, p. 688, Christi *justilia nobis imputatur*, unde remissionem peccatorum consequimur.

6. Comme le terme de *mort* s'emploie pour désigner toute espèce de mal infligé en punition du péché, sans exprimer la quantité ni la nature du mal dont il s'agit, l'apôtre n'enseigne point que la misère éternelle soit infligée à aucun homme pour le seul péché d'Adam, sans égard à sa propre dépravation naturelle ni à ses transgressions actuelles. Il suffit pour répondre à tous les buts de l'argumentation que ce péché soit cause de la perte de la faveur et de l'influence divines, et de la corruption naturelle qui est la conséquence de cette perte [1].

B. L'Écriture considère comme un châtiment du péché toute espèce de mal qu'elle déclare nous avoir atteints à cause d'Adam ; elle appelle ce mal *mort*, terme général qui sert à designer toutes les peines du péché.

Toutefois, ce n'est pas la doctrine de l'Écriture, ni des églises réformées, ni de nos symboles, que la corruption naturelle dont elle parle soit une dépravation proprement dite de l'âme, un attribut essentiel, ou l'inoculation d'un mal positif. « Le péché originel, suivant les confessions des réformateurs, ce n'est pas la substance de l'homme, soit son âme soit son corps ; ce n'est pas non plus quelque chose qui soit infusé par Satan dans notre nature, comme on mêle du poison avec le vin ; ce n'est pas un attribut essentiel, mais un accident [2], c'est-à-dire quelque chose qui n'existe pas par soi-même, une qualité accidentelle, etc. Bretschneider, vol. II, page 30. Ces confessions enseignent qu'en punition du

---

[1] TURRETIN Theologia Elench. vol. I, p. 680. Pœna quam peccatum Adami in nos accersit, vel est *privativa*, vel *positiva*. Quoad primam dicimus Adami peccatum nobis imputari immediate ad pœnam privativam, quia est causa privationis justitiæ originalis, et sic corruptionem antecedere debet, saltem ordine naturæ. Sed quoad posteriorem potest dici imputari mediate quoad pœnam positivam, quia isti pœnæ obnoxii non sumus, nisi postquam nati et corrupti sumus.

[2] Accidens : quod non per se subsistit, sed in aliquâ substantiâ est, et ab eâ discerni possit.

péché d'Adam la justice originelle a été perdue, et que *l'absence de cette justice* a occasionné la tendance au péché, ou la corruption de la nature [1]. Tout en parlant du péché originel comme étant, premièrement négatif, c'est-à-dire perte de la justice ; secondement positif, savoir corruption de la nature, – ils déclarent que par cette dernière expression il faut entendre, non l'infusion d'un mauvais principe dans l'âme, mais une tendance actuelle au mal, résultant de la perte de la justice. C'est ce qui est clairement exprimé dans la citation précédente. Le président Edwards est donc parfaitement conséquent avec ses propres opinions comme avec celles des églises protestantes, lorsqu'il enseigne dans son livre sur le péché originel, que « selon les meilleurs théologiens, le péché provient d'une cause défective ou privative » ; et lorsqu'il s'élève contre « l'idée d'un mauvais principe infusé, implanté, ou engendré dans notre nature par une influence positive quelconque, soit de Dieu soit de la créature, etc. » Il n'est pas moins conséquent et correct lorsqu'il établit que « l'absence de bons principes positifs, la privation d'une influence divine spéciale, et l'abandon aux seuls principes d'amour de soi et d'appétit naturel, qui étaient chez l'homme dans l'état d'innocence, suffisent pour expliquer toute la corruption qui règne parmi les hommes ». Goodwin, l'un des théologiens puritains les plus rigides, consacre un chapitre spécial à prouver, « qu'il n'est pas nécessaire de prétendre que le péché

---

[1] F. Concord. I, p. 643. Etsi enim in Adamo et Hevâ natura initio pura, bona et sancta creata est ; tamen per lapsum peccatum non eo modo ipsorum naturam invasit, ut Manichæi dixeruntquin potius quum seductione Satanæ per lapsum, justo Dei judicio (in pœnam hominum) justitia concreata seu originalis amissa esset, *defectu illo*, privatione seu spoliatione et vulneratione (quorum malorum Satan causa est), humana natura ita corrupta est, ut jam natura, una cum illo defectu et corruptione, etc.

originel soit une qualité mauvaise mise dans notre âme, attendu que la privation de la justice suffit pour infecter l'âme de tout ce qui est mal ». Toutefois, lui aussi, à l'exemple des réformateurs, distingue dans le péché originel un côté positif et un côté négatif. Ce côté positif est une conséquence de la nature active de l'âme. Là où il n'y a point tendance à l'amour et au service de Dieu, il y a, par ce défaut même, tendance au moi et au péché. Un grand nombre des objections qu'on élève contre la doctrine du péché originel, reposent sur l'idée que ce péché est un mal positif, mêlé à notre nature « comme on mêle du poison avec le vin » ; c'est ce que montre l'exclamation de Stuart à propos du passage d'Edwards précité : « Éclatant exemple, selon lui, du triomphe des sentiments naturels sur l'esprit de système » ! Il semblerait donc qu'il n'a aucune objection à faire contre la doctrine, telle qu'elle se trouve dans la citation. Et pourtant, nous l'avons vu, c'est sous cette même forme que la présentent les symboles des réformateurs, et les ouvrages des meilleurs théologiens.

Les objections suivantes proviennent évidemment de ce qu'on ne se fait pas une idée correcte du point controversé. On demande souvent : « Si le premier péché d'Adam se propage à ses descendants, pourquoi pas aussi tous ses autres péchés et les péchés de tous nos ancêtres » ? Mais personne n'a jamais prétendu que le *premier* péché d'Adam, l'acte de manger le fruit défendu, se fût propagé à aucun homme. Cela est d'une impossibilité absolue. Nous héritons de notre premier père une nature dépourvue de la tendance à l'amour et au service de Dieu ; et comme l'âme, de sa nature, est remplie en quelque sorte de susceptibilités, de dispositions ou tendances vers certaines manières d'agir, ou vers certains objets placés en dehors d'elle, du moment qu'elle est dépourvue de la disposition normale ou de la tendance vers Dieu et la sainteté, elle a nécessairement une tendance vers le moi et le péché. Il n'y a certainement rien d'incroyable ou d'inconcevable dans l'existence d'une dispositions innée à chercher son bonheur en Dieu, pas plus que dans l'existence d'une disposition à chercher son plaisir dans la beauté, ou dans le commerce social, ou dans les affections. L'homme possède encore le sentiment inné du juste et de l'injuste, un sens moral naturel, etc. Pourquoi Adam n'aurait-il pas été créé avec une tendance analogue à chercher son bonheur en Dieu ? Et si cette heureuse disposition présuppose nécessairement un état de relations amicales avec le Créateur, ou si elle est le résultat d'une influence divine spéciale, pourquoi Dieu ne retirerait-il pas cette influence, pour exprimer le déplaisir que lui cause la rébellion de l'homme ? Une telle dispensation est parfaitement conforme à la conduite de Dieu dans la providence, comme aux déclarations de sa Parole. Il abandonne les pécheurs à eux-mêmes en punition de leurs transgressions ; il retire aux enfants des bénédictions, pour exprimer son déplaisir des péchés de leurs pères. Il n'y a donc rien dans cette doctrine qui soit en désaccord avec le caractère ou la conduite de Dieu. Bien au contraire, elle se trouve étayée par tout l'ensemble de ses dispensations à l'égard de la race humaine depuis le commencement du monde. Ainsi les objections fondées sur la prétendue absurdité de la propagation du péché, et spécialement du péché d'Adam, proviennent d'une idée fausse qu'on se fait de la doctrine controversée.

Il n'y a pas plus de fondement à cette autre objection, que la doctrine de la corruption de notre nature fait Dieu, de qui procède cette nature, auteur du péché. Notre nature n'est pas corrompue par un acte positif de Dieu, par l'inoculation d'un principe de péché dans l'âme ; Dieu ne fait que retirer, en vertu d'un châtiment judiciaire, l'influence bienfaisante qui produisait chez Adam la tendance à la sainteté ; comme on voit souvent un monarque, par les motifs les plus purs et les plus sages, retirer ses faveurs aux enfants des traîtres ou des rebelles, et les répandre au contraire sur ceux des bienfaiteurs de la patrie. Il y a chez tout homme une tendance à agir d'après le même principe. Nous sommes disposés à voir d'un œil moins favorable les enfants des méchants que ceux des bons. Si ce principe trouve son application même dans les dispensations ordinaires de la providence, pourquoi nous étonnerions-nous de le retrouver dans cette grande transaction qui a décidé de la destinée du monde, et dans laquelle Adam n'a pas été mis à l'épreuve pour lui-même seulement, mais aussi pour sa postérité ?

Autre objection également mal fondée, c'est que la loi de propagation n'implique pas la transmission des défauts corporels, ni des qualités intellectuelles ou morales, des parents aux enfants. Cette objection suppose qu'on résout en loi générale le fait que nous héritons d'Adam une nature corrompue ; tandis qu'au contraire ce fait est toujours représenté comme un cas particulier, fondé sur le caractère représentatif d'Adam, et non pas exclusivement sur cette loi générale. Il nous est toujours présenté comme résultant de ce que l'influence du Saint-Esprit a été retirée à une race rebelle. Voyez les confessions des réformateurs déjà citées. *Defectus et concupiscentia sunt pœnæ* ; Apologia I, page 58. Que les qualités bonnes ou mauvaises des parents, et en particulier leur piété, ne se transmettent pas à leurs enfants par la génération, cela ne peut donc fournir l'ombre d'une objection contre la doctrine du péché originel.

Néanmoins, ce fait notoire, que les qualités intellectuelles et morales des parents se transmettent souvent à leurs enfants, bien que cela n'ait pas lieu avec la constance d'une loi établie, ce fait répond à deux buts importants. Il montre que dans la doctrine de la dépravation héréditaire il n'y a rien d'absurde, ni qui soit hors d'analogie avec la conduite ordinaire de

Dieu à l'égard des hommes. Il montre de plus que cette doctrine est compatible avec la bonté et la justice de Dieu. Car s'il arrive tous les jours des faits analogues, sous l'administration de l'Être souverain, il faut bien qu'il n'y ait rien là d'incompatible avec les perfections divines.

L'objection la plus ordinaire et la plus spécieuse contre cette doctrine, c'est qu'il y a quelque chose d'incompatible avec la nature du péché et de la sainteté dans la supposition que l'un ou l'autre puisse être inné, ou qu'une disposition qui n'est pas le résultat d'un choix libre, puisse présenter un caractère moral. Voici comme Edwards répond à cette objection dans son ouvrage sur le péché originel : « Elle me paraît en contradiction avec la nature des choses, telle qu'en juge le sens commun de l'humanité. Il est reconnu par le sens commun des hommes de tous les temps, que non seulement le fruit ou l'effet d'un bon choix est vertueux, mais que le choix même duquel procède cet effet présente le même caractère ; bien plus, que la bonne disposition antérieure, de laquelle procède le bon choix, est vertueuse également. C'est un axiome partout reconnu, que les actions tirent leur bonté des principes d'où elles procèdent, et non pas que les principes tirent leur bonté des actions qu'ils produisent, en sorte que l'acte de choisir ce qui est bon n'est vertueux qu'autant qu'il procède d'un bon principe ou d'une disposition vertueuse ; ce qui suppose qu'il peut exister une disposition vertueuse avant qu'il soit fait un choix vertueux ; et que par conséquent il n'est pas nécessaire qu'il y ait d'abord pensée, réflexion, choix, avant que puisse exister aucune disposition vertueuse. Suivant les notions naturelles, il ne peut y avoir vertu dans un choix qu'une procède point d'un principe vertueux, mais uniquement d'amour de soi, d'ambition ou de quelque appétit sensuel ». C'est assurément une vérité reconnue par l'instinct universel de l'esprit humain, que les dispositions innées sont aimables ou repoussantes, morales ou immorales, suivant leur nature ; et que leur caractère ne dépend point du mode de leur production. L'amour paternel, la pitié, la sympathie pour le bonheur ou le chagrin d'autrui, bien que fondés sur des principes innés de notre nature, sont universellement considérés comme des attributs aimables de l'âme ; et les dispositions contraires donnent lieu à un jugement opposé. De même le sentiment de la justice, la haine de la cruauté et de l'oppression, bien que ce soient des sentiments naturels, sont moraux par leur nature même. Et la disposition que nous avons tous à nous préférer aux autres, bien qu'elle soit la plus forte des tendances natives de l'âme humaine, n'en est pas moins reconnue partout pour être moralement mauvaise.

L'opinion opposée, qui nie la possibilité de l'existence de dispositions morales antérieures à un choix libre, est inconciliable avec la nature de la vertu ; elle engage dans toutes les difficultés attachées à la doctrine qui veut que *l'indifférence* soit nécessaire à la liberté de la volonté et à la moralité des actions. Si Adam n'a été créé ni saint ni impur, s'il n'est pas vrai que « Dieu a fait l'homme droit », si c'est l'homme qui a formé son propre caractère moral, comment expliquera-t-on le choix qu'il a fait de Dieu pour le souverain bien de son âme ? ou quel caractère moral a pu avoir un tel choix ? Dire que ce choix est procédé du désir de bonheur, ou de l'impulsion de l'amour de soi, ce n'est point résoudre la difficulté ; car cela ne rend pas compte de la nature du choix. Cela n'explique pas pourquoi Dieu a été choisi, de préférence à tout autre objet. Le désir du bonheur ne pouvait qu'exciter à faire un choix, sans en déterminer l'objet. Si l'on dit que ce choix a été déterminé par l'excellence supérieure de Dieu comme source de bonheur, cela suppose que cette excellence était dans l'idée de l'homme un objet souverainement désirable ; or, le désir de l'excellence morale est de sa nature un désir moral ou vertueux ; et si c'est ce désir qui a déterminé le choix, le caractère moral existait donc antérieurement à cette détermination de la volonté, et n'a pu en être le résultat. Si l'on dit au contraire que ce choix n'a pas été déterminé par le désir de l'objet comme étant un bien moral, ce choix n'a pu avoir de caractère moral. Comment le choix qu'on fait d'un objet sans égard à son excellence, pourrait-il avoir un caractère moral ? Le choix, considéré comme acte de l'esprit, tire son caractère uniquement du motif qui le détermine. Si ce motif est le désir qu'on a de l'objet comme moralement bon, le choix est moralement bon, et prouve une disposition vertueuse antérieure ; si ce motif est uniquement l'amour de soi, le choix n'est ni bon ni mauvais. Le seul moyen, dans la théorie que nous combattons, d'expliquer cette préférence du premier homme pour Dieu, c'est de supposer à la volonté le pouvoir de se déterminer sans motif, c'est d'admettre que le choix qu'elle a fait d'un objet plutôt que d'un autre, a eu lieu antérieurement au désir de cet objet comme bon, et par conséquent dans un état d'indifférence.

Ce raisonnement, applicable à l'origine de la sainteté, ne l'est pas pour cela à l'origine du péché ; et l'on n'est pas fondé à objecter qu'il suppose chez Adam l'existence d'une disposition mauvaise, antérieure à sa première transgression. De ce qu'un acte de désobéissance produit par l'impulsion de l'amour de soi, ou de quelque appétit sensuel, est coupable, il ne s'ensuit pas qu'un acte d'obéissance produit par un mobile semblable, sans égard à Dieu ni à l'excellence morale, soit vertueux.

Mais cette objection, qui est de beaucoup la plus ordinaire et la plus plausible qu'on oppose à la doctrine du péché originel, ne peut pas être soutenue sans inconséquence par Stuart et autres théologiens de son bord, parce qu'il dénie expressément et à plusieurs reprises le principe sur lequel elle se fonde. Il reconnaît souvent et formellement l'existence de dispositions morales antérieures aux actes moraux ; il en parle comme d'attributs de l'esprit qui peuvent être innés ou créés avec nous. C'est ainsi qu'il dit, page 540 : « Nous concluons nécessairement que les hommes naissent dépourvus de cette disposition à la sainteté qu'Adam possédait dans son état primitif ; nous le concluons du fait qu'ils ne font jamais ; avant la régénération, rien qui soit vraiment bon et saint, mais uniquement et toujours le péché, dans toutes leurs actions qui ont un caractère moral. Cela établit une différence immense entre leur état naturel présent et la condition originelle d'Adam ». Et à la page 549 : « Nous naissons dépourvus de cette disposition originelle à la sainteté que possédait Adam avant sa chute ». « Pour pouvoir entrer au ciel, et jouir des plaisirs de ce bienheureux séjour, il faut qu'il existe un goût, *positif* pour ces plaisirs, et qu'on soit préparé d'une manière spéciale à y trouver son bonheur. Si les enfants sont sauvés (comme j'espère et crois qu'ils le seront), il faut donc que leur âme vienne à éprouver pour les joies du ciel, un goût qui les rende capables de trouver leur bonheur dans ces joies. N'y a-t-il donc rien que Christ puisse faire pour eux par son Esprit, en leur inspirant ce goût ? N'y a-t-il pas une *imperfection* de la nature à faire disparaître ? N'y a-t-il pas une bénédiction *positive* à conférer » ? Il dit encore que les enfants qui meurent avant qu'ils aient pu contracter de culpabilité *actuelle* et personnelle, « ont pourtant besoin de recevoir un cœur nouveau et un esprit droit ». En lisant de tels passages, et autres semblables, on se sent porté à répéter l'exclamation qui échappe à l'auteur au sujet d'Edwards : « Éclatant exemple du triomphe des sentiments naturels (ou plutôt de la conscience chrétienne) sur l'esprit de système » !

De tous les faits établis par l'histoire du monde, il n'en est point de plus évident que celui-ci, que les hommes naissent privés de la disposition à chercher en Dieu leur souverain bien, et disposés au contraire à faire de leur propre satisfaction le grand but de leur existence. On peut même dire que la raison, la conscience, l'affection naturelle, ne sont pas des traits caractéristiques aussi universels de notre race déchue. Car il se rencontre de temps en temps des idiots, et des monstres sous le rapport moral ; mais qu'un enfant d'Adam, sans l'influence de la grâce de Dieu, cherche son bonheur en Dieu et le choisisse pour la portion de son âme, dès la première aurore de son existence morale, cela est absolument sans exemple parmi les milliers de millions d'hommes qui ont habité notre globe. Si l'expérience peut établir quelque chose au monde, elle établit la vérité de cette déclaration de l'Écriture, « ce qui est né de la chair est chair ». Il n'est pas moins évident, ce semble, que ce ne peut pas être l'état originel et *normal* de l'homme ; que la nature humaine n'est pas à présent ce qu'elle était en sortant des mains du Créateur. Tous les autres êtres que Dieu a créés répondent au but de leur existence ; mais la nature humaine, depuis la chute, a constamment suivi une mauvaise voie ; il n'y a pas un seul exemple qu'elle se soit d'elle-même tournée vers Dieu comme vers son souverain bien. Il est impossible de croire que Dieu a créé l'homme tel ; qu'il n'y a point eu perversion de ses facultés ; qu'il n'y a point eu perte d'une disposition morale originelle et directrice. On ne peut supposer que les hommes sont à présent ce qu'était Adam, lorsque pour la première fois il ouvrit les yeux aux merveilles de la création, et à la gloire de Dieu qui s'y révèle de toutes parts. Ainsi la raison, l'Écriture et l'expérience concourent à établir la vieille doctrine du monde chrétien, que la race humaine est tombée en Adam, qu'elle a perdu sa droiture originelle, qu'elle est portée à faire le mal comme les étincelles à voler en haut.

Cette doctrine est si fortement attestée par l'expérience religieuse des chrétiens, qu'il n'est pas étonnant qu'elle ait été reçue presque universellement. Elle a bien rencontré de temps à autres des adversaires individuels, mais nous ne pensons pas qu'aucune secte organisée, se disant chrétienne, si l'on excepte les sociniens, l'ait jamais effacée des articles de sa foi. Elle tient de si près aux doctrines de l'influence divine et de la rédemption, qu'elle a presque toujours été admise ou rejetée avec elles. On a souvent dit, parce que le terme de *péché originel* se trouve pour la première fois dans les écrits d'Augustin, que la doctrine même tire de lui son origine ; mais des expressions absolument synonymes se rencontrent constamment dans les écrits des pères de l'église d'un âge antérieur. C'est avec tout aussi peu de fondement qu'on a souvent affirmé qu'Augustin a été conduit aux opinions qu'il professe à cet égard par sa controverse avec Pélage. Il était arrivé aux conclusions qu'il maintint jusqu'à la fin, dix ans au moins avant qu'aucune controverse se fût élevée sur ce point [1]. Il fut conduit à ces résultats par l'étude de l'Écriture, et par son expérience personnelle. Toutes ses opinions antérieures sur les doctrines étroitement unies de la dépravation, des forces naturelles de l'homme, de sa dépendance à l'égard de Dieu, et de la grâce, se modifièrent lorsqu'il vint à bien connaître la parole de Dieu et son propre cœur. Lorsqu'il passa par ce que Néander appelle la crise morale de son histoire religieuse, il vit clairement la profondeur du mal qui était en lui, et acquit des idées correspondantes de la nécessité et de l'efficacité de la grâce de Dieu, qui seule pouvait le délivrer de ce mal. Le cas de Pélage fut précisément l'opposé. Comme il n'avait qu'une connaissance superficielle de la dépravation, il se faisait de très hautes idées des forces de l'homme, et une pauvre idée des opérations du Saint-Esprit.

[1] Néander, Histoire de la Religion et de l'Église chrétienne.

Selon l'observation frappante de l'auteur que nous venons de citer, Pélage fut le représentant et le champion de « la conscience générale, morale et religieuse de l'homme » ; tandis qu'Augustin fut le représentant de « la nature particulière de la conscience chrétienne ». Une doctrine qui est si solidement appuyée sur l'expérience de tous les chrétiens, et qui s'est maintenue dans tous les âges et dans toutes les fractions de l'église, a sans doute de profondes racines dans le témoignage de Dieu et dans la conscience de l'homme.

C. Il résulte des doctrines précédentes, que l'humanité a été mise à l'épreuve d'une manière légitime et suffisante en Adam, son chef et son représentant ; et que par conséquent nous ne devons pas considérer Dieu comme mettant les hommes à l'épreuve dès le premier instant de leur existence intellectuelle et morale, et cela dans des circonstances qui rendent leur chute certaine. Une telle épreuve n'en mériterait pas le nom.

D. Il résulte également de la doctrine enseignée dans ce passage, que le genre humain constitue une unité, dans le même sens qu'une armée est une, à la différence d'une populace ; qu'une communauté ou une famille est une, par opposition à une collection fortuite d'individus. De là la translation fréquente et étendue qui a lieu de la responsabilité des chefs de ces communautés, aux membres individuels, et de chaque membre aux autres. C'est là une loi qui se trouve dans tout le gouvernement moral de Dieu et dans toutes les dispensations de sa providence. Nous ne sommes pas comme les grains de blé séparés qui remplissent un boisseau ; mais comme les anneaux d'une seule chaîne. Tous influent sur la destinée de chacun, chacun sur celle de tous.

E. Le but de l'apôtre étant de jeter du jour sur la nature de notre justification et d'en confirmer la certitude, tout ce passage repose sur cette doctrine capitale, que notre justification devant Dieu n'est fondée ni sur notre foi ni sur nos bonnes œuvres, mais sur l'obéissance et la justice de Christ, qui est à notre égard un don gratuit. C'est là la doctrine fondamentale de l'évangile ; versets 18,19.

F. Le mal effrayant du péché ne se voit nulle part mieux que dans la chute d'Adam et dans la croix de Christ. Par le péché d'un seul homme, quelle immense désolation s'est répandue sur le monde entier. Combien la misère occasionnée par ce seul acte dépasse l'imagination ! Il n'a pu se trouver de remède proportionné à ce mal que la mort du Fils de Dieu ; v. 12,15,16, etc.

G. C'est la prérogative de Dieu de tirer le bien du mal, et de faire triompher le bien sur le mal. Du sein de la chute a jailli la rédemption, et de la rédemption résulte ce que l'éternité seule pourra dévoiler ; v. 20,21.

RÉFLEXIONS.

1. Chaque homme devrait s'abaisser devant Dieu dans le sentiment humiliant qu'il est membre d'une race déchue, fils d'un père rebelle, né étranger à Dieu et exposé à son déplaisir ; versets 12,15,16, etc.

2. Chaque homme devrait embrasser avec reconnaissance le moyen préparé pour son rétablissement dans la faveur divine, savoir l'abondance de la grâce et du don de la justice ; v. 17.

3. Ceux qui périssent ne périssent point parce que le péché d'Adam les a mis sous la condamnation ; ni parce qu'ils n'ont pas un moyen de relèvement suffisant ; mais parce qu'ils ne veulent pas recevoir la miséricorde qui leur est offerte, v.17.

4. Pour ceux qui refusent la justice de Christ qui leur est offerte, et qui persistent à se fier à leur propre justice, il ne peut y avoir d'espérance raisonnable, vu la culpabilité du péché et la résolution où est Dieu de le punir ; tandis que pour ceux qui reçoivent humblement ce bienfait, il ne peut y avoir de motif raisonnable de crainte, v. 15.

5. Si tous les hommes sont sujets à la mort sans avoir participé personnellement au péché d'Adam, n'avons-nous pas lieu d'espérer que, sans avoir accepté personnellement la justice de Christ, tous ceux qui meurent dans l'enfance seront sauvés ?

6. Il ne faut jamais céder à la tentation sous prétexte que le péché auquel nous sommes portés paraît une bagatelle (par exemple de manger d'un fruit défendu), ou que nous ne le commettrons qu'*une* SEULE *fois*. Rappelons-nous le SEUL péché d'un seul homme. Combien souvent un homme, ou une famille, a-t-elle été perdue pour toujours par UN SEUL péché ! v. 12.

7. Notre dépendance à l'égard de Christ est absolue, et les obligations que nous lui avons sont infinies. C'est par sa justice, et sans aucune ombre de mérite de notre part, que nous sommes justifiés. Lui seul était suffisant pour réparer les ruines de la nature déchue. De ces ruines il a bâti un temple vivant, une habitation de Dieu par l'Esprit.

8. Il faut que nous ayons éprouvé l'action de la loi, produisant la connaissance et la conviction du péché, pour que nous soyons préparés à apprécier et à recevoir l'œuvre de Christ. L'église et le monde ont été préparés par la dispensation légale de l'Ancien Testament, à la dispensation de grâce du Nouveau ; v. 20.

9. Ouvrons nos cœurs aux vastes perspectives de pureté et de félicité que nous ouvre l'évangile : à la victoire de la grâce sur le péché et la mort, victoire qui doit se consommer par le triomphe de la vraie religion, et par le salut éternel de ces multitudes de toute nation, que personne ne peut compter ; v. 21.

Épître aux Romains

Chapitre 1 à 5

1 Paul, serviteur de Jésus-Christ, appelé *à être* apôtre,
séparé pour l'évangile de Dieu, qu'il avait promis 2
auparavant par les prophètes dans les saintes Écritures,
touchant son fils Jésus-Christ notre Seigneur ; qui a été 3
fait de la postérité de David selon la chair, *et* qui a été 4
déclaré *être* fils de Dieu avec puissance, selon l'Esprit
de sainteté, par la résurrection d'entre les morts ; par 5
lequel nous avons reçu la grâce et l'apostolat pour *pro-*
duire l'obéissance à la foi parmi toutes les nations, pour
son nom ; du nombre desquelles vous êtes aussi, vous 6
qui êtes appelés de Jésus-Christ ; – à vous *tous* qui êtes 7
à Rome, bien-aimés de Dieu, appelés *à être* saints : que
la grâce et la paix vous soient données, de la part de
Dieu notre Père, et du Seigneur Jésus-Christ.

D'abord, je rends grâces à mon Dieu par Jésus-Christ 8
au sujet de vous tous, de ce que votre foi est renommée
dans tout le monde. Car Dieu, que je sers en mon esprit 9
dans l'évangile de son Fils, m'est témoin que je fais sans
cesse mention de vous dans mes prières, demandant con- 10
tinuellement qu'à la fin, par quelque moyen, il me soit
accordé un heureux voyage par la volonté de Dieu pour
aller vers vous. Car je désire ardemment de vous voir, 11

pour vous faire part de quelque don spirituel, afin que
12 vous soyez affermis ; c'est-à-dire, afin que je sois con-
solé mutuellement avec vous par la foi qui nous est com-
13 mune. Or, je ne veux pas que vous ignoriez, frères, que
je me suis souvent proposé d'aller vers vous (mais en ai
été empêché jusqu'à présent), afin de recueillir aussi
quelque fruit parmi vous, comme chez les autres Gen-
14 tils. Je suis débiteur tant aux Grecs qu'aux Barbares,
15 tant aux sages qu'aux ignorants. Ainsi, en tant qu'il est
en moi, je suis prêt à prêcher l'évangile à vous aussi qui
16 êtes à Rome. Car je n'ai pas honte de l'évangile de
Christ ; vu qu'il est puissance de Dieu pour le salut pour
quiconque croit : pour le Juif premièrement et aussi pour
17 le Grec. Car dans cet *évangile* la justice de Dieu est
révélée par la foi en foi, selon qu'il est écrit : « le juste
vivra par la foi. »

18 Car la colère de Dieu se révèle du ciel contre toute
impiété et toute injustice des hommes, qui tiennent la
19 vérité avec injustice. Car ce qu'on peut connaître de Dieu
20 est manifesté en eux, Dieu *le* leur ayant manifesté. Car
les *perfections* invisibles de Dieu, savoir, sa puissance
éternelle et sa divinité, se voient clairement depuis la
création du monde, étant perçues par le moyen des cho-
21 ses créées ; en sorte qu'ils sont sans excuse, parce que,
ayant connu Dieu, ils ne l'ont point glorifié comme Dieu,
et n'ont point été reconnaissants *envers lui* ; mais ils
sont devenus vains dans leurs imaginations, et leur cœur
22 insensé a été obscurci. Prétendant être sages, ils sont
23 devenus fous ; et ils ont changé la gloire du Dieu incor-
ruptible en une image faite à la ressemblance de l'homme
corruptible, et des oiseaux, et des quadrupèdes, et des
24 reptiles. C'est pourquoi aussi Dieu les a abandonnés à
l'impureté par les passions de leurs cœurs, en sorte qu'ils

déshonorassent entre eux leurs propres corps ; eux qui 25
ont changé la vérité de Dieu en un mensonge (ou mieux
contre un mensonge), et qui ont adoré et servi la créa-
ture, plus que le Créateur qui est béni éternellement !
Amen. C'est pourquoi Dieu les a abandonnés à des pas- 26
sions infâmes : car même les femmes parmi eux ont
changé l'usage naturel contre celui qui est contre na-
ture ; et de même aussi les hommes, laissant l'usage na- 27
turel de la femme, ont brûlé dans leur convoitise l'un
pour l'autre, commettant d'homme à homme l'infamie,
et recevant en eux-mêmes la récompense qui était due à
leur égarement. Et comme ils ne se sont pas soucié de 28
conserver Dieu dans *leur* connaissance, Dieu de son côté
les a livrés à un esprit réprouvé, pour faire des choses
qui ne sont pas convenables : étant remplis de toute es- 29
pèce d'injustice, d'impureté, de perversité, d'avarice, de
méchanceté ; pleins d'envie, de meurtre, de querelle, d'im-
posture, de malignité ; diffamateurs secrets, calomnia- 30
teurs, haïssant Dieu, portés à l'outrage, orgueilleux, fan-
farons, inventeurs de maux, désobéissants envers leurs
parents, sans intelligence, violateurs des traités, sans 31
affection naturelle, implacables, sans miséricorde ; qui, 32
connaissant le jugement de Dieu, savoir que ceux qui
commettent de telles choses sont dignes de mort, non
seulement les font *eux-mêmes*, mais encore approuvent
ceux qui les commettent.

2 C'est pourquoi tu es inexcusable, ô homme qui que
tu sois qui juges ! car en ce que tu juges autrui, tu te
condamnes toi-même ; puisque toi qui juges tu fais les
mêmes choses. Mais nous savons que le jugement de 2
Dieu est selon la vérité contre ceux qui commettent de
telles choses. Et penses-tu, ô homme qui juges ceux qui 3

font de telles choses, et qui les commets, que tu échap-
4 peras au jugement de Dieu ? Ou bien méprises-tu les
richesses de sa bonté, et de son support, et de sa longue
attente, méconnaissant que la bonté de Dieu te conduit à
5 la repentance ? Mais selon ton endurcissement et ton
cœur impénitent, tu t'amasses un trésor de colère pour
6 le jour de la colère et du juste jugement de Dieu, qui
7 rendra à chacun selon ses œuvres : à ceux qui en conti-
nuant patiemment à bien faire, cherchent la gloire, l'hon-
8 neur et l'immortalité, la vie éternelle ; mais à ceux qui
sont contentieux et qui n'obéissent point à la vérité, mais
9 obéissent à l'injustice, l'indignation et la colère. *Il y aura*
tribulation et angoisse sur toute âme d'homme qui fait le
10 mal, du Juif premièrement, puis aussi du Grec ; mais
gloire, honneur et paix à quiconque fait le bien, au Juif
11 premièrement, puis aussi au Grec. Car il n'y a point
12 d'acception de personnes auprès de Dieu. Car tous ceux
qui ont péché sans loi, périront aussi sans loi ; et tous
13 ceux qui ont péché dans la loi, seront jugé par la loi, (car
ce ne sont pas ceux qui écoutent la loi, qui sont justes
devant Dieu ; mais ceux qui pratiquent la loi, qui seront
14 justifiés. Car lorsque les Gentils, qui n'ont point la loi,
font naturellement les choses qui sont de la loi, n'ayant
15 point la loi, ils sont à eux-mêmes une loi : lesquels mon-
trent que l'œuvre de la loi est écrite dans leurs cœurs,
leur conscience aussi rendant témoignage, et leurs pen-
16 sées s'accusant entre elles ou aussi s'excusant.) au jour
où Dieu jugera les secrets des hommes par Jésus-Christ,
selon mon évangile.

17 Voici, tu portes le nom de Juif, tu te reposes sur la
18 loi, et tu te glorifies en Dieu ; tu connais sa volonté, tu
discernes les choses qui diffèrent *entre elles*, étant ins-
19 truit par la loi ; et tu te flattes d'être le conducteur des

aveugles, la lumière de ceux qui sont dans les ténèbres,
le docteur des ignorants, le maître des simples, ayant la 20
forme de la connaissance et de la vérité dans la loi : – toi 21
donc, qui enseignes les autres, tu ne t'enseignes pas toi-
même ! toi qui prêches qu'il ne faut pas dérober, tu dé- 22
robes ! toi qui dis qu'il ne faut pas commettre adultère,
tu commets adultère ! toi qui as en abomination les ido-
les, tu commets des sacrilèges ! toi qui te glorifies en la 23
loi, tu déshonores Dieu par la transgression de la loi !
Car le nom de Dieu est blasphémé à cause de vous parmi 24
les Gentils, comme il est écrit. Car il est vrai que la 25
circoncision est utile, si tu gardes la loi ; mais si tu es
transgresseur de la loi, ta circoncision devient
incirconcision. Si donc l'incirconcision garde les ordon- 26
nances de la loi, son incirconcision ne lui sera-t-elle pas
réputée pour circoncision ? Et l'incirconcision qui est 27
telle par nature, ne te jugera-t-elle pas si elle accomplit
la loi, toi qui avec la lettre et la circoncision est
transgresseur de la loi ? Car celui-là n'est point Juif qui 28
ne l'est qu'au dehors, et celle-là n'est point la circonci-
sion qui a lieu extérieurement dans la chair ; mais celui- 29
là est Juif qui l'est au-dedans, et la circoncision est celle
du cœur, dans l'esprit, non dans la lettre ; et sa louange
n'est pas des hommes, mais de Dieu.

3 Quel est donc l'avantage du Juif ? ou quelle est l'uti-
lité de la circoncision ? Cet *avantage est* grand à 2
tous égards : principalement en ce que les oracles de
Dieu leur ont été confiés. Mais quoi ? si quelques-uns 3
n'ont point cru, leur incrédulité anéantira-t-elle la fidé-
lité de Dieu ? À Dieu ne plaise ! mais que Dieu soit 4
véritable, et tout homme menteur ; selon qu'il est écrit :
« afin que tu sois trouvé juste dans tes paroles, et que tu

5 triomphes quand tu es jugé. » Mais si notre injustice
recommande la justice de Dieu, que dirons-nous ? Dieu
est-il injuste quand il punit ? je parle comme les hom-
6 mes. Qu'ainsi n'advienne ! autrement comment Dieu
7 jugera-t-il le monde ? Car si la vérité de Dieu est par
mon mensonge plus abondante pour sa gloire, pourquoi
8 suis-je encore jugé comme pécheur ? Et pourquoi pas
plutôt (selon qu'on nous en accuse faussement, et comme
quelques-uns affirment que nous disons) ne faisons-nous
le mal, afin qu'il en arrive du bien ? Gens dont la con-
damnation est juste.

9 Quoi donc ? avons-nous *sur eux* la prééminence ?
Nullement ; car nous avons prouvé ci-dessus que tous,
10 tant Juifs que Grecs, sont sous le péché ; selon qu'il est
11 écrit : « Il n'y a point de juste, non, pas même un seul. Il
12 n'y a personne qui ait de l'intelligence. Ils se sont tous
égarés ; ils sont tous ensemble devenus inutiles ; il n'y
en a aucun qui fasse le bien, non, pas même un seul.
13 Leur gosier est un sépulcre ouvert ; ils ont employé leurs
langues à tromper, il y a du venin d'aspic sous leurs
14 lèvres, leur bouche est pleine de malédiction et d'amer-
15 tume. Leurs pieds sont légers pour répandre le sang.
16 La destruction et la misère sont dans leurs voies. Ils
17 n'ont point connu le chemin de la paix. Il n'y a point de
18 crainte de Dieu devant leurs yeux. » Or, nous savons
19 que tout ce que la loi dit, elle le dit à ceux qui sont sous
la loi ; afin que toute bouche soit fermée, et que tout le
20 monde soit coupable devant Dieu. C'est pourquoi nulle
chair ne sera justifiée devant lui par les œuvres de la
loi ; car par la loi *est donnée* la connaissance du péché.

21 Mais maintenant la justice de Dieu sans la loi est
manifestée, la loi et les prophètes lui rendant témoignage :
22 la justice, dis-je, de Dieu, *qui est* par la foi de Jésus-

Christ, pour tous ceux et sur tous ceux qui croient ; car
il n'y a point de différence. Car tous ont péché, et sont 23
privés de la gloire de Dieu ; étant justifiés gratuitement 24
par sa grâce, par la rédemption qui est en Jésus-Christ,
que Dieu a présenté *pour être* une propitiation par la foi 25
en son sang, pour manifester sa justice à cause de la
rémission des péchés commis auparavant, pendant la
patience de Dieu ; pour manifester, *dis-je*, sa justice dans 26
le temps présent, en sorte qu'il soit juste et justifiant
celui qui croit en Jésus. Où donc est le sujet de vanité ? 27
Il est exclu. Par quelle loi ? par celle des œuvres ? Non ;
mais par la loi de la foi. Nous concluons donc que 28
l'homme est justifié par la foi sans les œuvres de la loi.
Est-il le Dieu des Juifs seulement ? ne l'est-il pas aussi 29
des Gentils ? Oui, il l'est aussi des Gentils. Puisqu'il y a 30
un seul Dieu, qui justifiera la circoncision par la foi, et
l'incirconcision par la foi. Est-ce donc que nous ren- 31
dons la loi inutile par la foi ? Non sans doute ! mais au
contraire nous affermissons la loi.

4 Que dirons-nous donc qu'Abraham notre père a ob-
tenu selon la chair ? Car si Abraham a été justifié 2
par les œuvres, il a sujet de se glorifier ; mais il n'a
point *sujet de se glorifier* devant Dieu. Car, que dit Écri- 3
ture ? « Abraham crut à Dieu, et *cela* lui fut imputé à
justice. » Or, à celui qui fait les œuvres le salaire n'est 4
pas imputé comme une grâce, mais comme une chose
due ; mais à celui qui ne fait pas les œuvres, mais qui 5
croit en celui qui justifie l'impie, sa foi *lui* est imputée à
justice. Comme aussi David exprime la béatitude de 6
l'homme à qui Dieu impute la justice sans les œuvres :
« Bienheureux ceux dont les iniquités sont pardonnées, 7
et dont les péchés sont couverts ! Bienheureux l'homme 8

9 à qui le Seigneur n'aura point imputé son péché ! » Or,
cette béatitude est-elle seulement pour la circoncision,
ou aussi pour l'incirconcision ? car nous disons que la
10 foi fut imputée à justice à Abraham. Dans quelles cir-
constances donc lui fut-elle imputée ? Lorsqu'il était dans
la circoncision, ou dans l'incirconcision ? *Ce ne fut* pas
lorsqu'il était dans la circoncision, mais dans
11 l'incirconcision. Puis il reçut le signe de la circoncision,
comme un sceau de la justice de la foi qu'il a eue étant
incirconcis ; pour qu'il fût le père de tous ceux qui croient
étant incirconcis : pour que la justice leur fut aussi im-
12 putée ; et le père de la circoncision, *savoir* de ceux (litt.
à ceux) qui ne sont pas de la circoncision seulement,
mais qui aussi marchent sur les traces de la foi de notre
13 père Abraham, qu'il a eue étant incirconcis. Car la pro-
messe d'être héritier du monde, n'a pas été *faite* à Abra-
ham ou à sa postérité par la loi, mais par la justice de la
14 foi. Car si ceux qui sont de la loi sont héritiers, la foi est
15 rendue inutile, et la promesse est vaine. Car la loi pro-
duit la colère ; car où il n'y a point de loi, il n'y a point
16 non plus de transgression. C'est pourquoi c'est par la
foi, pour que ce soit par grâce, afin que la promesse
soit assurée pour toute la postérité, non seulement pour
celle qui est de la loi, mais aussi pour celle qui est de la
17 foi d'Abraham, qui est le père de nous tous (selon qu'il
est écrit : « je t'ai établi père de beaucoup de nations »),
devant Dieu en qui il a cru ; lequel fait vivre les morts,
et qui appelle les choses qui ne sont point comme si
elles étaient.

18 Or, *Abraham* crut contre espérance avec espérance,
pour devenir le père de beaucoup de nations, selon ce
qui lui avait été dit : « Telle sera ta postérité » ; et n'étant
19 pas faible en la foi, il n'eut point d'égard à son corps

déjà amorti vu qu'il avait environ cent ans, ni à la ma-
trice amortie de Sara : il ne forma point de doute sur la 20
promesse de Dieu , par défiance, mais il fut ferme dans
la foi, donnant gloire à Dieu ; étant pleinement per- 21
suadé que ce qu'il avait promis, il avait aussi le pou-
voir de l'accomplir. C'est pourquoi aussi cela lui a été 22
imputé à justice. Or, il n'a pas été écrit pour lui seule- 23
ment que cela a été imputé ; mais pour nous aussi, à 24
qui il sera *aussi* imputé ; *à nous, dis-je*, qui croyons en
celui qui a ressuscité des morts Jésus notre Seigneur,
lequel a été livré pour nos offenses, et ressuscité pour 25
notre justification.

5 Étant donc justifiés par la foi, nous avons la paix
avec Dieu par notre Seigneur Jésus-Christ, par le- 2
quel aussi nous avons eu accès par la foi dans cette grâce,
dans laquelle nous demeurons fermes ; et nous nous glo-
rifions dans l'espérance de la gloire de Dieu. Et non seu- 3
lement *cela*, mais nous nous glorifions même dans les
afflictions ; sachant que l'affliction produit la patience ;
et la patience l'épreuve ; et l'épreuve l'espérance. Et 4
l'espérance ne confond point, car l'amour de Dieu est 5
répandu largement dans nos cœurs par le Saint-Esprit,
qui nous a été donné. Car lorsque nous étions encore 6
sans force, Christ est mort en son temps pour des im-
pies. Car à grand peine quelqu'un mourrait-il pour un 7
homme juste ; quoique peut-être pour un homme bon
quelqu'un pourrait se résoudre à mourir. Mais Dieu si- 8
gnale son amour envers nous en ce que lorsque nous
étions encore pécheurs, Christ est mort pour nous. Beau- 9
coup plutôt donc, étant maintenant réconciliés par son
sang, serons-nous sauvés de la colère par lui. Car si lors- 10
que nous étions ennemis, nous avons été réconciliés avec

Dieu par la mort de son fils, beaucoup plutôt, étant *déjà*
11 réconciliés, serons-nous sauvés par sa vie. Et non seule-
ment cela, mais nous nous glorifions même en Dieu par
notre Seigneur Jésus-Christ, par lequel nous avons main-
tenant obtenu la réconciliation.
12 C'est pourquoi, comme par un seul homme le péché
est entré dans le monde, et par le péché la mort, et qu'ainsi
la mort a passé sur tous les hommes parce que tous ont
13 péché... (Car jusqu'à la loi le péché était dans le monde ;
or, le péché n'est point imputé quand il n'y a point de
14 loi : et pourtant la mort a régné depuis Adam jusqu'à
Moïse, même sur ceux qui n'avaient point péché à la
ressemblance de la transgression d'Adam, qui est un type
15 de celui qui devait venir. Mais il n'en est pas du don
gratuit comme du péché. Car si par le péché d'un seul
plusieurs sont morts, à bien plus forte raison la grâce de
Dieu et le don par grâce, laquelle est par un seul homme,
16 Jésus-Christ, a abondé sur plusieurs. Et *il n'en est* pas
du don comme *de ce qui est arrivé* par un seul *homme*
qui a péché ; car la sentence est en vertu d'un seul *péché*
en condamnation ; mais le don gratuit *vient à la suite* de
17 plusieurs péchés en justification. Car si par le péché d'un
seul la mort a régné par un seul, à bien plus forte raison
ceux qui reçoivent l'abondance de la grâce et du don de
la justice, régneront-ils dans la vie par un seul, Jésus-
18 Christ). C'est pourquoi, comme par le péché d'un seul
la sentence est venue sur tous les hommes en condam-
nation ; de même par la justice d'un seul, *le don gratuit
est venu* sur tous les hommes en justification de vie. Car
19 comme par la désobéissance d'un seul homme, plusieurs
ont été rendus pécheurs ainsi par l'obéissance d'un seul
20 plusieurs seront rendus justes. Or, la loi est intervenue
afin que le péché abondât. Mais où le péché a abondé, la

grâce a surabondé ; afin que comme le péché a régné par 21
la mort, ainsi la grâce régnât par la justice en vie éter-
nelle, par Jésus-Christ notre Seigneur.

« **Publications Chrétiennes inc.** » est une maison d'édition québécoise fondée en 1958. Sa mission est d'éditer ou de diffuser la Bible ainsi que des livres et brochures qui en exposent l'enseignement, qui en démontrent l'actualité et la pertinence, et qui encouragent la croissance spirituelle en Jésus-Christ.

PUBLICATIONS CHRÉTIENNES

Pour notre catalogue complet :

www.publicationschretiennes.com

Publications Chrétiennes inc.
230, rue Lupien, Trois-Rivières, Québec, CANADA – G8T 6W4
Tél. (sans frais) : 1-866-378-4023, Téléc. : 819-378-4061
commandes@pubchret.org

Made in the USA
Monee, IL
10 September 2026

62770891R00193